경제불평등과 금융부채

이 도서의 국립중앙도서관 출판시도서목록(CIP)은 서지정보유통지원시스템 홈페이지(http://seoji.nl.go.kr)와 국가자료공동목록시스템(http://www.nl.go.kr/kolisnet)에서 이용하실 수 있습니다. (CIP제어번호 : CIP2016002859)

경제불평등과 금융부채

서울사회경제연구소 엮음

이강복 · 홍장표 · 장지상 · 강신욱 · 김현경 · 배영목 · 원승연 · 이건범 지음

한울
아카데미

책머리에

현재 한국 경제의 안정을 크게 위협하는 뇌관 중 하나가 금융부채, 특히 가계의 과도한 금융부채라는 점을 부정하는 경제학자, 연구기관이 많지 않을 정도로 가계부채 문제의 대응은 한국 경제의 중요 과제 중 하나로 부각되어 있다.

이 책은 가계부채 문제가 왜 잘 해결되지 않는가라는 고민에서 나온 산물로, 한국의 가계부채 문제가 악화되는 것은 경제적 불평등과 연관되어 있고 경제적 불평등 자체도 여러 이유로 더 악화되고 있기 때문에 가계부채 문제의 해결이 쉽지 않다는 문제의식에서 출발하고 있다. 따라서 가계부채 문제의 해결은 근본적으로는 한국 경제의 불평등성 해소라는 관점에서 접근할 때 가능하다는 관점에 서 있다. 이러한 관점에서 경제 불평등이 왜 악화되고 있으며, 나아가 가계부채 문제로 대표되는 경제적 불안정이 경제적 불평등 구조와 어떻게 연관되어 있고 양자의 연관을 약화시키거나 모두 해결하기 위해 무엇을 해야 하는지를 생각해볼 필요가 있다.

한국 경제의 큰 질병으로 지적되고 있는 경제적 불평등은 가계 수준에서 빈부격차나 소득격차로 나타나는데, 이것은 치유되고 있다기보다는 점차 악화되고 있다. 특히 한국 경제가 저성장 국면에 접어들면서 가구 간의 경제적 불평등은 교육, 고용, 금융 등에서의 경제적 기회격차를 매개로 세대 간 세습이라는 어둡고 긴 그림자를 만들어내고 있다. 왜 이러한 경제적 불평등이 축소되기보다는 확대되고 있을까? 기본적으로는 다수의 후생을 외면한 채 소수의 무분별한 축재를 방치하고 중소기업보다는 재벌 등 대기업을 우선시하며, 가난한 가계보다는 부유한 가계에 더 많이 기회를 준 결과가 아닌가 한다.

우리나라에서 재벌은 과거 한국 경제의 성장 동력이었다. 하지만 재벌 중심의 기업 간 불균등 발전은 불공정한 경제 룰을 만들어냄으로써 한국 경제에 불평등 구조를 고착시키고, 결국 지속적 성장이 어렵게 되었다. 이러한 인식은 사회적 공감을 얻어 2012년 대통령 선거에서 경제민주화가 핵심 의제 중 하나가 되었으며, 공정한 경제 룰을 실시해 재벌 지배로 인한 기업 간 불균등 발전을 해소하고 균형 잡힌 성장을 도모하는 것이 주요한 정책 과제로 부각되었다. 그러나 이후에도 경제적 불평등이 계속 심화되고 있으므로 그 원인을 해부하기 위해서는 기업과 연관된 현 정부의 '경제민주화' 관련 정책이 제대로 방향을 잡고, 대기업의 성장이 생산과 고용 측면에서 기업 간 불균등 발전을 해소하는 방향으로 가고 있는지를 깊이 있게 분석할 필요가 있다.

한국 경제의 또 다른 기초인 가계는 어떠한 상태에 있는가? 현재 가계는 소득에 비해 전례 없이 많은 채무를 지고 있고, 또 그 부담이 급격히 늘어나고 있다. 그 결과만은 아니겠지만, 소비 위축으로 내수 경기마저 침체되어 있다. 가계 수준에서의 경제적 불평등은 평생 동안 빈부격차라는 얼굴로, 매년 소득격차라는 표정으로 그 모습을 드러낸다. 특히 이러한 가구 간 소득

격차는 점차 확대되고 있다.

왜 가구 간 소득격차가 확대되어 소득 분배가 악화되고 있을까? 이를 전체적으로 진단하기에 앞서 그 원인을 소득원별로 세부적으로 들여다볼 필요가 있다. 그리고 어떤 가구가 저소득 가구인지도 검토할 필요가 있다. 이러한 가구 간 소득격차의 해소 방안을 제시하기 위해서도 그 원인에 대한 세부적인 분석이 먼저 필요하다.

사실 가계부채는 가계가 경제활동을 확대하기 위해 신용제도를 적극적으로 활용한 결과일 수도 있고, 가계수지가 악화된 결과일 수도 있다. 가계부채의 해결 방안을 강구하려면 그에 앞서 구체적인 원인을 살펴야 하는데, 소득계층별·신용상태별 금융격차를 좀 더 세부적으로 점검해볼 필요가 있다. 모자라는 사람에게는 매우 인색하지만, 넘치는 사람에게는 더 몰려가는 것이 돈이다. 가계 수준의 소득격차가 가계부채를 매개로 어떤 금융격차를 발생시키는지를 검토해 경제적 불평등이 금융시장에서 어떤 모습을 보이고 있는지부터 확인해야 할 것이다.

또한 가계부채가 어떻게 가계의 소득격차를 확대하고 있는지도 면밀히 검토해볼 필요가 있다. 그리고 가계의 신용도 차이가 실제로 금융기회나 금융 조건에서 어떤 차이를 초래하고 있는지를 구체적으로 분석해볼 필요가 있다. 그래야만 경제 안정을 도모하면서 경제적 불평등을 해소할 수 있는 가계부채 대책을 제시할 수 있을 것이다.

이 책에서는 경제불평등과 가계부채 문제를 2부로 나누어 다룬다. 제1부는 한국 경제에서 경제적 불평등의 지속 여부를 정부의 경제정책이 경제적 불평등에 미치는 영향, 대기업 위주 성장이 국민경제에 미치는 파급효과, 가계소득의 불평등 원인 등을 통해 구체적으로 살펴볼 것이다. 제2부에서는 가계소득 격차가 가계부채에 미치는 영향, 소득불평등에 따른 금융배제가 소득불평등에 미치는 영향, 소득불평등에 따른 금융배제 현상 등을 분석함으로써 경제적 불평등과 가계부채의 관계를 구체적으로 밝힐 것이다.

우선 제1부의 제1장 이강복의 글(박근혜 정부의 경제민주화와 재벌개혁)은 경제정책적인 면에서 불평등성 해소 정책이 후퇴하고 있음을 다루고 있다. 한국 경제의 불평등을 해소하기 위해서는 경제민주화와 재벌개혁이 필요한데, 박근혜 정부 들어 대기업집단 총수 일가의 불법 및 사익 편취 행위 근절, 기업 지배구조 개선 등 주요 경제민주화 정책이 후퇴하거나, 제대로 이행되지 않고 있음을 지적한다. 경제민주화는 경제적 약자가 스스로 권리를 주장할 수 있는 구조를 만드는 것인데, 박근혜 정부의 경제민주화 정책, 특히 재벌 관련 정책이 자본주의 시장경제를 강화·확대하는 방향이어서 노동자, 중소 상공인, 영세 자영업자 등 경제적 약자와 이해가 대립되기 때문이라고 보았다. 따라서 진정한 경제민주화는 시장 편향적인 재벌 정책을 극복하는 데 있다고 주장한다. 내수 중심의 소득 주도 성장 전략으로의 전환이 필요함을 강조한다.

제2장 홍장표·장지상의 글(대기업 성장의 국민경제 파급효과)은 기업구조 측면에서 계열사와의 중간재 거래, 일감 몰아주기 등의 관행이 대기업의 생산 및 고용 유발효과를 줄임으로써 비계열사 중소기업 등의 발전에 제약으로 작용함을 다루고 있다. 이 글에서는 이른바 낙수효과가 어느 정도인지를 살피기 위해 대기업의 성장이 국내 생산과 고용에 미치는 효과를 측정했다. 분석을 통해 대기업이 해외 계열사를 이용해 중간재를 해외에서 조달하는 경우 국민경제 파급효과를 떨어뜨리고, 대기업과 계열사 간 내부거래가 비계열사의 생산과 고용을 축소시키는 것으로 나타났다. 한국 경제의 불평등을 해소하고 성장을 도모하기 위해서는 대기업과 국내 1차 협력기업 간의 국내 중간재 조달구조의 확립, 1차 협력기업과 2차 이하 중소 협력기업 간

거래 관계 개선, 일감 몰아주기와 같은 계열사 간 부당 내부거래의 규제와 중소기업 적합업종제도의 필요성이 크다고 지적한다.

제3장 강신욱·김현경의 글(가구소득 원천별 불평등의 변화와 요인별 기여도)은 가계소득의 측면에서 불평등이 심화되고 있으며, 이를 해소하기 위해서는 불평등을 심화시키는 구체적인 요인에 접근할 필요가 있음을 다룬다. 한국의 가구소득 불평등이 심화되고 있는 원인을 체계적으로 밝히기 위해 가구소득의 각 원천별(가구주 노동소득, 배우자 노동소득, 기타 가구원 노동소득, 재산소득, 사적 이전소득, 공적 이전소득, 조세, 사회보장 부담금 등 8개)로 불평등이 어떻게 진행되었으며, 그 원인이 무엇인지를 분석했다. 이 분석을 통해 가구주 노동소득, 배우자 노동소득, 재산소득의 불평등 심화가 전체 가구소득의 불평등을 심화시키고 있고, 이 중 가구주 노동소득이 가구소득 불평등을 가져오는 가장 큰 요인임을 밝히고 있다. 1998년에 비해 2008년에 가구주 노동소득의 불평등이 심화된 데는 종사상 지위에 따른 효과가 가장 컸다. 이러한 분석은 가구소득 불평등 해소를 위한 세밀한 정책을 마련하는 데 커다란 도움이 될 것이다.

제2부의 제4장 배영목의 글(가계의 소득격차와 가계부채)은 가계소득 격차가 금융격차를 낳고, 그것이 다시 소득격차의 확대를 가져옴을 보여준다. 이 글은 소득격차가 금융부채에 어떠한 영향을 미치는지를 가계금융(복지)조사 DB를 이용해 분석하고 있다. 이 분석을 통해 가계의 차입 규모, 차입 동기, 차입 방법, 금융기회, 상환 부담의 크기, 채무불이행 위험에서 소득분위별 격차가 지속되고 있음을 밝히고, 이러한 격차는 소득계층별 금융격차로 파악된다. 특히 최고소득층은 상환 부담이 낮고 채무불이행 위험이 낮지만 채무의 규모가 커 금융 불안정의 원인이 될 수 있다는 점에서, 최저소득층은 전체 채무액의 1/25밖에 되지는 않지만 금융격차가 교육격차, 소득격차로

이어질 수 있다는 점에서 문제가 된다. 이 글은 가계부채 문제는 소득계층별로 큰 차이가 있으므로 대응도 달라야 한다는 점을 강조하고 있다.

제5장 원승연의 글(가계의 금융부채가 소득불평등에 미치는 영향)에서는 금융부채가 소득불평등의 확대에 영향을 미치고 있음을 다루고 있다. 이 장에서는 햇살론, 미소금융 등의 저소득층 신용공급 확대 정책이 부작용을 낳을 수 있음을 지적한다. 최고소득층인 10분위를 제외하고는 대부분의 소득계층에서 부채로 인한 현금 유출이 자산 보유로 인한 현금 유입보다 크며, 현금 유출이 소득불균형을 확대시킬 수 있다. 이자부담률이 저소득층인 1·2분위에서 높아 이자 비용이 소득불균형을 심화시키고 있다. 따라서 상환능력이 충분치 않은 저소득자에게 신용공급을 늘리는 정책을 쓸 경우 저소득층의 소득을 더욱 떨어뜨릴 수 있으므로, 상환 능력이 부족한 저소득층에 대한 지원은 금융정책이 아니라 재정정책을 이용하는 것이 바람직하다고 제언한다.

제6장 이건범의 글(고객신용도와 금융회사의 가계신용 공급)은 금융회사들이 금융부채를 늘리는 과정에서 가계신용별로 신용을 어떻게 공급하고 있는지를 살피고 있다. 은행은 저금리를 제시하는 대신 저신용등급 고객을 공급대상에서 제외하고, 상호저축은행이나 대부업 등 금융회사는 고금리를 제시하는 대신 저신용등급자를 대상으로 대출을 해주고 있다. 이로 인한 가계신용의 확대는 은행을 중심으로 이루어지고 있으며, 소득이 높은 계층이 주를 이룬다. 가계신용의 접근성에서도 지방보다 수도권이 우월하다. 상대적으로 저소득층이 많이 이용하는 비은행기관은 신용대출 비중이 하락하여, 담보가 부족하고 신용등급이 낮은 계층은 금융에 접근하기 어려워졌다. 따라서 금융배제 현상을 축소할 수 있는 정책적 수단을 마련해야 한다.

우리나라의 가계부채와 관련해 실효성 있는 대응책을 찾고 있는 분들에게 이 책이 도움이 되고, 더 나아가 한국 경제의 안정적 성장과 불평등 해소를 함께 해결하기를 고민하는 분들에게도 많은 정보와 새로운 생각거리를 제공할 수 있기를 바란다.

2016년 1월

집필자를 대표하여

배영목

차례

제2부 금융부채와 불평등

제1부 불평등 온존의 한국 경제

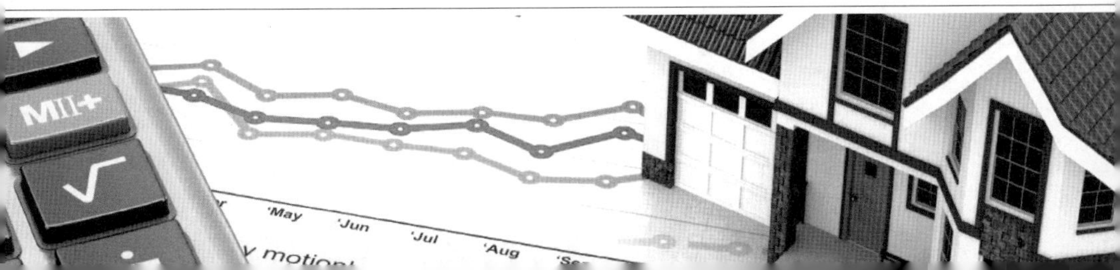

제1장

박근혜 정부의 경제민주화와 재벌개혁*

이강복 | 조선대학교 경제학과 강사

1. 머리말

박근혜 정부는 집권 이후 국정원 등 국가기관의 대통령 선거 개입, 민주주의 후퇴, 세월호 참사 등으로 논란이 비등했지만, 이에 아랑곳없이 집권 4년 차에 접어들었다.

지난 2012년 대선 당시 여러 부문에서 진보와 보수적 가치가 대립하는 가운데서도 특히 경제 부문에서는 진보적이며 개혁적인 지향성이 강했다. 그러나 보수적 지향성이 강했던 새누리당의 박근혜 후보가 당선된 것은 경제 분야의 공약, 이른바 '경제민주화' 공약이 중도·보수 성향의 유권자들에게 받아들여진 결과로 보인다. 즉 박근혜 후보가 전체 유권자 중 75.8%(약 3,072만 명)가 투표에 참여한 가운데 51.6%인 약 1,577만 표를 획득해 제18대 대통령에 당선되었다.

---

* 이 글은 ≪경제발전연구≫ 제20권 제2호(2014.12)에 게재된 논문을 수정·보완한 것이다.

그러나 집권 이후 박 대통령의 경제 분야의 대표 공약인 '경제민주화' 정책이 시행 과정에서 후퇴했고, 복지 공약도 대폭 축소되고 있다는 의구심이 없지 않다. 또 대통령이 강조하던 약속과 신뢰는 무너진 지 오래되었다. 2012년 7월 대선 후보 출마 선언에서는 "경제민주화 실현은 시대적 과제"라고 주장했으며, 2013년 2월 대통령 취임사에서도 "경제 부흥을 이루기 위해 창조경제와 경제민주화를 추진해가겠다"라고 선언했다. 그러나 대선 이후 경제민주화 공약을 입안했던 김종인 국민행복추진위원장의 사임과 새누리당 이탈, 2013년 7월 박 대통령이 언론사 간담회에서 경제민주화 관련 입법에 대해 "중점 법안이 7개 정도였는데 6개가 이번에 통과됐다. 거의 끝에 오지 않았나 생각한다"라고 하여 경제민주화 법안의 마무리를 예고한 발언과 같은 달 "투자하는 분들은 업고 다녀야 한다"라며 무역투자진흥회의에서 한 자본 편향적인 발언, 그리고 박근혜 정부가 향후 3년간 추진할 과제를 제시한 '경제혁신 3개년 계획'에서도 '경제민주화'가 사라졌다는 점, 세월호 참사 이후 주춤했던 규제 완화 정책의 강행 등으로 미루어볼 때 경제민주화에 대한 실행 의지가 소진된 것 아닌가 하는 의구심이 든다.

이 장에서는 집권 3년을 경과하는 시점에서 박근혜 정부가 공약했던 경제민주화 관련 정책 중 재벌과 연관된 주요 정책의 추진 현황을 분석해, 그 평가와 과제를 살펴보고 향후 경제민주화와 재벌개혁 정책에 대해 모색해보고자 한다. 이를 위해 제2절에서는 경제민주화와 관련한 여러 개념과 경제민주화가 시대적 화두로 제기된 배경을, 제3절에서는 박근혜 정부의 경제민주화 공약 중 재벌과 관련한 공약과 정책의 추진 현황을, 제4절에서는 경제민주화와 재벌개혁 정책에 대한 평가와 과제를 살펴보고, 제5절에서 결론을 맺고자 한다.

2. 경제민주화와 재벌개혁 담론의 배경

1) 경제민주화의 제 개념

우리는 보통 '헌법' 제119조 2항을 '경제민주화' 조항이라고 한다.

> 국가는 균형있는 국민경제의 성장 및 안정과 적정한 소득의 분배를 유지하고, 시장의 지배와 경제력의 남용을 방지하며, 경제주체간의 조화를 통한 경제의 민주화를 위하여 경제에 관한 규제와 조정을 할 수 있다.

이 조항은 경제적 강자의 권력을 통제하고 경제적 약자는 보호하기 위해 정부가 적극적인 역할을 해야 한다(유종일·손석춘, 2012: 42)는 의미로 해석해볼 수 있다. 경제민주화는 일반적으로 규범적 성격을 띠기 때문에 명확히 정의하기는 곤란하다. 그 이유는 개개인 또는 이념을 달리하는 각 집단 간의 세계관에 따라 그 내용이 다르기 때문이다. 이를 반영하듯 경제민주화를 서구 사회에서는 산업민주주의 또는 경제민주주의라는 의미로 사용하고 있다(Dahl, 1995). 경제민주주의를 경제에 관한 기본적 제 결정에 사회의 전 구성원이 실질적으로 관여하는 것이라고 할 때, 이 나라들에서 사용되는 경제민주화란 대체로 경제력의 통제 내지는 견제, 또는 미시적·거시적 차원에서의 의사 결정에 대한 당사자의 참여를 보장하는 것(안석교, 1992: 175)을 의미한다고 할 수 있다.

한국에서도 경제민주화는 해방 이후 지속적으로 경제성장을 해오는 과정에서 꾸준히 제기된 문제로 이에 대한 정의 또한 다양하게 주장되고 있는데, 먼저 변형윤은 경제의 민주적 관리화 내지 운용화로 정의하고, 민주적이라는 의미를 비전제적·비소수지배적·비군사독재적·비독점적·비명령적이라고 정의하고 있다(변형윤, 1992: 11). 또 장지상은 민주화를 어떤 사안에 대한 의사 결정 과정에서 다수의 구성원이 배제되지 않고 참여함으로써 각기 자신의 의견을 반영시킬 수 있는 것이라고 볼 때 경제민주화는 개인의 경제생활과 관련된 모든 측면이 관련된 개인들의 광범위한 참여와 동의를 바탕으로 이루어짐으로써, 소수의 축재 논리가 부정되고 다수의 후생 논리가 관철되는 경제구조가 확립되는 것이라고 주장한다(장지상, 1992: 50). 유종일은 개인의 경제적 자유에 기초한 시장경제의 효율성과 역동성을 해치지 않으면서 경제적 평등을 최대한 달성하고자 하는 것이라고 주장하며, 경제적 평등은 기회의 평등, (경제적 의사 결정에 관한) 참여의 평등, 분배의 평등을 의미한다(유종일, 2013: 198~199). 장하성은 민주주의가 자본주의 시장경제가 만들어낸 불평등과 양극화를 해소하고 재벌과 같은 특정 세력이 국가 경제를 지배하는 경제권력화를 방지함으로써 정의로운 경제를 만들어내는 것으로 이해하고 있다(장하성, 2014: 71). 결국 경제민주화란 의미는 "구성원들의 민주적 참여를 통한 경제 운영, 구성원들의 형평성 보장, 재벌의 경제권력화 방지, 안정된 소득으로 자유스럽게 필요한 욕구를 충족하는 사회"가 정착되어가는 과정이라 할 수 있다.

경제민주화에 대한 내용은 자신이 놓여 있는 위치에 따라 계급계층별로 상이하게 나타나는데, 경제발전 과정에서 소외된 사람들의 경우에는 경제적 형평성을 강조한다. 그 반면에 자본의 입장에서는 신자유주의적 경제 논리에 입각해 국가 주도로부터 민간 주도의 시장경제 체제로의 전환, 즉 경제자유화를 경제민주화라는 의미로 이해하고 있다.[1] 그렇지만 대부분이 절차에

1) 경제민주화를 형평과 복지 증진의 한 과정으로 본다면 경제민주화는 목표가 되고, 경제자유화는 경제민주화를 위한 하나의 수단에 불과하다.

서의 경제민주주의, 결과물로서의 경제민주주의가 중요하다는 점에 대해서는 공감하고 있다고 볼 수 있다. 또 경제민주화의 핵심은 모든 경제 분야에서 경제적 약자가 스스로 권리를 주장할 수 있는 구조를 제도적으로 만드는 일이다.

결국 경제민주화와 경제성장의 목적이 대다수 국민들의 삶의 질을 개선시키고 성장의 열매를 골고루 나누는 데 있다면, 우리나라에서는 이의 실천이 뒤따르지 못했다고 볼 수 있다. 고도성장을 달성하는 과정에서 소외된 사람들은 절대적·상대적 빈곤감에 빠져 있으며, 최근에는 그 정도가 심화되고 있다. 경제민주화라는 것은 이런 갈등을 해소하는 것이어야 한다.

2) 경제민주화와 재벌개혁 담론의 배경

경제민주화와 재벌개혁에 대한 담론이 2012년 대통령 선거를 거치면서 사회적 어젠다로 등장한 배경으로는 먼저 1980년대 이후 전 세계적으로 전개된 신자유주의 이데올로기에 대한 저항을 들 수 있다. 특히 한국의 경우 1997년 IMF 구제금융기를 거치면서 확대된 신자유주의적 제 정책 즉 민영화, 규제 완화, 노동의 유연화 정책, 감세 정책, 세계화 등이 노동자(특히 비정규직 노동자), 중소기업인, 영세 자영업자 등의 생활고를 확대하는 방향으로 작용했다. 이른바 신자유주의 체제가 사회 각 부문으로 확대·강화되면서 나타난 시장 이데올로기가 오히려 불평등을 확대·재생산한 결과라고 할 수 있다.

다음으로 한국적 자본주의 성장 모델과 관련된 것으로 재벌 중심의 성장 체제에 대한 반감이 확대된 결과이다. 돈 되는 것이면 다하는 재벌의 모습을 보면서 정부의 정당한 역할을 방기해온 것에 대한 거부가 서민 대중 사이

〈그림 1-1〉 노동시장의 성과 비교(2009년 기준)

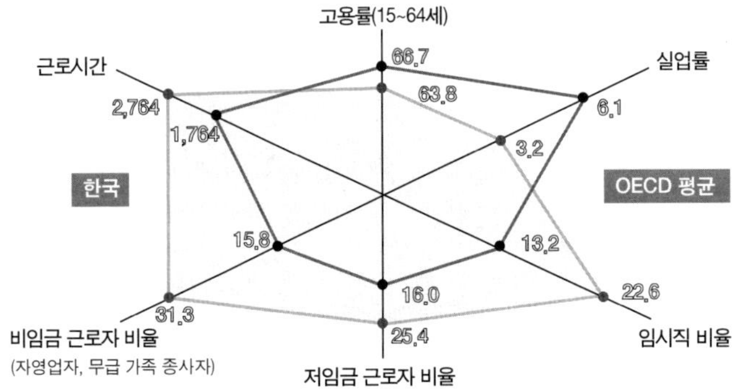

자료: 김상조(2012: 314).

에 나타났고, 정부 기능과 규제의 정상화에 관한 요구(유철규, 2014: 69)가 경제민주화에 대한 국민적 열망으로 확대되었다. 이와 동시에 이른바 우리 사회 1% 기득권층으로의 부의 편중이 심화되면서 경제민주화에 대한 요구가 집중적으로 나타나게 되었다.

이를 좀 더 구체적으로 살펴보자. 〈그림 1-1〉은 2009년 기준으로 실업률, 고용률, 근로시간, 비임금 근로자(자영업자) 비율, 저임금 근로자 비율, 임시직 비율 등 여섯 가지 지표에서 OECD(경제협력개발기구) 평균과 우리나라를 비교한 것이다. 실업률을 제외하고 한국의 노동시장의 성과는 모두 OECD 평균에 크게 못 미치고 있다. 특히 고용률이 낮다는 것은 국민들에게 일할 기회가 제대로 제공되지 못함을 의미하는데, 일단 취업하면 평균 근로시간은 OECD 평균보다 많아 세계에서 가장 오랫동안 일한다. 그 반면에 자영업자 비율, 저임금 근로자 비율, 임시직 비율은 OECD 평균의 2배 내외로 고용의 질은 매우 열악한 편이다. 외환위기 이후 발생한 대량 실업은 줄어들었지만, 근로 빈곤의 문제는 심화되었다. 그 이유는 실업 문제를 질 낮은 일자리 창출 정책으로 대응한 결과이다. 저임금 근로자(중위 임금의 2/3 이하 비중) 비율이 OECD 최고 수준이며, 외환위기 이후 저임금 근로자들의 지위가 더 하락했다.

우리나라는 전체 경제활동 인구 중 자영업자가 차지하는 비중이 매우 높다. 2010년 8월 현재 전체 취업자 2,345만 명 가운데 자영업자 수는 612만 명이다. 여기에 무급 가족 종사자 145만 명을 합치면 모두 757만 명이다. 전체 취업자 수의 31.3%에 달한다.[2) 이렇듯 자영업자 수가 많아진 주된 원인은 무엇보다도 재벌 독식구조가 강해지다 보니 중견·중소 기업 등을 중심으로 일자리를 만들어내는 산업생태계가 사라지고 골목상권까지 무너져 일자리가 크게 부족해졌기 때문이다. 또 2000년대에 들어와 유통 재벌들이 운영하는 대형마트와 기업형 슈퍼마켓(SSM)들이 피자, 통닭 등 이익이 남는 자영업 부문에 무차별적으로 진입한 결과이다. 자영업자들의 생존 위기는 곧 재벌들에 대한 반감으로 나타났고, 경제민주화에 대한 국민적 요구로 승화되었다고 볼 수 있다.

또 〈표 1-1〉에서 볼 수 있듯이 세후 소득 기준 지니계수[3)]는 2007년 0.431에서 2011년 0.448로 높아지고 있는데, 이는 분배구조가 악화되고 있음을 의미한다. 〈그림 1-2〉는 최상위 근로소득자 1인당 급여액 변화와 분위별 근로소득 추이를 보여주는데, 1996년부터 2010년까지 근로소득 상위 20%(5분위)의 1인당 연평균 근로소득은 41.3% 증가한 6,856만 원을 기록했다. 범위를 더 좁혀 최상위층으로 올라갈수록 증가폭은 훨씬 커지는데, 지난 14년 동

---

2) 2010년 OECD 국가들의 자영업자 평균은 16.1%이다. 그러니 한국은 그 두 배 정도가 된다. 독일이나 미국에 비해 무려 서너 배가 많다. 한국보다 높은 나라는 그리스 35.1%, 멕시코 33.9%, 터키 39.0%의 세 나라뿐이다(도준환, 2012).

3) 지니계수는 0과 1사이의 값을 갖는데, 1에 가까워질수록 불평등하다는 의미이다.

〈그림 1-2〉 최상위 근로소득자 1인당 급여액 변화와 분위별 근로소득 추이

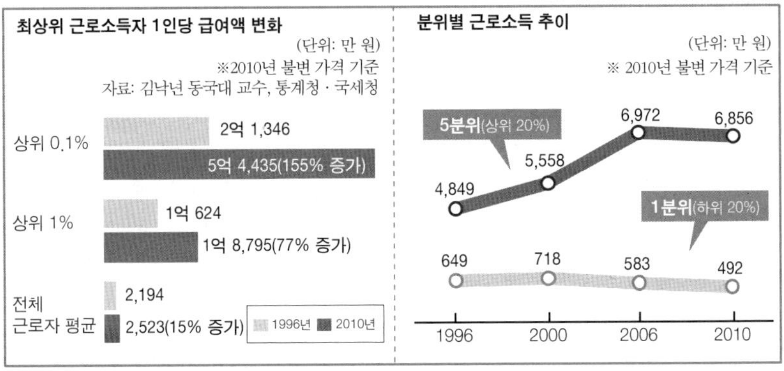

자료: ≪한겨레신문≫, 2012년 10월 24일 자.

〈표 1-1〉 지니계수 추이

연도	세후 소득(가처분소득) 기준 지니계수	
	가계동향조사(통계청)	통합 소득 자료(국세청)
2007	0.312	0.431
2008	0.314	0.439
2009	0.314	0.440
2010	0.310	0.446
2011	0.311	0.448

자료: 홍종학 의원실(2013).

안 근로소득 증가율은 상위 10%의 경우 53.8%, 상위 1%는 77%, 상위 0.1%는 155%로 점증하는 양상을 보인다. 이 중 상위 0.1%에 해당하는 1만 6,971명의 2010년 기준 1인당 연평균 근로소득은 5억 4,435만 원으로 추정되었다.

이와 같은 소수 기득권층으로의 부의 편중과 서민생활의 고단함이 경제민주화에 대한 직접적 요구로 표출되었다고 할 수 있다. 결국 경제민주화는 대다수 국민들의 일상생활 속에서 처절하게 표출되고 있는 한국 사회의 모

〈그림 1-3〉 재벌 가문과 민간 재벌집단 매출액의 GDP 대비 추이

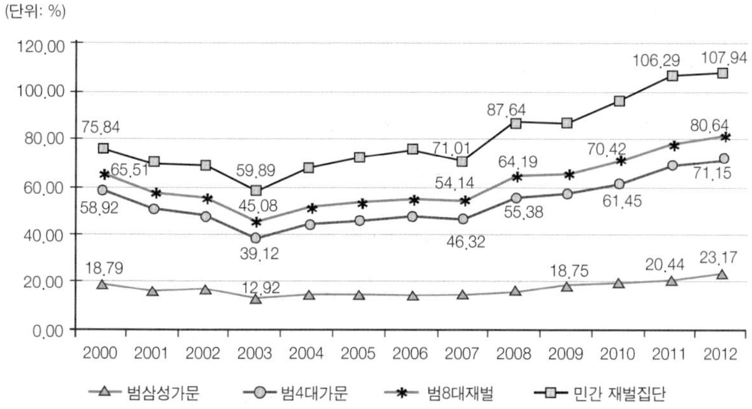

주: 범삼성가문 – 삼성그룹, 신세계그룹, CJ그룹, 한솔그룹, 중앙일보사.
범4대가문 – 범삼성가문+범현대가문(현대자동차그룹, 현대그룹, 현대산업개발, 현대중공업, 현대백화점)+범엘지그룹(LG, LS, GS그룹)+SK그룹.
범8대재벌 – 범4대가문+롯데그룹+한화그룹+두산그룹+한진그룹.
자료: 위평량(2014: 9).

순을 해결하려는 절실한 요구(김호균, 2014: 42)이기도 하다.

둘째, 한국적 기업 경영의 특성에 따라 나타나는 재벌(대규모 기업집단)의 경제력 집중 심화와 '총수 일가'의 후진적 소유·지배 구조의 문제가 국민들의 경제민주화에 대한 요구와 재벌개혁을 촉발했다고 본다. 우선 재벌·대기업으로 경제력 집중이 심화되고 있음을 알 수 있다. 재벌그룹의 경제력 집중도는 매출액을 국내총생산(GDP)과 비교했을 때 뚜렷하게 나타난다. 〈그림 1-3〉은 재벌의 매출액 추이를 국내총생산과 비교해 나타낸 것으로 재벌의 2000년 매출액은 GDP 대비 75.84%에서 2012년 107.94%로 1.4배 증가했으며, 범8대재벌은 65.51%에서 80.64%로 증가했다. 재벌그룹 자산 집중도도 국가 자산에서 재벌그룹 자산이 차지하는 비중이 2001년 46%에서 2012년 말 57.37%로 증가하고 있다(위평량, 2014: 5). 재벌로의 경제력 집중

양상은 2000년대 중반 이후 가속화하고 있는데, 전반적으로 이명박 정부 시기에 급격히 증가했다.

다음으로 재벌의 소유·지배 구조의 괴리에 따른 경제민주화와 재벌개혁에 대한 요구이다. 우리나라 대부분의 재벌그룹은 'A→B→C→A'식으로 여러 계열사를 돌고 도는 환상형 순환출자 고리를 형성하는 방식으로 출자하여, 재벌이 계열사 지분을 소유하는 순환출자 구조를 이용해 그룹 총수가 소수 지분으로 그룹 전체에 대한 지배력을 확보해 기업을 지배하고 있다.[4] 이는 한 계열사의 부실이 순환출자 고리에 있는 다른 계열사의 부실로 확대되는 부작용을 낳을 수도 있다. 삼성과 현대차 그룹 등 국내 재벌 총수가 1%도 안 되는 지분으로 그룹 전체를 지배하는 구조가 고착화되고 있다. 〈표 1-2〉에서 볼 수 있듯이 2013년 4월 1일 기준으로 10대재벌 총수의 지분율은 평균 0.99%였다. 총수 지분율이 가장 적은 곳은 SK로 최태원 회장의 지분은 전체 회사 지분의 0.04%에 불과하며, 두산 박용곤 명예회장 0.05%, 삼성 이건희 회장도 0.69%로 1% 미만이었다. 가족까지 포함한 일가 지분율은 1.27%에 지나지 않았다. 상위 집단일수록 총수 일가가 적은 지분으로 전체 계열사를 지배하는 구조가 지속되고 있다. 순환출자 증가 등으로 10대재벌의 내부 지분율은 1994년 43.6%에서 2013년 52.92%로 증가했다. 내부 지분율은 총수 및 총수 일가 지분에 총수 지배하에 있는 계열사 등이 보유한 지분 등을 모두 합한 것이다. 내부 지분율이 높아지면 총수 일가는 적은 지분으로 계열사를 지배할 수 있어 자식에게 그룹 경영권을 넘겨주거나 일감 몰아주기 등으로 사적 이익을 얻기 쉬워진다. 그룹별로는 현대중공업이 72.14%로 가장 높고,

4) 삼성의 경우 81개 계열사를 둔 삼성그룹의 이건희 회장은 1%도 안 되는 지분으로 전체 계열사를 좌지우지한다. 이 회장 일가가 대주주인 에버랜드를 시작으로 생명과 전자, 물산 등을 거쳐 다시 에버랜드로 이어지는 순환출자 때문에 가능한 일이다.

〈표 1-2〉 10대재벌 내부 총수·내부 지분율

(단위 : %)

	총수 지분율		내부 지분율
1994	3.20		43.60
2013	0.99		52.92
그룹	총수 일가	계열사	내부 지분율
삼성	1.27	45.50	50.14
현대자동차	3.63	46.97	51.56
SK	0.69	47.97	49.04
LG	4.11	35.12	39.72
롯데	2.45	35.12	62.07
현대중공업	1.17	68.36	72.14
GS	16.77	44.04	61.22
한진	4.79	40.92	50.43
한화	1.99	52.72	57.39
두산	3.51	50.63	58.88

자료: 공정거래위원회(2013).

다음으로 롯데(62.07%), GS(61.22%) 등의 순서였다. 삼성과 현대자동차는 각각 50.14%와 51.56%였다.

이렇듯 재벌그룹에의 경제력 집중과 순환출자에 따른 소유·지배 구조의 괴리는 총수 일가의 편법적 상속과 증여, 일감 몰아주기의 수단으로 악용될 수 있어 국민들로 하여금 재벌개혁을 요구받고, 이는 곧 경제민주화에 대한 열망으로 승화되었다고 볼 수 있다.

3. 박근혜 정부의 경제민주화와 재벌개혁 추진 현황

제2절에서 신자유주의적 정책 기조가 강화되는 과정에서 노동자(특히 비

정규직 노동자), 중소기업인, 영세 자영업자 등의 생활고 확대와 재벌에의 경제력 집중, 재벌의 소유·지배 구조의 왜곡에서 경제민주화의 동인을 찾았다. 이는 경제민주화의 핵심 과제가 재벌개혁에 있다는 점을 확인한 것이다.[5] 박근혜 정부는 이러한 경제민주화에 대한 국민적 열망을 공약화하고 이를 선거에 적극 활용함으로써 집권에 성공했다고 볼 수 있다.

새누리당의 박근혜 후보가 대통령에 당선된 후 대통령직인수위원회는 2012년 2월 '일자리 중심의 창조경제'라는 첫 번째 국정 목표의 다섯 번째 추진 전략인 '원칙이 바로 선 시장경제 질서의 확립'을 여섯 가지 범주로 나누어 경제민주화 관련 의안들을 제시했는데, 그 내용은 다음과 같다(제18대 대통령직인수위원회, 2013). ① 경제적 약자의 권익 보호, ② 소비자 권익 보호, ③ 실질적 피해 구제를 위한 '공정거래법' 집행 체계 개선, ④ 대기업집단 지배주주의 사익 편취 행위 근절, ⑤ 기업 지배구조 개선, ⑥ 금융서비스의 공정경쟁 기반 구축 등으로 경제민주화라는 직접적인 표현은 사라졌다.

〈표 1-3〉은 새누리당 박근혜 후보 정책공약집의 경제민주화 내용 중 재벌-대기업과 관련된 정책만을 분리해 정리한 것이다. 경제민주화 공약 중에는 중소기업 및 소비자 관련 정책[6]도 다수 있으나 생략했다.[7] 박근혜 정부

---

5) 재벌개혁과 경제민주화는 무관하다는 주장도 있다. 재벌은 경제성장을 위한 시스템이었고, 그러한 경제성장 자체는 경제민주화와 어긋나는 것이 아니라는 주장이다. 장하준 외(2005: 84).

6) 중소기업 및 소비자 관련 주요 정책은 경제적 약자의 권익 보호와 공정거래 관련 법 집행 체계 개선이 있다. 전자로는 중소기업적합업종제도의 실효성 제고, 중소 도시 대형마트의 신규 입점 지역협의체 합의 전제로 허용, 대형 유통업체의 납품·입점에 대한 불공정 행위, 가맹점에 대한 불공정 행위 근절, 건설·IT 분야 등 하도급 불공정 특약에 따른 중소사업자 피해 방지, 소비자 권익 증진을 위해 소비자보호기금 설립, 소비자 피해 구제 명령제 도입 등이다. 후자는 공정거래위원회 전속고발권 폐지, '공정거래법' 위반에 대한 징벌적 손해배상제 도입, '공정거래법' 위반에 대한 집단소송제 도입, '공정거래법' 위반 행위에 대한 사인의 금지청구제도 도입이 있다(새누리당, 2012).

7) 재벌-대기업 관련 경제민주화 공약에 대한 평가는 강정민(2013)을 참고.

〈표 1-3〉 박근혜 정부의 경제민주화 공약 중 재벌-대기업 관련 정책

공약 영역	세부 내용	이행 여부	비고
대기업집단 총수 일가의 불법 및 사익 편취 행위 근절	'특경가법'상의 횡령 등에 대해 집행유예 불가능하도록 형량 강화	×	'특경가법' 계류 중
	대기업 지배주주·경영자의 중대 범죄에 대해 사면권 행사를 엄격히 제한	×	'사면법' 계류 중
	일감 몰아주기 등 총수 일가의 부당 내부거래 금지 규정을 더욱 강화하고 부당 내부거래에서 발생한 부당 이익은 환수	○	후퇴 이행
기업 지배구조 개선	대규모 기업집단에 대한 신규 순환출자 금지	○	'공정거래법' 통과 (이행)
	소액주주 등 비지배주주들이 독립적으로 사외이사를 선임할 수 있는 시스템 구축	×	상법 개정안 (정부 입법) 미제출
	독립성 강화를 전제로 국민연금 등 공적 연기금의 의결권 행사 강화	×	추진 안 됨
	집중투표제 및 전자투표제 단계적 도입	×	상법 개정안 (정부 입법) 미제출

의 경제민주화와 재벌개혁과 관련된 정책의 추진 현황은 재벌-대기업 관련 정책 중 대기업집단 총수 일가의 불법 및 사익 편취 행위 근절, 기업 지배구조 개선에 제한해 살펴보고자 한다.

1) 대기업집단 총수 일가의 불법 및 사익 편취 행위 근절

대기업집단 총수 일가의 불법 및 사익 편취 행위 근절에 관한 정책 중 먼저, '특정경제범죄가중처벌법'(이하 '특경가법')상 횡령 등에 대해 집행유예가 불가능하도록 형량을 강화하는 법안은 아직 입법화되지 않았다. 2012년 민주당 원혜영 의원 등이 대표 발의한 '특경가법' 개정안은 재산이득액이 50억 이상인 경우 집행유예 선고가 어렵도록 현행 5년 이상의 징역인 것을 7년 이상의 징역에 처하도록 형량을 강화하는 내용을 담고 있다. 그러나 최근

재벌에 대해 징역 3년, 집행유예 5년이라는 '재벌 3·5 법칙'이 되살아나 논란이 되고 있다. 수천 억 원대의 기업 범죄를 저지른 혐의로 기소된 H그룹 회장과 L그룹 회장이 징역 3년, 집행유예 5년을 선고받고 풀려나는 등 재벌 총수에 대해 관대한 처벌이 이어지면서, 박근혜 정부의 경제 범죄에 대한 처벌 강화 법안에 관심이 집중되고 있다.

둘째, 대기업 지배주주·경영자의 중대 범죄에 대해 사면권 행사를 엄격히 제한하자는 '사면법'은 아직 국회 계류 중이다. 2013년 민주당 박영선 의원, 정의당 서기호 의원, 새누리당 강은희 의원 등이 각각 대표 발의한 '사면법' 개정안에 따르면 '특경가법'을 위반해 형을 선고받거나, 형기의 2/3 이상을 채우지 않은 경우, 또는 집행유예 기간 중에 있는 경우 대통령이 특별사면을 할 수 없도록 제한하는 방안을 담고 있다. 문제는 특별사면권이 대통령의 고유 권한이라는 데 있다. 현재 사면권 제한 공약은 구체성이 결여되어 있지만, 사면권의 엄격 상신의 범위를 어떻게 볼 것인지가 관건이다.

박 대통령은 2012년 대선 때 대기업 지배주주·경영자의 중대 범죄에 대해 "사면권 행사를 엄격히 제한"하겠다고 공약했다. 하지만 그 내용이 구체적이지 못했다. 사면권의 엄격 상신(보고, 알림) 범위, 즉 사면 대상의 폭 등을 구체적으로 정하지 않은 것이다.

대통령 특별사면의 경우 기업인과 정치인 등 특권층을 중심으로 이루어지고 있어 '헌법'상 법 앞의 평등 원칙과 삼권분립 원칙을 훼손하고 법치주의를 침해왔다는 점에서 법적 제한 조치와 개선이 이루어져야 한다. 무엇보다 역대 정권이 기념일이나 정권 교체에 의한 정국 전환 등의 시점에서 뚜렷한 원칙 없이 사면을 남발한 것과 달리 엄격한 법적 기준에 의해 사면을 단행해야 한다는 것이다.

참고로 대한민국 '헌법' 제79조는 "대통령은 법률이 정하는 바에 따라 사면·감형·복권을 명할 수 있고, 이에 관한 사항은 법률로 정한다"라고 규정하고 있다. 이 법률이 '사면법'이다. '사면법' 제9조에는 "특별사면, 특정한 자에 대한 감형 및 복권은 대통령이 한다"라고 명시되어 있으며, 제10조 1항에는 "법무부장관은 대통령에게 특별사면, 특정한 자에 대한 감형 및 복권을 상신하다"라고 되어 있으며, 제10조 2항에는 법무부 장관 소속의 사면심사위원회의 심사를 거쳐야 한다고 명시했다. 이 사면심사위원회는 법무부 장관이 위원장이 되며, 위원은 법무부 장관이 임명하거나 위촉하되 공무원이 아닌 위원을 4명 이상 위촉해야 한다고 되어 있다.

셋째, 일감 몰아주기 등 총수 일가의 부당 내부거래 금지 규정을 더욱 강화하고, 부당 내부거래에서 발생한 부당 이익을 환수한다는 공약은 입법 완료되었다. 일감 몰아주기 규제와 관련해 '공정거래법'의 확정된 내용은 ① 총수 일가의 사익 편취 규제를 5장 제23조의 2에 신설하면서 5장의 명칭을 '불공정거래행위 및 특수 관계인에 대한 부당한 이익제공의 금지'로 변경했다. 이는 규제 대상을 '모든 계열사 간 거래'에서 '총수나 총수 일가가 일정 지분을 보유한 회사와의 거래'로 한정함으로써 원안보다 후퇴한 안인데, 대기업집단 계열사 1,768곳 중 1/4도 채 되지 않기 때문이다. ② 제23조(불공정거래행위의 유형)의 부당 지원 행위의 현저성 요건을 상당성으로 완화했고, ③ 부당 지원의 객체에 대해 처벌하는 규정 및 부당 지원을 받지 않을 의무를 신설했으며, ④ 통행세[8] 제재 등을 명시했다. 이렇듯 경제력 집중 억제 조항을 삭제하고 불공정거래 행위, 금지 행위를 일부 보완하는 선에서 개정이 이루어져, 일감 몰아주기를 통한 재벌 총수 일가의 사익 편취 행위를 막

8) 통행세란 계열사를 먹여 살리기 위해 외부 업체와 직접 거래하는 것이 비용 절감에 도움이 되는데도, 특정 계열사를 거쳐 거래하도록 함으로써 특정 계열사의 수입을 올려주는 것을 말한다.

는 데 실효성을 기대할 수 없게 되었다.

2) 기업지배구조 개선

다음으로 기업 지배구조 개선에 관한 정책이다.

첫째, 대규모 기업집단에 대한 신규 순환출자를 금지하는 '공정거래법'은 국회를 통과했다. 그런데 자산 규모 5조 원 이상의 대기업 내 계열사 간 신규 순환출자만을 규제하고 있고 삼성·현대차 등 순환출자 구조를 유지한 그룹이 이를 해소해야 하는 강제성이 없어, 대기업에 미치는 영향은 제한적일 수밖에 없다. 다만 순환출자 자체를 금지한다기보다 부실 계열사에 대한 자금 지원, 편법 상속을 규제한다는 점에서 의미가 있다. 하지만 순환출자는 경기가 어려워지고 기업의 채산성이 악화되면 줄도산 위험이 커지는 문제점이 있기 때문에, 기존 순환출자를 더욱 견고히 하는 행위를 엄격히 금지해야 할 필요성이 있다.

둘째, 소액주주 등 비지배주주들이 독립적으로 사외이사를 선임할 수 있는 시스템 구축이라는 '상법' 개정 공약은 아직 제출되지 않고 있다.

셋째, 독립성 강화를 전제로 국민연금 등 공적 연기금의 의결권 행사 강화 공약은 아직 추진되고 있지 않다. 이 공약은 연기금의 주주권 행사를 통해 소수 주주를 보호하고 재벌 총수의 전횡을 견제하기 위한 것이다. 현재 국민연금은 다양한 종류의 주주권 중 의결권 행사에 관한 세부 지침만 있어, 이를 다른 주주권에도 확대해 공적 연기금의 역할을 강화해야 한다. 대기업 총수의 독단적인 황제 경영의 폐해를 견제할 곳은 국민연금[9] 등 공적 연기

9) 국민연금은 국내 주식시장에서 80조 원 이상을 투자하는 기관투자가로, 주요 기업 지분 보유 현황을 살펴보면 삼성전자 7.00%, 현대차 6.99%, SK하이닉스 8.90%, 포스코

금뿐이다. 그간 국민연금은 재무적 투자가 역할에만 그쳐 주주권 행사는 사실상 포기한 상태나 다름없었다. 기업의 투명성 제고는 투자가치와 직결되어 있는 만큼 국민연금 등 공적 연기금의 주주권 행사를 강화하는 것은 기업 투명성과 재벌 총수의 전횡을 막는 필수불가결한 조치이다.

넷째, 집중투표제[10] 및 전자투표제의 단계적 도입 공약도 제출되고 있지 않다. 법무부의 '상법' 개정 입법예고안은 집중투표제의 간접적 의무화와 전자투표제의 일부 의무화를 제안하고 있다. 일정 규모 이상의 상장회사에 대해 집중투표제를 정관으로 배제할 수 없도록 규정하고, 소수 주주의 청구가 있는 경우 집중투표를 실시하도록 하며, 주주의 분산 정도에 비추어 전자투표의 필요성이 높은 일정 주주 수 이상의 상장회사에는 전자투표를 의무화한다는 것이다. 또 다중대표소송제도의 단계적 도입 공약과 관련해서는 법무부의 '상법' 개정 입법예고안에 다중대표소송제 도입을 허용하고 있다. 이는 상장회사 지배주주 또는 경영진의 비상장 자·손회사를 통한 사익 추구 행위에 대해 회사법적인 규율을 확보하기 위해 제안되었다. 법무부 안은 50%를 초과해 주식을 보유한 경우 다중대표소송을 허용하고 있는데, 이는 그 대상 범위가 제한적이다. 주주대표소송은 원고가 직접적인 금전 보상을 목적으로 하지 않는 공익 소송이라는 점에서 지분 요건을 완화할 필요가 있다.

이상에서 박근혜 정부의 재벌-대기업 관련 경제민주화 정책 중 대기업집단 총수 일가의 불법 및 사익 편취 행위 근절과 기업 지배구조 개선 등의 공

7.54%, 삼성물산 13.03%, LG화학 8.71%, SK 7.18%, 두산중공업 6.12% 등으로 재벌 총수의 보유 지분보다 훨씬 많다. "경영진 기업가치 훼손 좌시않겠다: 상장기업 후폭풍 클 듯"(http://news.mk.co.kr/newsRead.php?year=2014&no=356545), ≪매일경제≫, 2014년 3월 7일 자의 표 참조.

10) 집중투표제는 주주총회에서 이사진을 선임할 시 1주당 1표의 의결권을 주는 단순투표제와 달리 선임되는 이사진 수만큼 의결권을 주주에게 주는 제도로, 소액주주가 의결권을 집중시켜 자신들이 원하는 이사를 선임해 경영진을 견제하는 것이 가능해진다.

약과 정책에 대해 살펴보았다. 경제민주화 공약의 핵심 내용은 재벌의 기업 지배구조 개선과 경제력 집중 억제에 있지만, 이는 손도 대지 못한 채 집권 4년 차에 들어섰다.

4. 박근혜 정부의 경제민주화와 재벌개혁 평가 및 과제

1) 경제민주화와 재벌개혁의 평가

박근혜 정부의 재벌-대기업 관련 경제민주화와 재벌개혁 중에서 대기업 집단 총수 일가의 불법 및 사익 편취 행위 근절과 기업 지배구조 개선 등 재벌 정책에 대한 평가를 살펴보면, 먼저 경제 철학이 부재한 선거용 공약이었다는 점을 들 수 있다. 대선 과정에서부터 박근혜 후보 측의 경제민주화 공약이 경제정책의 철학인지 선거용 공약인지를 놓고 논란이 있었다. 국정 철학으로 보려는 입장에서는 외환위기 이후 한국 경제의 최대 현안이었으며 사회 각 부문에 심화된 양극화를 경제민주화를 통해 해결할 것이라는 시대적 기대를 반영해 집권한 박 대통령을 높이 평가하는 측면이 강하다. 그 반면에 선거용 공약으로 지속성과 실천력에 의구심을 가지는 입장에서는 "공정하고 투명한 시장질서 확립"이나 "원칙이 바로 선 시장경제질서 확립" 등으로 표현되는 방안들은 경제민주화에 대한 이해가 부족해 큰 의미를 기대하기 어렵다는 것이다. 또 박근혜 정부 내에 경제민주화를 소명 의식을 가지고 추진할 인사가 없다는 점을 지적한다. 결국 박 대통령이 경제민주화 관련 입법이 끝났다는 것과 과감한 규제 완화를 통한 투자 환경 개선을 언급하면서, 경제민주화 정책이 선거용에 지나지 않았음이 판명

되었다(유철규, 2013: 83).

둘째, 원칙이 바로 선 시장경제질서 확립이라는 국정 과제가 갖는 한계점이다. 박근혜 정부는 경제민주화를 "원칙이 바로 선 시장경제질서의 확립"이라는 이미지로 표현했는데, 이는 중소기업과 대기업 간의 상생과 공정거래 질서의 확립으로 정리되었다. 2013년 남양유업 사태 이후 특히 갑을 관계에서의 상생과 공정거래가 강조되는 선에서 경제민주화 공약이 마무리되었다. 하도급 문제 등에서 일정한 성과가 있었지만, 그것으로 끝이었다.

셋째, 박근혜 정부의 공약은 '헌법'의 포괄적인 경제민주화 내용(헌법 제119조 제2항) 중에 협소한 시장지배 문제에 초점을 맞추고 있다. 즉 경제력 남용 방지에만 초점을 맞추고 있다는 점이다. 이는 한국 경제의 체질 개선에 필요한 사전적 구조 개혁보다 사후적 행위 규제에 초점을 맞췄다는 것이다(위평량, 2013: 7).

2) 경제민주화와 재벌개혁의 과제

앞에서의 평가를 바탕으로 박근혜 정부의 경제민주화에 대한 향후 과제에 대해 살펴보자. 경제민주화를 언급할 때 가장 먼저 거론되는 것이 재벌개혁이다. 이는 재벌이 권력화되어 민주주의를 위협하고 퇴행시킬 수 있다는 점이고, 다른 한편으로 재벌이 신자유주의적인 정책을 강제함으로써 사회 곳곳에 불균형을 야기하고 있기 때문이다. 재벌=자본권력=시장권력은 유한한 정치권력과 다르게 자자손손 세습되어 무한 권력을 행사한다. 특히 신자유주의적인 정책은 한국 경제의 내수 위축을 동반한다. 내수 침체는 중소 상공인, 노동자(특히 비정규직 노동자), 자영업자 등의 소득 감소를 강제한다는 점이다. 중소 상공인이 적정한 이윤을 획득할 수 있고, 노동자들이 임금으로 생계를 유지하고, 자영업자가 적절하게 소득을 유지하려면 언제나 재벌과 부딪치게 된다.

이때 경제권력에 대항할 수 있는 힘은 먼저 제도(정치권력)에 의한 자본의 통제에 있다. 이는 경제권력 위에 정치권력이 서서 컨트롤하는, 그래서 정치권력자가 설정한 방향대로 재벌이 따라오게 만드는 것은 아니다(강석훈 외, 2013: 300). 민주주의 국가에서 시장권력에 대한 국가 개입이 정당화되는 길은 첫째, 민주주의 원칙에 부합하는 경우에만 가능하다. 그 개입의 정당성은 절차와 의사 결정 과정에서의 민주성이 담보된 제도만이 가능한 것이다. 둘째, 재벌에 대한 강제는 사전적이고 구조적이어야 한다. 따라서 재벌의 소유와 지배 구조, 재벌에의 경제력 집중이 구조화되는 것을 사전적으로 막는 것이 경제민주화 실현의 첩경이다. 이의 개선 없이 공정거래 정책이나 동반성장위원회 활동과 같은 정책만으로 지금의 재벌 문제를 해결할 수 없다(장하성, 2014: 550). 이를 위해서는 이해관계자가 자신의 이익을 대변할 수 있는 사람을 이사회에 파견함으로써 대주주의 전횡을 견제하는 사전 장치를 마련해야 한다. 특히 기업과 이해관계가 깊은 노동자의 이사회 참여는 보장되어야 한다. 이와 동시에 대주주로부터 독립된 사외이사의 선임과 관련된 것으로 집중투표제를 의무화하고, 계열사 출자 지분의 의결권을 일정한 한도로 제한해야 한다(이강복, 2006: 77).

다음으로 노동권의 강화이다. 자본주의 시장경제에서의 기본 모순은 노자 간의 대립이다. 그 때문에 노동권의 확보는 경제민주화의 핵심 의제가 된다. 노동권의 확보는 거대 자본에 대한 견제와 균형을 가능하게 한다. 또 자본과 노동의 힘의 균형은 국가 개입을 줄일 수 있게 하고, 노자 간의 민주적 타협이 가능하게 한다. 이를 통해 노동의 경영 참여와 이익 공유도 가능해질 수 있다. 그러나 우리 노동계 현실은 자본과 권력의 노동유연화 정책의 확대·심화 때문에 분열되고 힘이 빠진 상태이다. 자본과 노동 간에 실질적으로 대등한 힘의 균형이 달성되어 민주적 타협을 가능하게 하기 위해서는 실제적 노동삼권의 보장, 공권력의 중립성 유지, 노동조합 조직 확대, 노동을 대변하는 정치권력 형성(유철규, 2014: 81), 제도교육 내에서의 노동 교육 확대·강화 등이 필요하다. 특히 경제민주화가 주요 경제 문제에서 의사 결정의 분권화와 자율적 개인의 의사 결정 참여라고 한다면, 노동자들의 경영 참여는 경제민주화의 주요 내용이 될 수밖에 없다.

5. 맺음말

일반적으로 경제민주화는 사전적으로 정의하기가 쉽지 않다. 그렇지만 보편적으로 어떤 가치가 있다면 그것은 민주주의 원칙인 힘의 견제와 균형이 작동해야 한다는 것으로, 좀 더 많은 사람들이 중요한 의사 결정에 스스로 참여해 공평한 기회를 얻고자 함이 경제 부문에도 충실히 반영되어야 한다는 것(Chomsky and Stiglitz, 2012: 10)을 의미한다. 다시 말해 경제민주화의 핵심은 모든 경제 분야에서 경제적 약자가 스스로 권리를 주장할 수 있는 구조를 제도적으로 만드는 것이다.

이런 측면에서 보면 박근혜 정부의 경제민주화 정책 특히 재벌 관련 정책은 자본주의 시장경제의 지향성을 강화하고 확대하는 쪽으로 작동할 수밖에 없기 때문에, 국민의 절대다수를 구성하고 있는 노동자, 중소 상공인, 영세 자영업자 등의 이해관계와는 대립된다. 그 반면에 재벌기업 집단이나 대자본, 우리 사회의 기득권층들의 이해관계를 대변하는 방향으로 작동하고 있다.

박근혜 정부가 구상하거나 실행 중인 경제민주화와 재벌개혁은 지속 가능성이나 실효성 측면에서 미흡한 측면이 있다. 이는 박근혜 정부의 경제민주화 정책 자체의 한계, 즉 정책의 자본 편향적 시장지향성과 경제민주화는 양립할 수 없다는 데 근본적인 한계가 있다. 또한 경제민주화를 완성하고자 하는 대통령의 의지 상실 혹은 포기에서 비롯된 당연한 귀결로 볼 수 있다. 그리고 경제민주화 공약은 토대가 탄탄한 경제 철학이기보다는 임기응변적인, 집권을 위한 시나리오 차원에서 급조된 결과물로서의 성격이 강하다. 그렇기 때문에 향후 경제민주화 법안이 완전히 이행된다 하더라도 실효성이 결여된 법이 될 수밖에 없다. 그리고 경제민주화와 경제활성화가 상충된다고 보는 견해를 유지한다거나, 경제민주화라는 명분으로 제·개정된 법률을 규제 대상의 암 덩어리로 이해하는 한 그 진정성은 의심받을 수밖에 없다.

확실한 경제민주화의 실행을 위해서는 시장 편향적인 재벌 정책을 극복할 수 있는 방안이 나와야 한다. 이를 해결하기 위한 단초로 "원칙이 바로 선 시장경제 질서의 확립"이라는 의제부터 내려놓아야 할 것이다. 경제민주화는 자본주의 시장에서 자신의 필요욕을 충분히 달성할 수 있을 만큼의 구매력을 갖춘 소득 분배로 나타날 때 진정한 의미를 가질 수 있다. 이는 노동자, 중소 상공인, 영세 자영업자 등의 분배 몫이 그만큼 커져야 가능한 일이다. 이를 위해서는 수출 주도 대기업 중심의 성장 전략으로는 한계가 있고, 내수 중심의 소득(임금) 주도 성장 전략(ILO, 2012)으로 전환하려는 노력이 필요하다.

이는 취약 계층의 구매력 증진 즉 소득(임금) 향상을 통해 총수요를 늘리고 질 좋은 일자리 창출이 가능하도록 노동소득 분배율을 확대하는 것으로, 기존의 친기업적 성장 편향 정책을 대체하는 것이어야 한다. 기업 이윤을 확대하기 위해 임금을 억제하는 정책은 자본주의를 오히려 지속 불가능하게 만들 수 있다. 기업의 이윤도 사실 소비 성향이 높은 임금노동자의 구매력이 동반될 때 실현이 가능하다.

결국 소득 주도 성장 전략은 성장을 통해 고용을 늘리는 것이 아니라 임금 인상과 고용 안정을 통해 소득을 늘리고 성장을 이룬다는 것으로, 이의 토대는 경제민주화와 재벌개혁에 있다. 이를 통해 생산 과정이나 의사 결정 과정에 이해관계자들이 참여해 분배 몫을 확대할 수 있는 바탕을 마련함으로써 노동자, 중소 상공인, 영세 자영업자 등 서민의 소득(임금)을 높여 구매력을 증진시키고, 소비와 생산, 고용을 늘려 다시 소득(임금)을 높이는 선순환 구조를 만들어 한국 경제의 저성장을 극복해보자는 것이다.

참고문헌

강석훈 외. 2013. 『경제화민주화: 멘토 14인에게 묻다』. 퍼플카우.

강정민. 2013. 「박근혜 대통령의 공약이행 평가 I: 취임 후 6개월, 경제민주화 정책을 중심으로」. ≪경제개혁리포트≫, 2013-12호, 경제개혁연구소.

공정거래위원회. 2013.5.30. 「2013년 대기업 집단 주식 소유현황」.

김상조. 2012. 『종횡무진 한국경제: 재벌과 모피아의 함정에서 탈출하라』. 오마이북.

김호균. 2014. 『한국 신자유주의의 꼼수 경제학 비판』. 길.

다알, 로버트(Robert A. Dahl). 1995. 『로버트 다알의 경제민주주의』. 안승국 옮김. 인간사랑.

도준환. 2012.3.27. "자영업자의 붕괴, 이대로 방치할 것인가". ≪프레시안≫.

≪매일경제≫. 2014.3.7. "경영진 기업가치 훼손 좌시않겠다: 상장기업 후폭풍 클 듯".

변형윤. 1992. 「경제민주화의 의의와 과제」. 『경제민주화의 길』. 비봉출판사.

새누리당. 2012. 『세상을 바꾸는 약속, 책임 있는 변화』(제18대 대통령선거 정책공약집).

스티글리츠, 조셉(Joseph Stiglitz), 노암 촘스키(Noam Chomsky). 2012. 『경제민주화를 말하다』. 김시경 옮김. 위너스북.

안석교. 1992. 「경제민주주의 실현을 위하여」. 사회과학원. ≪(계간)사상≫, 제4권 제1호.

위평량. 2013. 「박근혜 당선인의 경제민주화 공약 분석과 향후과제」. 경제개혁연구소. ≪경제개혁 리포트≫, 2013-01호.

______. 2014. 「재벌 및 대기업으로의 경제력 집중과 동태적 변화분석」. 경제개혁연구소. ≪경제개혁 리포트≫, 2014-02호.

유종일. 2013. 「경제민주화: 개념, 역사, 정책」. 서울사회경제연구소 엮음. 『세계경제의 변화와 한국경제의 대응』. 한울.

유종일·손석춘. 2012. 『경제민주화가 희망이다: 손석춘 묻고 경제학자 유종일이 답하다』. 알마.

유철규. 2013. 「경제민주화 공약과 박근혜 정부: 중간평가와 대안적 과제」. 한국사회과학연구소. ≪동향과 전망≫, 89호.

______. 2014. 「노동없는 창조경제, 민주화되지 못한 경제민주화」. 참여사회연구소. ≪시민과 세계≫, 제24호.

이강복. 2006. 『위기 이후 한국경제의 이해』. 새미.

이병천. 2012.『한국경제론의 충돌』. 후마니타스.
장지상. 1992.「재벌에 의한 경제력집중과 비민주적 경제구조」.『경제민주화의 길』, 비봉출판사.
장하성. 2014.『한국 자본주의』. 헤이북스.
장하준 외. 2005.『쾌도난마 한국경제』. 부키.
제18대 대통령직인수위원회. 2013.2.「박근혜 정부 국정비전/국정목표/국정과제」.
한국사회학회 엮음. 2013.『상생을 위한 경제민주화』. 나남.
홍종학 의원실. 2013.4.2. "국세청 통합소득 100분위 자료 활용 과세미달자 포함한 소득현황, 최초 분석 공개".「보도자료」.

Chomsky, Noam. and Joseph E. Stiglitz eds. 2009. *People First Economics*. New Internationalist Publications Ltd.
Dahl, Robert Alan. 1986. *A Preface to Economic Democracy*. University of California Press.
International Institute for Labour Studies. 2012. *World of work report 2012: Better jobs for a better economy*. International Labour Organization.
Ransom, David. 2011. *People First Economics*. World Changing.

제2장

대기업 성장의 국민경제 파급효과*

생산·고용 유발효과를 중심으로

홍장표 | 부경대학교 경제학부 교수 **장지상** | 경북대학교 경제통상학부 교수

1. 머리말

우리나라는 과거 개발시대에 대기업을 집중 육성하는 불균등 경제성장 전략을 취했다. 대기업에 자원을 집중시키는 경제성장 전략은 과거 고도성장 시대에 선진국을 추격하는 과정에서 긍정적인 역할을 했으며, 대기업의 수출 증대와 투자 확대가 중소기업의 성장을 유발하고 일자리 창출로 가계소득을 증가시키는 선순환 효과를 창출한 것으로 알려져 있다. 대기업 성장이 유발하는 낙수효과(trickle down effect)가 이러한 선순환 효과를 압축적으로 표현한다. 대기업 성장의 낙수효과를 겨냥한 성장 전략은 개발시대가 종료된 이후에도 채택되었는데, 이명박 정부에서는 낙수효과를 활용한다는 명분으로 대기업의 수출을 증가시키고, 투자를 촉진하기 위해 규제를 완화하고, 법인세를 인하했다. 대기업들은 노동자들의 임금 상승을 억제하고 정

* 이 글은 ≪경제발전연구≫ 제21권 제2호(2015.6)에 게재된 논문을 수정·보완한 것이다.

부는 대기업 수출 상품의 가격경쟁력을 유지하는 다양한 정책 수단을 동원해 지원한 바 있다.

하지만 최근에는 낙수효과가 약화되었다는 인식이 확산되면서 대기업 지원정책의 유효성에 대해 의문이 제기되고 있다. 1997년 외환위기를 계기로 2000년대 이후 대기업의 고용이 감소하고 수출의 부가가치유발효과와 고용유발효과는 감소하는 추세로 반전되었다.[1] 이를 배경으로 선도 부문의 성장 과실이 후발 부문으로 흘러 들어가는 선순환 연결고리가 약화되고, 대기업의 성장과 수출 증대가 경제적 양극화와 일자리 문제 해결의 대안이 되기 어렵다는 부정적인 진단이 나오고 있다(김상조, 2012; 김근수, 2014).

한국 경제에서 대기업이 차지하는 비중과 역할이 큰 것은 사실이지만, 대기업의 국민경제에 대한 기여도가 약화되었다면 낙수효과에 의존하는 기왕의 대기업 위주 성장 전략은 재검토될 수밖에 없다. 이런 측면에서 대기업 성장이 협력기업을 경유해 국민경제에 미치는 파급효과에 관한 연구는 중요한 정책적 함의가 있다. 대기업의 파급효과를 분석하기 위해서는 대기업 매출 증가가 국내 생산과 고용을 유발하는 효과를 분석해야 한다. 그런데 대기업이 국민경제에 얼마만큼 기여하고 있는지 또 기여도가 감소하고 있는지를 정확히 측정하기란 용이하지 않다. 대기업과 직간접적으로 거래 관계를 맺고 있는 협력기업들을 식별해내고, 대기업의 산출 증가가 협력기업의 산출에 직간접적으로 미치는 효과를 측정하기 위해서는 방대한 통계자료 분석이 필요하기 때문이다.

낙수효과가 추세적으로 약화된 것으로 파악하는 입장에서는 대기업의 파

---

1) 한국은행(2015)에 따르면 2000년대 이후 수출 수요의 수입유발계수는 증가한 반면(2000년 0.360→2005년 0.386→2012년 0.474), 부가가치유발계수(2000년 0.617→2005년 0.597→2012년 0.514)와 취업유발계수(2000년 19.2→2005년 12.6→2012년 7.7)는 뚜렷이 감소 추세를 보였다.

급효과를 직접 분석할 수 있는 데이터가 부족한 가운데, 간접적으로 수출이 국내 생산과 고용에 미치는 파급효과에 관한 자료에 의존하고 있다. 기업패널 자료 분석으로부터 수출 대기업의 고용유발효과가 감소했다거나(신범철, 2009), 한국은행의 산업연관표에 나타난 반도체·자동차·선박 등 대기업 주력 수출품의 국내 부가가치유발계수와 고용유발계수가 감소했다는 것이다(김근수, 2014).

한편 대기업과 협력중소기업의 재무 자료를 연결해 분석한 실증 연구들은 이와 달리 대기업의 성장이 중소기업의 성장에 기여한다는 결과를 보고하고 있다. 이병기(2012)는 자동차업종과 조선업종 대기업의 성장이 협력기업의 매출과 투자에 양의 영향을 미치는 것으로 분석했다. 박상용 외(2013), 이종욱·오승현(2014), 조동근·빈기범(2014)은 대기업 1차 협력기업을 표본기업으로 한 분석에서 대기업 성과와 중소기업 성과 사이에 양의 관계를 보고했다. 중소기업의 총매출 중 대기업에 납품하는 비중이 늘어나면서 해당 중소기업의 고용·매출·총자산 증가율이 증가해, 대기업과의 협력 관계가 강할수록 중소기업의 성장이 촉진된다는 것이다. 이 연구들은 대기업과 직접 거래하는 1차 협력기업만 다루고 2차 이하 협력기업은 다루지 않았다는 한계는 있으나, 대기업의 성과와 협력기업의 성과를 직접 연결해 분석했다는 점에서 의미가 있다.

그런데 문제는 이러한 실증 연구들이 공통적으로 대기업의 성장이 중소기업의 성장을 유발하는 낙수효과의 존재를 입증하는 데 초점을 맞춘다는 점이다. 대기업의 협력기업들도 주주와 채권자, 종업원 등과 함께 이해관계자인 만큼, 대기업이 정상적으로 운영되는 한 협력기업에 낙수효과가 일정하게 발생한다. 낙수효과는 정의상 존재하지 않을 수 없다. 대기업과 1차 협력기업의 성장이 양의 관계가 있다는 결론은 조동근·빈기범(2014)도 인정하듯이 동어반복이다. 대기업과 협력 중소기업이 동반 성장하는 사례를 발견했다고 해서 낙수효과가 약화된다는 견해가 기각되는 것도 아니다. 대기업의 낙수효과를 둘러싼 쟁점은 낙수효과의 존재 자체가 아니라 낙수효과의 크기에 있기 때문이다.

대기업의 낙수효과를 양적으로 측정하기 위해서는 대기업과 직간접적으로 거래하는 협력기업들을 최대한 포괄하는 데이터를 확보하고 이를 활용한 대기업 성장의 파급효과 분석이 필요하다. 그동안 대기업의 국민경제 파급효과에 관한 실증 연구가 부족한 것은 기업 간 연결망 데이터 구축 작업이 이루어지지 못했기 때문이다. 이 장에서는 기업 간 거래 관계에 관한 정보를 가장 포괄적으로 제공하는 한국기업데이터(주) DB를 활용해 대기업의 성장이 협력기업의 성장을 통해 국내 생산과 고용에 미치는 파급효과를 측정함으로써 선행 연구의 한계를 보완하고자 한다.

한국기업데이터(주)의 DB를 활용한 기업 간 연결망 분석(network analysis)은 수만 개의 기업들 사이에 이루어지는 수십만 건의 거래 자료를 분석하는 대단히 방대한 작업이다. 이 표본 기업들을 대상으로 한 기업 간 연결망 분석을 통해 업종별·기업별 파급효과를 비교할 수 있으며, 이를 다년간 자료로 확장하면 대기업 낙수효과의 추이도 파악할 수 있다. 이 장에서는 다년도 시계열 자료 구축을 위한 첫 출발점으로 2011년도 기업 간 연결망 자료를 구축하고, 한국의 대표적인 대기업들이 국내 협력기업과 국민경제에 미치는 파급효과를 측정한다. 이에 따라 이 장에서는 수출 제조업 3개 업종(전자, 자동차, 조선)과 내수서비스업 2개 업종(통신서비스, 시스템통합)의 상위 대기업 3사와 협력기업(계열사와 비계열사) 간 거래연관표를 작성하고 대기업 15사의 국내 생산유발효과와 고용유발효과를 분석한다.

2. 연구 방법과 분석 과제

1) 연구 방법

이 장에서는 기업 간 거래 자료로부터 기업 간 거래연관표를 작성하고, 이를 이용해 생산유발효과와 고용유발효과를 통해 대기업의 국민경제 파급효과를 분석한다. 대기업의 국민경제 파급효과 분석에 필요한 데이터를 확보하기 위해서는 대기업과 이와 거래하는 협력기업 사이의 연결망 분석이 요구된다.

기업 간 연결망에서 노드(node)는 개별 기업, 연결선(link)은 중간재나 중간 서비스의 거래를 나타낸다. 기업 간 연결망은 방향성과 가중치가 있는 연결망이다. 방향성이 있는 연결망에서 연결선은 나가는 선(outbound link)과 들어오는 선(inbound link)으로 나뉜다(황선웅·강두용, 2011). 기업 간 연결망에서 매출거래가 나가는 선, 매입거래가 들어오는 선이고, 거래액은 이 연결선의 가중치에 해당한다.

우리나라는 대기업 중심의 성장 전략으로, 주력 산업에서는 선도 대기업을 정점으로 하는 허브스포크(hub-spoke)형 연결망이 발달되어 있다(김안국 외, 2008). 이러한 특성에 주목한다면 기업 간 연결망 분석의 출발점은 수많은 협력기업으로부터 중간재와 중간 서비스를 공급받는 연결망의 최상층부에 위치한 선도기업(leading firm)이다. 기업 간 연결망에서 선도기업이란 해당 업종 내에서 다른 기업에 대한 매출거래는 없고 다른 기업으로부터의 매입거래가 많은 기업이다. 즉 다른 기업으로부터 중간재나 서비스를 공급받아 최종 생산물을 시장에 공급하는 최종 수요 기업을 말한다. 이 선도기업에서 출발해 거래 관계를 따라 협력기업을 추적함으로써 선도기업과 직접 매출거래를 하는 1차 협력기업, 1차 협력기업에 공급하는 2차 협력기업, 2차 협력기업에 공급하는 3차 협력기업 등 연결망 참가 기업과 거래 차수를 식별할 수 있다(Gofman, 2011).

이 장에서는 한국의 대표적인 수출 제조업(전자, 자동차, 조선)과 지식기반서비스업(통신, 시스템통합)의 상위 3사를 선도기업으로 선정해 연결망을 분석한다. 수출 제조업 대기업은 전자업종의 삼성전자, LG전자, SK하이닉스, 자동차업종의 현대자동차, 기아자동차, 한국GM, 조선업종의 현대중공업, 삼성중공업, 대우조선해양, 지식기반서비스산업은 통신서비스업종의 KT, SKT, LGU+, 시스템통합업종의 삼성SDS, LG C&S, SK C&C를 선정했다.

〈표 2-1〉은 업종별 선도기업 현황이다. 전자·자동차·조선은 한국의 대표적인 수출 제조업종이며, 이 업종들의 상위 3사, 9개 대기업이 한국 제조업 전체 매출액의 19.8%, 부가가치의 6.8%를 차지한다. 9개 대기업이 주식 지분을 보유하는 국내외 자회사는 모두 514개 사이다. 다음으로 통신서비스와 시스템통합업종은 내수 부문의 지식기반서비스산업을 대표하는 업종이며 해당 업종 상위 3사, 6개 대기업은 236개의 국내외 자회사에 투자하고 있다.

선도기업을 정점으로 하는 기업 간 연결망 분석은 한국기업데이터(주)에서 제공하는 2011년 기업 정보 DB 자료를 사용했다. 한국기업데이터(주) DB에 등록된 14만 1,650사 가운데 5만 4,269사에 대해 연결망 분석에 필수적인 판매처별 매출 비율 정보가 제공되고 있다. 이 DB에서 정보가 불충분한 선도기업 계열사의 거래 자료는 금융감독원이 공시하는 해당 기업의 감사보고서(2011)로 보완했는데, 감사보고서 주석 사항에 나타난 해당 선도기업의 계열사 간 내부거래 정보를 이용했다. 두 자료를 결합하고 정보가 누

〈표 2-1〉 업종별 선도기업 현황(2011년)

업종	선도기업	매출액 (십억 원)	수출 비중 (%)	매입액 (십억 원)	종사자 수 (명)	(지분 보유) 자회사 수		
						국내	해외	계
전자	삼성전자	120,816	84.2	69,340	101,970	64	75	139
	LG전자	28,097	85.6	22,337	35,286	23	77	100
	SK하이닉스	10,188	96.0	5,878	19,601	8	15	23
자동차	현대자동차	42,774	61.0	26,241	57,068	40	33	73
	기아자동차	27,742	60.5	18,017	32,392	19	27	46
	한국GM	15,068	63.0	10,645	17,134			
조선	현대중공업	25,020	62.5	15,501	23,863	62	29	91
	삼성중공업	13,359	86.1	9,233	12,689	14	7	21
	대우조선해양	12,258	98.2	7,141	11,916	3	18	21
통신 서비스	KT	20,167	0.0	12,917	31,061	33	8	41
	SKT	12,551	0.0	8,302	3,955	60	29	89
	LGU+	9,181	0.0	7,435	6,190	31	2	33
시스템 통합	삼성SDS	3,953	3.5	2,174	10,989	23	10	33
	LG C&S	2,300	2.5	1,229	6,545	6	9	15
	SK C&C	1,619	0.0	1,007	3,577	18	7	25
계		345,093		217,397	374,236	404	346	790

주: 별도 재무제표 기준.
자료: 해당 기업의 2011년도 감사보고서 및 사업보고서.

락된 기업을 제외한 5만 4,114사를 표본으로 15개 선도기업(전자, 자동차, 조선, 통신서비스, 시스템 통합)의 연결망 분석 작업을 수행했으며, 이를 통해 선도기업의 협력기업과 거래 차수를 식별했다.

연결망 분석의 표본 기업 5만 4,114개 사의 종사자 수는 292만 3,000명이고, 총매출액은 2,092조 5,000억 원이다. 표본 기업은 〈표 2-2〉에서 볼 수 있듯이 통계청 '사업체총조사'(2011)에서 보고된 우리나라 전체 법인 기업

〈표 2-2〉 연결망 분석 표본 기업의 산업별 분포

	연결망 분석 표본 기업		사업체총조사 (법인 기준)		A/C (%)	B/D (%)
	기업 수 (A)	종사자 수 (B)	기업 수 (C)	종사자 수 (D)		
농림어업, 광업 (01~08)	314	8,801	2,697	40,636	11.6	21.7
제조업(10~33)	23,703	1,650,790	76,560	2,504,050	31.0	65.9
전기·가스·수도, 환경복원업 (35~39)	611	47,406	5,462	128,891	11.2	36.8
건설업(41~42)	7,142	215,935	50,940	958,607	14.0	22.5
도소매, 운수, 숙박·음식업 (45~56)	17,263	419,713	145,663	1,781,908	11.9	23.6
출판영상방송통신, 정보서비스업 (58~63)	2,018	164,985	20,174	446,787	10.0	36.9
금융보험, 부동산임대업(64~69)	191	68,723	52,396	867,644	0.4	7.9
전문 과학 기술, 사업 지원 서비스 (70~75)	1,988	260,869	48,516	1,350,449	4.1	19.3
공공행정, 교육, 복지 기타 서비스 (84~96)	884	85,844	77,478	2,410,223	1.1	3.6
계	54,114	2,923,066	479,886	10,489,195	11.3	27.9

수의 11.3%, 종사자 수의 27.9%를 차지한다. 표본 기업의 산업별 종사자 수를 사업체총조사의 수치와 대조해보면, 전자·자동차·조선 업종이 속하는 제조업이 65.9%로 표본의 포괄 범위가 가장 넓고, 통신서비스업과 시스템 통합업종이 속하는 출판영상방송통신·정보서비스업은 36.9%이다. 표본 기업으로부터 추계된 대기업의 생산과 고용유발효과를 검토할 때, 표본의 포괄 범위가 가장 넓은 제조업을 중심으로 해석할 필요가 있다.

다음으로 연결망 분석을 통해 구한 거래 차수에 따라 거래 부문을 구분하고 거래액 자료를 이용해 부문별 기업 간 거래연관표가 작성된다. 기업 간 거래연관표(이하 기업연관표)는 산업연관표 작성 방법을 준용해 작성했다. 산업연관표에서는 각 부문이 산업에 따라 구분되지만, 이 연구의 기업연관표에서는 선도기업, 1차 협력기업, 2차 협력기업, 3차 협력기업 등 거래 차수에 따라 구분된다는 점이 다르다. 산업연관표에서 투입계수는 재화나 서비스에 대한 최종 수요가 발생했을 때 동일 혹은 다른 산업으로 파급되는 생산유발효과의 크기를 계측할 때 사용되는 매개변수이다(한국은행, 2015). 기업연관표에서 투입계수는 해당 부문에 속하는 기업들이 생산물 1단위를 생산하는 데 사용되는 각종 중간재의 투입 단위를 나타낸다. 기업연관표의 투입계수는 해당 부문에 속하는 기업들이 재화나 서비스의 생산에 사용하기 위해 동일 혹은 다른 부문에 속하는 기업으로부터 구입한 중간 투입액을 해당 부문의 총산출액으로 나누어 구한다. 이와 같은 방법에 따라 작성된 선도기업 15사의 투입계수표로부터 기업별 생산유발계수와 고용유발계수가 계산된다.

선도기업의 생산유발계수는 투입계수표의 레온티에프 역행렬을 이용해 구할 수 있다. 투입계수 행렬이 A, 총산출 벡터 X, 최종 수요 벡터가 Y일 때 $AX+Y=X$이며, 이 행렬식을 X에 대해 풀면 다음과 같다.

$$X=(I-A)^{-1} \cdot Y \quad \cdots\cdots (1)$$

여기서 I는 주대각 요소가 모두 1이고 그 밖의 요소는 모두 0인 단위행렬이다. 이 식에서 $(I-A)^{-1}$가 레온티에프 역행렬(생산유발계수 행렬)이며, 최종 수요 1단위 증가가 유발하는 직·간접 생산유발효과를 나타낸다.

고용유발계수는 최종 수요 발생이 생산을 유발하고, 생산은 다시 노동 수요를 유발하는 파급 메커니즘에 기초해 다음과 같이 측정된다. 특정 차수의 거래 부문에서 일정 기간 동안 생산활동에 투입된 노동량(L)을 총산출액(X)으로 나눈 고용계수가 $l = L/X$이고, 노동투입량은 $L = l \cdot X$이다. 여기에 식 (1)을 대입하면 다음 식을 얻는다.

$$L = l \cdot (I-A)^{-1} \cdot Y \quad \cdots\cdots (2)$$

이 식에서 $l \cdot (I-A)^{-1}$가 고용유발계수 행렬이며 대기업의 최종 수요 1단위 증가가 대기업과 협력기업에서 발생하는 고용유발효과를 나타낸다.

2) 분석 과제

여기에서는 이와 같은 방법에 따라 대기업의 생산유발계수와 고용유발계수를 측정하고 업종과 선도기업의 계숫값을 비교함으로써 대기업의 낙수효과와 이에 영향을 미치는 요인을 검토한다. 또한 대기업의 국민경제 파급효과에 큰 영향을 미치는 두 요인에 주목한다.

첫째, 대기업의 해외투자이다. 대기업의 해외직접투자(이하 FDI)는 대기업의 생산과 고용은 물론, 대기업과 거래하는 국내 기업의 생산과 고용에 커다란 영향을 미친다. 우리나라에서는 제조업 수출 대기업을 중심으로 해외투자가 활발한데, 해외투자가 낙수효과를 감소시켰을 가능성이 있다. 이진면 외(2013)는 산업연관표를 확장시켜 대기업과 중소기업 간 투입-산출 연관 구조를 분석했는데, 대기업의 수입유발효과가 중소기업보다 높은 반면, 생산유발효과, 부가가치유발효과, 고용유발효과는 낮다는 것을 보여주었다. 이 연구는 대기업의 해외투자와 글로벌 아웃소싱이 국내 생산과 고용유발효과를 약화시키는 방향으로 영향을 미쳤을 가능성을 보여준다. 하지만 모든 해외투자가 국내 생산과 고용을 감소시키는 것은 아니며 해외투자의 유형에 따라 다를 수 있다. 비용 절감을 목적으로 국내 생산 시설을 저임금 국가로 이전하는 수직적(vertical) FDI에서는 해외 생산이 국내 생산을 대체하고 국내 생산과 고용을 감소시키는 효과가 있다. 이에 비해 해외 시장 개척을 목적으로 국외 공장을 추가로 건설하는 수평적(horizontal) FDI는 국내 생산과 고용에 미치는 부정적인 영향이 약하며, 해외 생산이 국내 중간재 수출을 유발하는 경우 국내 생산과 고용에 긍정적인 영향을 미칠 수 있다(Head and Ries, 2001, 2002; Grossman et al., 2006; 홍장표, 2012).

둘째, 대기업의 내부거래이다. 동일 기업집단에 속하는 계열 기업들 사이에 이루어지는 내부거래는 외부 기업의 생산활동에 영향을 미친다. 박승록·최두열(2011)은 대기업의 투자가 동일 기업 집단의 계열사 투자를 유발하지만, 비계열 중소기업의 투자를 유발하는 효과는 나타나지 않는다고 보고했다. 이 결과는 대기업의 성장이 중소기업의 성장을 유발하는 낙수효과가 대규모 기업 집단의 내부거래로 제약될 수 있음을 보여준다. 대규모 기업 집단의 계열사 간 내부거래가 확대되면 계열사 생산이 증가하고 외부 기업의 생산이 축소되는 구축효과가 나타난다. 이 경우 대기업의 성장이 동일기업 집단에 속하는 계열사의 성장으로만 이어지고 외부 기업은 성장에서 배제된다(송원근, 2012). 그렇다고 기업 집단의 모든 내부거래가 외부 기업의 생산활동에 부정적 영향을 미치는 것만은 아니다. 대기업이 계열사를 통해 수입대체 사업에 진출하거나 새로운 시장을 창출하는 경우 계열사의 생산 증가가 외부 기업의 생산 증가를 유발할 수 있다. 그러므로 대규모 기업 집단의 계열사 간 내부거래가 외부 기업에 미치는 영향은 상반된 두 효과 중 어느 쪽이 우세한지에 따라 다르게 나타날 것이다.

3. 선도기업의 국내외 계열사 간 내부거래

1) 선도기업의 해외투자

기업연관표 검토에 앞서 54쪽의 〈그림 2-1〉과 〈그림 2-2〉의 선도기업 15사의 국내외 자회사 투자액을 통해 해외투자 현황을 알아보자.

해외투자는 수출 제조업 대기업이 지식기반서비스업 대기업보다 적극적이며, 제조업 가운데 전자와 자동차업종의 해외투자가 가장 활발하다. 5개 업종 가운데 비용 절감을 목적으로 하는 해외투자는 전자업종 대기업에서 전형적으로 나타난다. 해외투자에 가장 적극적인 삼성전자는 국내 자회사 투자액보다 많은 금액을 해외 자회사에 투자하며, 삼성전자가 직접 투자한 해외 자회사 75개 사 가운데 중국, 동남아 등 32개 해외 생산법인으로부터 중간재를 수입하고 있다(삼성전자 감사보고서). LG도 해외 생산에 적극적인 편이지만, 해외 자회사 투자액은 국내 자회사 투자액보다 적고, 해외 생산이 삼성전자보다는 적다. LG전자는 32개 해외 생산법인으로부터, LG디스플레이는 23개 해외 생산법인으로부터 중간재를 수입·조달한다(LG전자 감사보고서). SK하이닉스는 3사 가운데 해외투자액이 가장 적지만, 해외투자액이 국내투자액보다 더 많다. SK하이닉스는 중국 현지 생산법인 3사로부터 수입·조달한다(SK하이닉스 감사보고서). 현대자동차와 기아자동차는 중국, 미국, 유럽, 터키, 인도 등 전 세계 주요 지역에 현지 생산 공장을 보유하고 있다. 그런데 자동차업종의 해외투자는 현지 시장 판매를 목적으로 하기 때문에 전자업종과 달리 현지 공장에서 생산된 중간재의 국내 반입은 거의 이루어지지 않는다.

조선업종 대기업도 전자업종과 마찬가지로 비용 절감을 목적으로 해외

〈그림 2-1〉 제조업

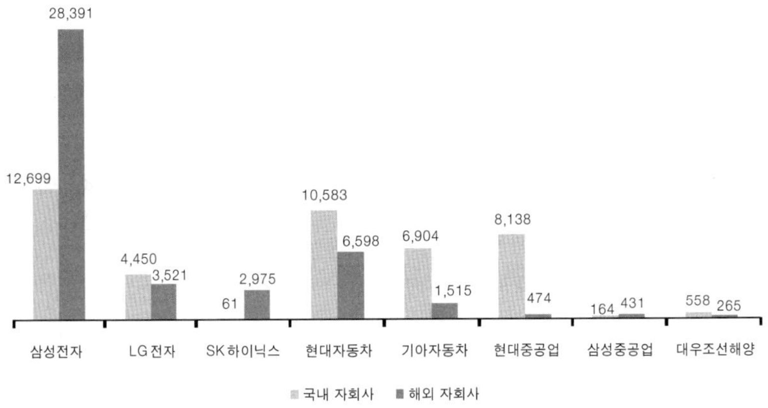

〈그림 2-2〉 지식서비스업

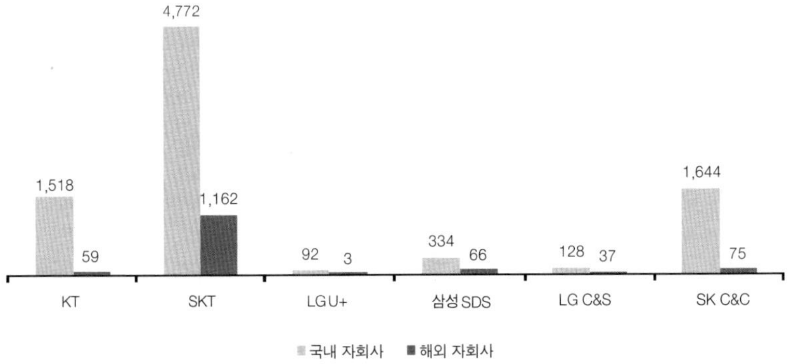

자료: 해당 기업 2011년도 감사보고서 및 사업보고서.

생산 공장을 운영하고 해외 공장에서 생산한 중간재를 수입한다. 현대중공업은 중국 생산법인 4개 사, 삼성중공업은 중국 생산법인 3개 사와 인도 생산법인 1개 사, 대우조선해양은 중국 생산법인 1개 사로부터 선박 블록을 수입한다. 다만 생산 제품의 부피가 커서 물류비가 많이 들기 때문에 해외 계열사 조달 비중은 전자업종보다는 크게 낮다. 한편 서비스업종 선도기업들의 해외투자는 수출 제조업에 비해 적은 편이다. 통신서비스업에서는 LGU+가 해외 자회사 1개 사, 시스템통합업종에서는 삼성SDS가 20개 해외 자회사, LG C&S가 8개 해외 자회사를 두고 있지만, 현지 법인으로부터의 수입은 거의 이루어지지 않는다.

이와 같은 선도기업의 해외투자 현황에서 보듯이 선도기업 해외투자의 유형이 업종에 따라 차이가 있으며, 전자와 조선업종의 해외투자는 비용 절감을 목적으로 하는 수직적(vertical) FDI, 자동차업종과 서비스업은 현지 시장 개척을 목적으로 하는 수평적(horizontal) FDI에 가깝다고 할 수 있다.

2) 선도기업의 국내 계열사 간 내부거래

다음으로 선도기업의 국내 계열사 간 내부거래 현황을 보자. 〈그림 2-3〉에서 볼 수 있듯이 제조업종 선도기업의 계열사 간 내부거래는 전자업종과 자동차업종에서 활발하고, 조선업종은 그렇지 않은 편이다. 하지만 같은 업종이라도 선도기업에 따라 차이를 보인다. 계열사 간 내부거래는 삼성그룹, 현대자동차그룹, LG그룹, SK그룹에서 활발하다. 전자업종을 보면, 삼성전자, LG전자, SK하이닉스의 순서로 계열사 간 내부거래가 많다. 삼성전자는 삼성전기(PCB 등 회로 부품), 삼성SDI(LCD, 배터리), S-LCD(LCD), 삼성테크윈(카메라 모듈) 등 전자업종 15개 자회사에서 부품을 조달하고, 삼성코닝정밀소재(평판 유리), 삼성탈레스 등 2개 자회사는 이 1차 협력기업들에 소재나 중간재를 공급한다. LG전자는 LG디스플레이(LCD), LG이노텍(진동 모터)을 비롯한 전자업종 6개 자회사로부터 부품을 매입하고, LG디스플레이는

〈그림 2-3〉 선도기업과 국내 계열사 간 내부거래

(단위: %)

■ 삼성그룹: 삼성전자, 삼성중공업, 삼성SDS

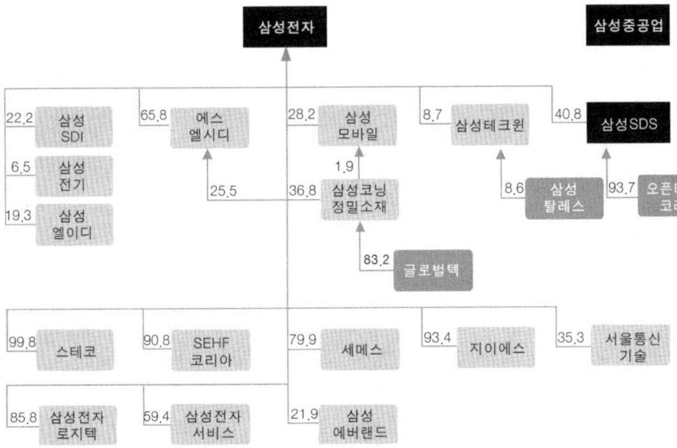

■ 현대자동차그룹: 현대자동차, 기아자동차

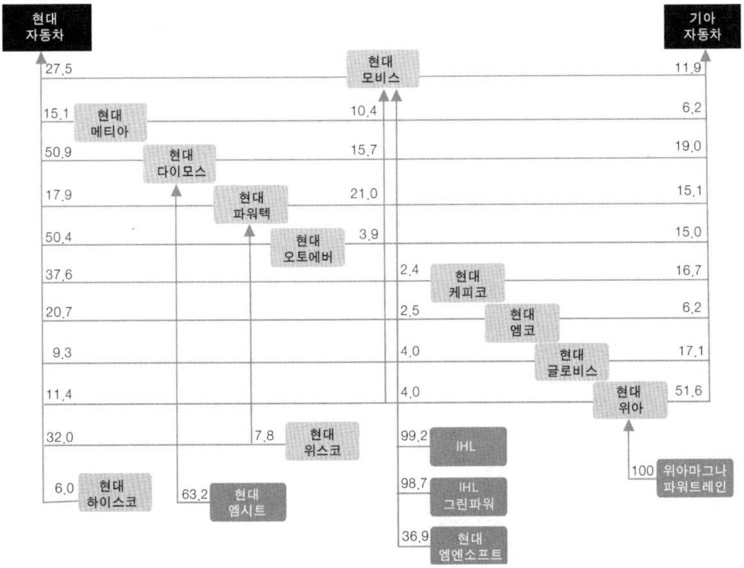

■ LG그룹: LG전자, LGU+, LG C&S

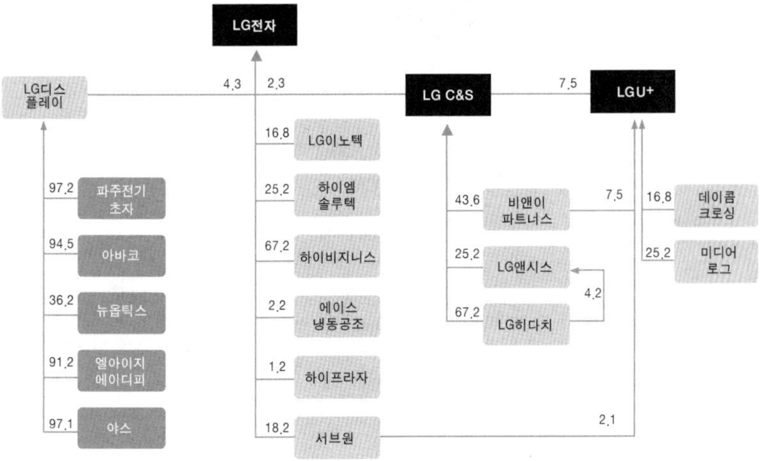

■ SK그룹: SKT, SK C&C, SK하이닉스

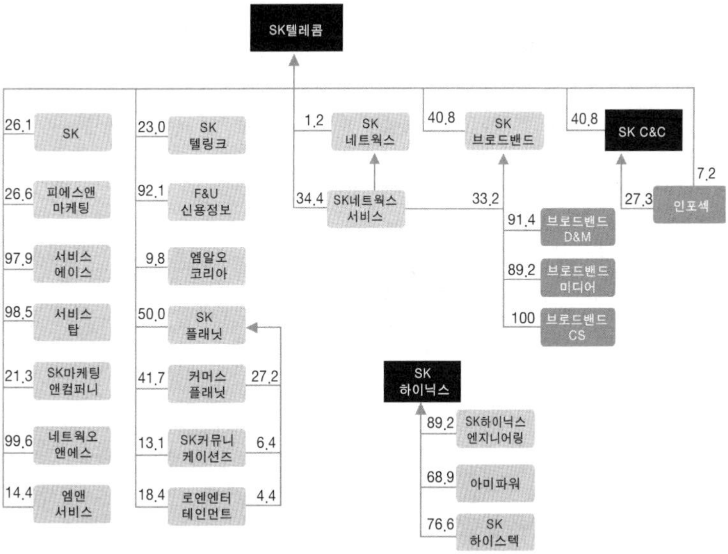

■ **KT그룹: KT**

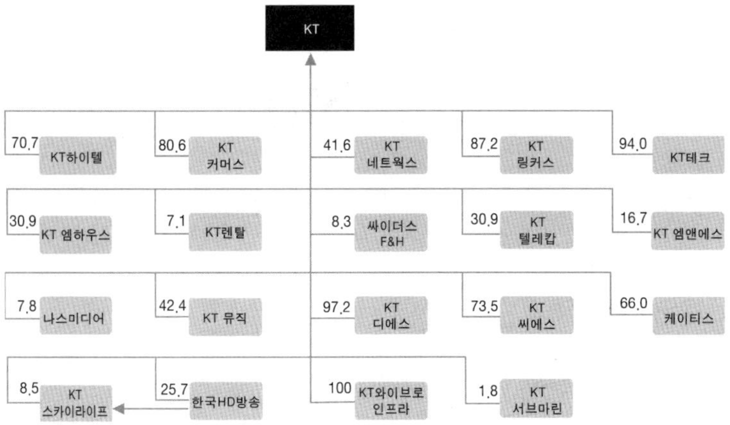

■ **현대중공업그룹: 현대중공업**

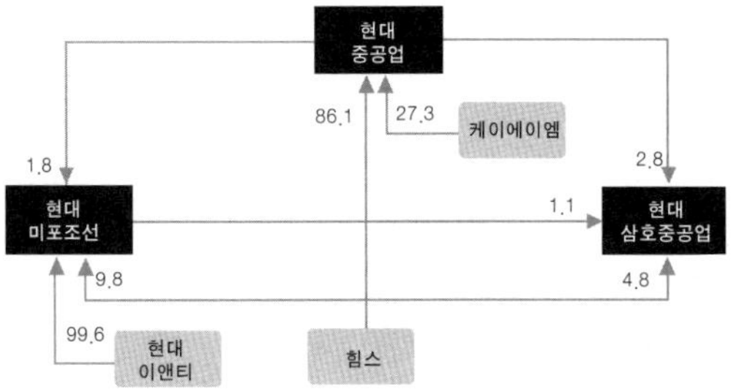

■ **대우조선해양그룹: 대우조선해양**

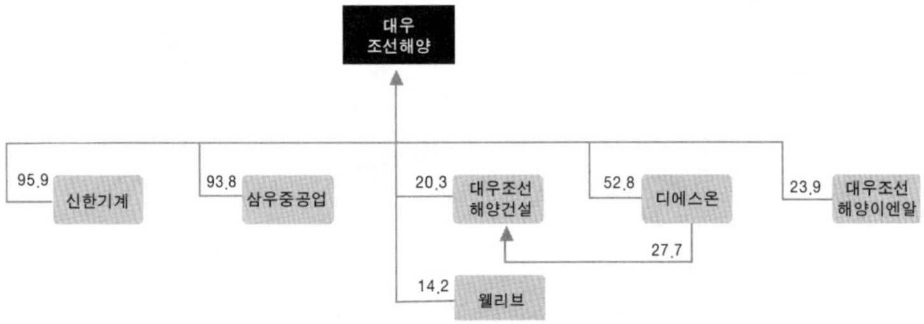

주: 숫자는 계열사 매출 총액 대비 모회사 거래액 비중.

파주전기초자 등 5개 자회사로부터 부품을 조달한다. 삼성전자와 LG전자는 전문 생산 체제를 갖춘 다수의 계열사들로부터 부품이나 소재를 계층적으로 조달하는 중층적 구조를 취한다면, SK하이닉스는 SK하이텍 등 3개 자회사로부터 직접 매입하는 단층적 구조를 보인다.

자동차업종의 내부거래는 현대자동차그룹에서 가장 두드러진다. 현대자동차와 기아자동차는 모듈업체인 현대모비스를 비롯한 15개 자회사로부터 부품을 매입하고, 이 1차 협력기업들에 다시 6개 자회사가 납품하는 중층적 구조를 취하고 있다. 이에 비해 한국GM은 해외 관계사는 있지만, 국내에는 별도의 자회사를 두고 있지 않다.

조선업종의 경우 선도기업이 엔진을 비롯한 선박 관련 주요 부품을 자체 생산하고 있지만, 계열사 간 내부거래는 적은 편이다. 현대중공업은 선박용 엔진과 기자재 일부를 자체 생산하고, 2개 자회사로부터 중간재를 조달한다. 현대중공업은 그룹 내 현대미포조선 및 현대삼호중공업과 내부거래를 하지만, 그 비중은 크지 않다. 대우조선해양은 6개 자회사와 매입거래를 하고 있으며, 삼성중공업은 운항제어시스템, 통합항해시스템, 선박용 배전반 등 일부 부품을 자체 생산하지만 별도의 국내 자회사는 없다.

지식기반서비스업종의 내부거래는 선도기업에 따라 큰 편차를 보인다. 통신업종의 경우 KT와 SKT는 내부 매입거래가 활발하지만, LGU+는 활발하지 않은 편이다. SKT는 17개 자회사로부터 직접 매입거래를 하고, KT의 경우 19개 자회사는 직접 매입거래, 3개 자회사는 SK브로드밴드를 경유한 간접적 매입거래를 하고 있다. 이에 비해 LGU+는 2개 자회사로부터만 직접 매입거래를 하고 있다. 시스템통합업종에서는 LG C&S의 내부거래가 가장 활발하다. LG C&S는 LG전자, LGU+에 매출거래, 3개 자회사 직접 매입거래를 한다. 삼성SDS는 삼성전자에 매출거래, 1개 자회사 직접 매입거래를 하고 있으며, SK

〈그림 2-4〉 선도기업의 국내외 계열사 매입 비중

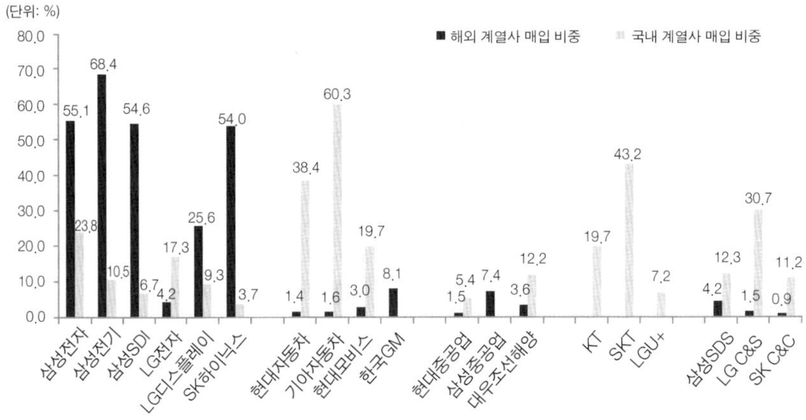

자료: 해당 기업 2011년도 감사보고서 및 사업보고서.

C&C는 SKT에 매출거래, 1개 자회사 직접 매입거래를 한다.2)

제조업 수출 대기업들은 해외투자를 통해 국외 계열사로부터 부품을 조달하는 한편, 국내에서는 계열사를 중심으로 중간재나 소재를 납품받고 있다. 〈그림 2-4〉은 선도기업의 국내외 계열사 간 내부거래 현황을 비교할 목적으로 선도기업 매입 총액 가운데 국내외 계열사 매입액이 차지하는 비중을 나타낸 것이다. 삼성전자의 경우 전체 매입액 가운데 국내외 계열사 매입액이 차지하는 비중이 78.9%이다. 삼성전자는 대부분의 납품을 그룹 내 계열사가 담당하고 있으며, 해외 계열사로부터의 조달 비중이 55.1%에 이른다. 자동차업종에서는 현대자동차와 기아자동차의 경우 해외 계열사 조달 비중은 작은 대신, 국내 계열사 조달 비중이 크다. 제조업 가운데 조선업종의 계열사 조달 비중이 가장 작다. 지식기반서비스업에서는 해외 계열사

2) 시스템통합업종 대기업들은 대규모 기업집단 내 계열사에 매출거래를 한다는 점에서 엄밀한 의미에서는 선도기업은 아니지만, 그룹 내 시스템통합사업을 총괄하고 수많은 협력기업을 관리한다는 점에 주목해 선도기업으로 간주했다.

매입은 별로 없고 국내 계열사 매입이 중심이다. 이 중 통신업종의 SKT, 시스템통합업종의 LG C&S가 국내 계열사 매입 비중이 크다. 이에 비추어볼 때, 전자업종에서는 해외 계열사로부터의 매입거래, 자동차업종과 지식기반 서비스업에서는 국내 계열사 간 내부거래가 선도기업의 국민경제 파급효과에 어떤 영향을 미치는지가 분석의 주된 관심 사항이다.

4. 선도기업의 생산 및 고용 유발효과

1) 투입계수표

기업연관표에서 투입계수표는 선도기업과 국내 협력기업 간 투입-산출구조를 나타내는데, 5만 4,114사를 표본으로 하는 기업 간 연결망 분석으로 작성되었다. 연결망 분석에서는 거래 관계가 있는 기업을 협력기업으로 최대한 포괄하기 위해, 해당 기업 매출액의 0.1% 이상인 거래를 모두 연결선에 포함시켰다. 표본 기업을 대상으로 기업 간 연결망을 분석한 결과는 〈표 2-3〉, 〈표 2-4〉와 같다.

여기서 볼 수 있듯이 수많은 기업이 선도기업의 연결망에 직간접적으로 참가하고 있으며, 선도기업이 이끄는 기업 간 연결망이 가공 조립, 소재, 판매, 서비스 부문들로 촘촘하게 짜여 있다. 삼성전자에는 7,530사가 직간접적으로 연결되어 있으며, 현대자동차는 5,191사, 현대중공업은 6,280사가 연결되어 있다. 이러한 선도기업 15사의 매입거래에 연결된 국내 기업은 총 1만 6,144사로 표본 기업의 29.8%에 이른다. 이 숫자는 협력기업 가운데 다수의 연결망에 편입되어 중복 계산된 기업을 제외한 실업체 수이다. 〈표

〈표 2-3〉 거래 차수별 협력기업 수

	전자			자동차			조선			통신			시스템통합			계
	삼성전자	LG 전자	SK 하이닉스	현대자동차	기아자동차	한국GM	현대중공업	삼성중공업	대우조선해양	KT	SKT	LG U+	삼성 SDS	LG C&S	SK C&C	실업체수 (중복제거)
1차	815	520	336	489	233	239	1,251	428	293	374	229	266	155	125	112	5,713
2차	2,050	1,309	251	1,674	645	848	1,721	940	351	412	454	659	239	516	88	6,380
3차	1,881	1,182	65	1,544	281	698	750	542	61	271	324	199	190	450	17	2,696
4차	1,407	532	6	755	60	329	595	342	8	100	126	31	67	223	1	853
5차	781	261		434	13	154	763	204		62	53	5	43	117		340
6차	335	176		188	1	115	577	107		22	50		16	52		104
7차	103	162		66		56	347	52		14	18		10	26		25
8차	30	85		26		21	155	32		10	8		9	13		16
9차	55	60		11		1	66	5		3	1		4	18		7
10차	50	36		4			32				1		1	23		5
11차	20	23					16							16		3
12차	3	14					6							10		2
13차		3					1							4		
14차		2												3		
계	7,530	4,365	658	5,191	1,233	2,565	6,280	2,652	713	1,214	1,264	1,160	734	1,596	218	16,144

〈표 2-4〉 기업 규모별 협력기업 수

	전자			자동차			조선			통신			시스템통합			계
	삼성전자	LG 전자	SK 하이닉스	현대자동차	기아자동차	한국GM	현대중공업	삼성중공업	대우조선해양	KT	SKT	LG U+	삼성 SDS	LG C&S	SK C&C	실업체수 (중복제거)
계열사	22	21	3	20	16	0	4	0	4	18	24	10	5	7	6	116
대기업	306	127	52	202	78	108	210	80	31	25	24	15	13	22	1	587
중기업	1,661	969	186	1,024	315	520	1,235	552	185	262	316	279	180	360	85	3,557
소기업	5,441	3,248	417	3,943	824	1,937	4,831	2,020	493	909	900	856	536	1,207	126	11,884
계	7,530	4,365	658	5,191	1,233	2,565	6,280	2,652	713	1,214	1,264	1,160	734	1,596	218	16,144

2-4〉에서 협력기업을 규모별로 보면, 선도기업의 계열사가 116사, 계열사를 제외한 일반 대기업이 587사, 나머지 1만 5,441사가 중소기업이다. 5만 4,000여 개 표본 기업 중 1만 6,000여 개 기업이 선도기업 15사에 제품이나 서비스를 직간접적으로 공급한다는 것은 이러한 대기업들이 한국 경제에 미치는 영향이 광범위함을 보여준다.

업종 내 매출액이 큰 선도기업일수록 연결망의 차수가 긴 편인데, 이와 함께 선도기업의 사업 특성도 연결망의 길이에 영향을 미치고 있다. 전자업종의 경우 완제품과 부품을 망라한 종합전자업체인 삼성전자와 LG전자는 국내 투입 단계가 길고, 반도체사업에 특화된 SK하이닉스는 투입 단계가 짧다. 자동차업종에서 기아자동차의 연결망이 짧은데 이는 동일 그룹 내 현대자동차의 연결망을 활용하고 있는 데 따른 것으로 보인다.

여기서 선도기업의 협력기업 수가 많고 차수가 길다고 해서 협력기업에 대한 파급효과가 반드시 큰 것은 아님에 유의할 필요가 있다. 앞에서 지적했듯이 기업 간 연결망은 거래액을 가중치로 하는 연결망이기 때문에, 협력기업 수가 많더라도 거래액이 작다면 파급효과는 작을 수밖에 없다. 실제로 선도기업의 연결망에서 1차 협력기업들은 기업 규모가 크고 거래액도 크지만, 2차나 3차 이상의 협력기업들은 기업 규모가 작고 거래액도 작다. 다음에서는 이 점에 주목해 국내 각 거래 부문의 산출액과 투입액 규모를 고려하는 투입계수표를 보자.

〈표 2-5〉는 업종별 매출액 1위 선도기업의 투입계수표이다.[3] 투입계수 행렬의 요소 a_{ij}는 j열에 표시된 차수 부문의 총산출액 중 연결망 내 i행에 표시된 차수 부문의 투입액이 차지하는 비중이다. 예컨대 삼성전자의 경우

3) 업종별 매출액 2, 3위 선도기업의 투입계수표는 이 장의 <부표 2-1> 참조.

〈표 2-5〉 업종별 매출액 1위 선도기업의 국내 투입계수표

삼성전자	선도기업	1차	2차	3차	4차	5차	6차	7차	8차	9차	10차	11차	12차	행합계
선도기업	0.000	0.000	0.000	0.000	0.000	0.000	0.000	0.000	0.000	0.000	0.000	0.000	0.000	0.000
1차	0.250	0.062	0.006	0.001	0.001	0.004	0.000	0.000	0.000	0.000	0.001	0.000	0.000	0.325
2차		0.074	0.010	0.005	0.005	0.001	0.001	0.011	0.000	0.000	0.001	0.000	0.000	0.108
3차			0.095	0.015	0.008	0.003	0.001	0.001	0.003	0.003	0.003	0.001	0.000	0.134
4차				0.088	0.009	0.009	0.003	0.007	0.003	0.003	0.001	0.000	0.000	0.121
5차					0.059	0.003	0.007	0.011	0.000	0.001	0.000	0.000	0.000	0.081
6차						0.036	0.004	0.006	0.000	0.001	0.000	0.000	0.000	0.046
7차							0.034	0.000	0.000	0.000	0.000	0.000	0.000	0.034
8차								0.078	0.000	0.000	0.000	0.008	0.000	0.086
9차									0.283	0.005	0.097	0.000	0.000	0.385
10차										0.080	0.015	0.008	0.000	0.103
11차											0.010	0.000	0.000	0.010
12차												0.004	0.000	0.004
열합계	0.250	0.136	0.111	0.108	0.081	0.056	0.050	0.114	0.288	0.093	0.128	0.021	0.000	

현대자동차	선도기업	1차	2차	3차	4차	5차	6차	7차	8차	9차	10차	행합계
선도기업	0.000	0.000	0.000	0.000	0.000	0.000	0.000	0.000	0.000	0.000	0.000	0.000
1차	0.385	0.086	0.030	0.000	0.001	0.004	0.000	0.000	0.000	0.000	0.000	0.506
2차		0.130	0.019	0.009	0.003	0.002	0.000	0.001	0.000	0.000	0.000	0.163
3차			0.057	0.005	0.009	0.002	0.001	0.001	0.000	0.009	0.000	0.085
4차				0.059	0.005	0.008	0.004	0.000	0.001	0.000	0.006	0.083
5차					0.072	0.001	0.009	0.000	0.000	0.000	0.000	0.083
6차						0.048	0.001	0.024	0.000	0.000	0.000	0.073
7차							0.029	0.000	0.000	0.000	0.000	0.029
8차								0.027	0.000	0.005	0.000	0.032
9차									0.019	0.000	0.032	0.051
10차										0.026	0.000	0.026
열합계	0.385	0.216	0.106	0.073	0.090	0.066	0.044	0.053	0.020	0.040	0.038	

현대중공업	선도기업	1차	2차	3차	4차	5차	6차	7차	8차	9차	10차	11차	12차	13차	행합계
선도기업	0.000	0.000	0.000	0.000	0.000	0.000	0.000	0.000	0.000	0.000	0.000	0.000	0.000	0.000	0.000
1차	0.319	0.029	0.005	0.008	0.005	0.002	0.002	0.001	0.002	0.000	0.000	0.000	0.000	0.000	0.372
2차		0.075	0.011	0.005	0.006	0.005	0.015	0.006	0.001	0.000	0.000	0.000	0.000	0.000	0.125
3차			0.159	0.034	0.004	0.003	0.002	0.002	0.001	0.000	0.001	0.000	0.000	0.000	0.206
4차				0.091	0.016	0.014	0.002	0.001	0.001	0.007	0.000	0.000	0.000	0.000	0.133
5차					0.124	0.007	0.025	0.003	0.000	0.006	0.002	0.000	0.000	0.000	0.166
6차						0.087	0.013	0.003	0.000	0.003	0.001	0.000	0.006	0.000	0.114
7차							0.065	0.000	0.009	0.012	0.008	0.000	0.000	0.000	0.095
8차								0.086	0.000	0.006	0.004	0.000	0.000	0.000	0.095
9차									0.029	0.000	0.000	0.000	0.000	0.000	0.029
10차										0.047	0.000	0.008	0.000	0.000	0.056
11차											0.029	0.000	0.000	0.000	0.029
12차												0.018	0.000	0.000	0.018
13차													0.011	0.000	0.011
열합계	0.319	0.104	0.176	0.138	0.154	0.120	0.124	0.102	0.043	0.081	0.043	0.026	0.017	0.000	

KT	선도기업	1차	2차	3차	4차	5차	6차	7차	8차	9차	행합계
선도기업	0.000	0.000	0.000	0.000	0.000	0.000	0.000	0.000	0.000	0.000	0.000
1차	0.135	0.010	0.003	0.002	0.001	0.000	0.000	0.000	0.000	0.000	0.151
2차		0.093	0.001	0.006	0.000	0.000	0.000	0.000	0.000	0.000	0.100
3차			0.038	0.003	0.014	0.000	0.000	0.000	0.000	0.000	0.056
4차				0.036	0.000	0.002	0.000	0.039	0.000	0.000	0.076
5차					0.070	0.000	0.021	0.000	0.000	0.000	0.091
6차						0.018	0.000	0.013	0.000	0.000	0.031
7차							0.086	0.000	0.000	0.000	0.086
8차								0.032	0.000	0.000	0.032
9차									0.011	0.000	0.011
열합계	0.135	0.103	0.042	0.047	0.085	0.019	0.107	0.084	0.011	0.000	

삼성 SDS	선도기업	1차	2차	3차	4차	5차	6차	7차	8차	9차	10차	행 합계
선도기업	0.000	0.000	0.000	0.000	0.000	0.000	0.000	0.000	0.000	0.000	0.000	0.000
1차	0.161	0.002	0.000	0.000	0.000	0.000	0.000	0.000	0.000	0.000	0.000	0.163
2차		0.063	0.003	0.008	0.000	0.000	0.000	0.000	0.000	0.000	0.000	0.074
3차			0.051	0.004	0.024	0.000	0.000	0.000	0.000	0.000	0.000	0.079
4차				0.045	0.000	0.009	0.000	0.000	0.000	0.000	0.000	0.054
5차					0.056	0.004	0.000	0.000	0.000	0.000	0.000	0.060
6차						0.086	0.000	0.000	0.000	0.000	0.000	0.086
7차							0.148	0.000	0.021	0.000	0.000	0.169
8차								0.079	0.000	0.000	0.000	0.079
9차									0.010	0.000	0.000	0.010
10차										0.001	0.000	0.001
열 합계	0.161	0.064	0.054	0.057	0.081	0.099	0.148	0.079	0.030	0.001	0.000	

a_{10}의 0.250은 선도기업($j=0$)인 삼성전자 총산출액 중 1차 협력기업($i=1$)의 투입액이 차지하는 비중, a_{11}의 0.062는 1차 협력기업($j=1$) 산출액에서 1차 협력기업($i=1$)의 투입액이 차지하는 비중, a_{21}의 0.074는 1차 협력기업($j=1$) 산출액에서 2차 협력기업($i=2$)의 투입액이 차지하는 비중이다.

열 합계는 해당 열 부문의 산출액에서 연결망 내 모든 부문의 투입액이 차지하는 비중이며, 이 값이 클수록 연결망 내의 부문 간 투입-산출 연관관계가 크다는 것을 뜻한다. 선도기업의 열 합곗값이 크고 차수가 증가함에 따라 감소폭이 작을수록 선도기업의 국내 생산유발효과는 크다. 반대로 열 합곗값이 작고 차수가 증가할 때 감소폭이 클수록 생산유발효과는 작다. 〈표 2-5〉에서 열 합곗값을 보면 선도기업에서 시작해 협력기업의 차수가 증가할수록 일정 단계까지 감소하고 있다. 선도기업의 열 합계를 보면 제조업이 서비스업보다 크며, 제조업에서는 현대자동차(0.385)가 가장 크고, 그다음이 현대중공업(0.319)이며, 삼성전자(0.250)가 가장 작은 것으로 나타났다.

2) 생산유발효과

선도기업의 생산유발효과는 식 (1)에서 보았듯이 투입계수표로부터 대기업의 최종 수요 1단위당 생산유발계수로 측정된다. 대기업의 생산유발계수는 수입의존도가 낮고 생산의 우회도가 높을수록 크다. 협력기업의 생산유발계수는 거래 차수, 계열사, 기업 규모 세 가지로 구분해 계산했으며, 총생산유발계수는 선도기업과 협력기업 생산유발계수의 합이다. 물론 이 장에서의 생산유발계수는 표본 기업으로부터 계산된 것이기 때문에, 산업연관표상의 계숫값보다 작게 측정된다는 점에 유의할 필요가 있다.

〈표 2-6〉에서 선도기업의 업종별 총생산유발계수를 보면 자동차, 조선, 전자, 통신서비스, 시스템통합서비스 순서로 높은데, 유발계수가 산업연관표상의 값보다 작지만 순서는 거의 일치한다는 것을 알 수 있다. 자동차업종 선도기업의 생산유발계수가 크게 나타난 것은 중간재 조달에서 해외 계열사 비중이 적고, 국내 1차 협력기업 비중이 큰 데 따른 것이다. 전자업종의 국내 생산유발계수가 자동차업종보다 작은 것은 해외 계열사 조달 비중이 큰 데 따른 것이다. 그리고 조선업종은 해외 계열사 조달 비중은 작으나 자체 생산과 수입 비중이 높아 유발계수가 자동차업종보다 작게 나타났다. 통신과 시스템통합업종은 선도기업별로 차이를 보였는데, 해외 조달 비중은 작으나 생산의 우회도가 낮다는 업종의 특성 때문에 유발계수가 작게 나타났다.[4)]

협력기업을 거래 차수별로 구분한 결과를 보면, 5개 업종 선도기업 모두 4차 이상 차수의 협력기업 생산유발계수는 사실상 0이다. 이는 선도기업의

---

4) 한국은행 2011년도 산업연관표에 나타난 5개 업종의 수입유발계수를 보면, 제조업은 전기전자(0.497), 선박(0.409), 자동차(0.359)의 순서로 높았고, 소프트웨어(0.192)와 통신서비스(0.184)는 낮았다.

〈표 2-6〉 선도기업의 생산유발계수

업종	기업명	선도기업 (A)	거래 차수별 협력기업 (B)				계열별 협력기업		규모별 협력기업		총생산 유발계수	
			1차	2차	3차	4차 이상	계열사	비계열사	대기업	중소기업	기업 연관표 (A+B)	산업 연관표*
전자	삼성전자	1.000	0.267	0.020	0.002	0.000	0.141	0.148	0.239	0.050	1.289	1.712
	LG전자	1.000	0.266	0.026	0.002	0.000	0.120	0.174	0.202	0.092	1.294	
	SK하이닉스	1.000	0.231	0.009	0.000	0.000	0.020	0.220	0.226	0.014	1.240	
자동차	현대자동차	1.000	0.423	0.056	0.003	0.000	0.242	0.240	0.412	0.070	1.482	2.293
	기아자동차	1.000	0.436	0.028	0.001	0.000	0.289	0.176	0.413	0.052	1.465	
	한국GM	1.000	0.410	0.049	0.003	0.000		0.462	0.337	0.125	1.462	
조선	현대중공업	1.000	0.329	0.025	0.004	0.000	0.034	0.324	0.111	0.247	1.358	1.810
	삼성중공업	1.000	0.161	0.023	0.001	0.000		0.185	0.081	0.104	1.185	
	대우조선해양	1.000	0.196	0.010	0.000	0.000	0.051	0.155	0.112	0.094	1.206	
통신	KT	1.000	0.137	0.013	0.001	0.000	0.080	0.071	0.098	0.053	1.150	1.379
	SKT	1.000	0.399	0.119	0.001	0.000	0.335	0.184	0.377	0.142	1.518	
	LGU+	1.000	0.149	0.016	0.000	0.000	0.052	0.113	0.060	0.105	1.166	
SI	삼성SDS	1.000	0.162	0.010	0.001	0.000	0.053	0.120	0.103	0.070	1.172	1.233
	LG C&S	1.001	0.210	0.032	0.002	0.000	0.115	0.129	0.125	0.119	1.245	
	SK C&C	1.001	0.170	0.011	0.000	0.000	0.061	0.120	0.067	0.114	1.181	

주: 1) 회색 부분은 업종 내에서 계숫값이 가장 큰 경우임.
2) *는 한국은행, 산업연관표(2011)에 나타난 해당 업종의 제조업 부문 생산유발계수.

생산유발효과는 2·3차 협력기업까지 나타나고, 4차 이상에는 거의 나타나지 않는다는 것을 뜻한다. 협력기업의 차수가 선도기업에 따라 길게는 14차까지 이어지는 경우도 있었지만, 실질적인 생산유발효과는 2·3차 협력기업에서 거의 끝나고, 선도기업의 생산 파급효과는 1차와 2차 협력기업에서 주로 나타난다는 것을 알 수 있다.

협력기업을 계열사와 비계열사로 구분한 결과를 보면, 삼성전자, LG전자, 현대자동차그룹, SKT, LG C&S 등 국내 계열사 조달 비중이 큰 선도기업이 예상대로 계열사 생산유발효과가 큰 것으로 나타났다. 그런데 계열사와 비계열사 유발계수 사이의 관계를 보면, 주목할 만한 특징을 발견할 수 있다. 제조업에서는 계열사에 대한 유발효과가 클수록 비계열사에 대한 유발효과가 작은 반면, 지식서비스업종에서는 계열사 유발효과가 클수록 비계열사 유발효과도 컸다. 이는 제조업의 경우 선도기업의 계열사 생산이 국내 다른 기업의 생산을 대체하는 경향이 강해 비계열사 생산을 축소시키지만, 지식기반서비스산업의 경우 계열사를 통해 신규 사업으로 진출하는 경향이 강해 국내 생산을 유발하는 효과가 크다는 것을 시사한다.

협력기업을 기업 규모별로 구분한 결과를 보면, 전자와 자동차는 대기업, 조선업종은 중소기업에 대한 유발효과가 상대적으로 큰 것으로 나타났다. 5개 업종 중에 선도기업의 생산유발효과가 계열사보다는 비계열사, 대기업보다는 중소기업 위주로 나타나는 대표적인 업종이 조선업종이다.

끝으로 동일 업종 내 선도기업 간 생산유발계수를 비교해보자. 전자업종 3사를 보면 생산유발효과는 LG전자가 1.294로 가장 크고, 다음으로 삼성전자 1.289, SK하이닉스가 1.240로 가장 낮았다. 매출액 규모가 큰 삼성전자가 LG전자보다 낮게 나타난 것은 선도기업뿐 아니라 주요 계열사(삼성전기, 삼성SDI, 삼성모바일 디스플레이, 에스엘시디)들이 해외 자회사로부터 조달하는 비중이 LG전자보다 높고 이것이 국내 생산유발효과를 제약한 데 따른 것으로 보인다. SK하이닉스는 높은 해외 계열사 조달 비중 때문에 국내 생산유발효과가 낮게 나타난 것으로 볼 수 있다. 국내 중간재 투입 구조를 보면, 삼성전자와 LG전자는 계열사와 대기업 위주, SK하이닉스는 비계열사, 중소기업 위주로 차이를 보였다. 자동차업종에서는 현대자동차와 기아자동차가

계열사 비중이 큰 반면, 국내 계열사가 없는 한국GM은 생산유발효과가 모두 비계열사에서 나타나고 있다. 한편 통신서비스업종의 경우 SKT가 1.508로 가장 크고, KT와 LGU+가 각각 1.150과 1.166으로 낮았다. SKT는 계열사로부터의 매입 비중이 상당히 높은 편이고, KT와 LGU+는 협력기업으로부터 매입거래액이 적어 생산유발효과가 제한적이다.

3) 고용유발효과

선도기업의 고용유발효과는 식 (2)에서 보듯이 생산유발계수와 고용유발계수 두 요소에 좌우된다. 고용유발계수는 생산유발계수 행렬과 해당 부문의 고용계수를 이용해 선도기업의 산출액 10억 원 증가 시 유발되는 고용량으로 측정했다.[5)]

〈표 2-7〉에서 업종별 선도기업의 총고용유발계수를 보면, 산업연관표상의 수치와 유사하게 시스템통합업종이 가장 크고, 자동차, 조선, 전자, 통신 순서로 나타났다. 하지만 측정된 유발계수의 값은 산업연관표상에 나타난 업종별 유발 계숫값과 커다란 차이를 보였다. 이는 표본 기업을 통해 계산된 고용유발계수가 실제보다 과소 측정된다는 점을 감안하더라도 매우 큰 차이라 할 수 있는데, 선도기업이 자본 투입에 의존하는 생산기술을 보유하고 있기 때문에 선도기업의 고용유발효과가 산업 평균보다 크게 낮다는 것을 시사한다.

다음으로 동일 업종 내 선도기업의 고용유발계수를 비교해보자. 전자업종은 SK하이닉스, LG전자, 삼성전자의 순서로 높았다. SK하이닉스의 경우

---

5) 고용유발효과 측정에서 중소기업 종사자 수 자료의 신뢰도가 대기업보다는 낮다는 점에 유의할 필요가 있다.

〈표 2-7〉 선도기업의 고용유발계수: 대기업 산출액 10억 원당 유발고용량

업종	기업명	선도기업(A)	거래차수별 협력기업(B)				계열별 협력기업		규모별 협력기업		총고용유발계수	
			1차	2차	3차	4차 이상	계열사	비계열사	대기업	중소기업	기업연관표(A+B)	산업연관표*
전자	삼성전자	0.844	0.451	0.040	0.003	0.000	0.216	0.278	0.346	0.148	1.339	3.9
	LG전자	1.256	0.487	0.053	0.003	0.000	0.185	0.358	0.314	0.229	1.800	
	SK하이닉스	1.924	0.530	0.023	0.001	0.000	0.064	0.490	0.262	0.292	2.000	
자동차	현대자동차	1.333	0.448	0.084	0.006	0.000	0.125	0.413	0.375	0.163	1.871	6.6
	기아자동차	1.168	0.333	0.059	0.002	0.000	0.115	0.279	0.278	0.116	1.562	
	한국GM	1.138	0.777	0.082	0.005	0.000		0.864	0.491	0.373	2.001	
조선	현대중공업	1.049	0.592	0.042	0.003	0.000	0.033	0.604	0.099	0.538	1.687	5.6
	삼성중공업	0.987	0.321	0.040	0.002	0.000		0.363	0.086	0.277	1.351	
	대우조선해양	0.987	0.401	0.023	0.000	0.000	0.098	0.326	0.149	0.275	1.411	
통신	KT	1.577	0.488	0.019	0.001	0.000	0.373	0.135	0.378	0.130	2.085	10.7
	SKT	0.315	0.335	0.058	0.002	0.000	0.095	0.300	0.148	0.247	0.711	
	LGU+	0.674	0.365	0.046	0.001	0.000	0.078	0.334	0.114	0.298	1.087	
SI	삼성SDS	2.635	0.448	0.026	0.001	0.000	0.135	0.340	0.239	0.236	3.110	12.4
	LG C&S	2.850	0.285	0.074	0.004	0.000	0.092	0.271	0.101	0.262	3.214	
	SK C&C	2.362	0.329	0.029	0.000	0.000	0.060	0.298	0.061	0.297	2.722	

주: 1) 회색 부분은 업종 내에서 계숫값이 가장 큰 경우임.
2) *는 한국은행, 산업연관표(2011)의 해당 업종 고용유발계수.

선도기업과 1차 협력기업, 그리고 비계열 협력기업에 대한 고용유발계수가 가장 크다. 삼성전자는 3사 중에서 국내 고용유발효과가 가장 작은데, 선도기업과 1차 협력기업, 그리고 비계열사에 대한 고용유발효과가 다른 선도기업보다 작다. 이 결과는 삼성전자와 주요 자회사들의 해외 생산과 해외 고용이 국내 고용을 큰 폭으로 대체한 데서 비롯된 것으로 볼 수 있다.

자동차업종에서는 한국GM(2.001), 현대자동차(1.871), 기아자동차(1.562)의 순서로 높았다. 한국GM은 비계열사 고용유발효과가 가장 크고, 현대자동차는 선도기업과 계열사 고용유발효과가 크게 나타났다. 현대자동차와 기아자동차의 경우 앞서 생산유발효과는 주로 계열사와 대기업에서 나타났지만, 고용유발효과는 비계열사와 중소기업에서 크게 나타난 것이 주목된다. 이는 계열사와 대기업은 설비 투입에 의존한 생산기술, 비계열사와 중소기업은 노동 투입에 의존한 생산기술을 보유한 데 따른 것으로 보인다. 조선업종의 경우 현대중공업의 고용유발계수가 가장 컸으며, 삼성중공업과 대우조선해양은 이보다 작게 나타났다. 그리고 조선업종 3사는 생산유발효과와 고용유발효과가 거의 유사한 형태로 나타나고 있어, 선도기업 간 생산기술상의 차이는 거의 없는 것으로 판단된다.

통신서비스업종의 경우 선도기업들 사이에 고용유발계수 차이가 크게 나타났다. 3사 가운데 KT의 경우 고용유발계수가 2.085로 가장 크고 선도기업과 계열사를 중심으로 고용이 유발되고 있다. 이는 KT가 서비스 업무 종사자를 직접 혹은 계열사를 통해 고용하는 비중이 크다는 것을 반영한 것으로 보인다. 이에 비해 SKT의 경우 고용유발계수가 0.711로 가장 작으며, 선도기업이나 계열사보다는 비계열사나 중소기업을 중심으로 고용이 유발되고 있다. SKT는 앞에서 보았듯이 중소기업에 대한 생산유발효과는 크지 않았지만, 고용유발효과가 크게 나타났다는 점에 주목된다. SKT의 고용유발효과가 중소기업에서 크게 나타난 것은 서비스업무 종사자를 직접 고용하는 KT와 달리 아웃소싱에 주로 의존하고 있음을 반영한 것으로 보인다. 한편 5개 업종 가운데 고용유발효과가 가장 큰 시스템통합업종에서는 LG C&S와 삼성SDS가 높고, SK C&C가 낮은 편이다. 하지만 SK C&C의 경우 선도기업의 고용유발계수가 낮다는 것 이외에는 선도기업 간에 특별한 차이를 발견하기 어렵다.

5. 맺음말

이 장에서는 한국기업데이터(주) 2011년도 DB의 5만 4,114사 기업 간 거래 자료를 활용해 기업 간 연결망 데이터를 구축하고, 이를 토대로 대기업의 성장이 국내 생산과 고용에 미치는 파급효과를 측정했다. 수출 제조업(3개 업종)과 지식기반서비스업(2개 업종)의 상위 대기업 3사와 협력기업 간의 거래연관표를 작성하고, 대기업의 국내 생산유발효과와 고용유발효과를 측정했다. 측정 결과를 토대로 대기업의 해외투자와 계열사 간 내부거래가 국민경제 파급효과에 미치는 영향을 검토했는데, 주요 결과를 요약하면 다음과 같다.

첫째, 선도기업의 생산유발효과를 측정한 결과 지식기반서비스업보다는 제조업이 크고, 제조업 중 자동차업종이 전자업종과 조선업종보다 컸다. 고용유발효과는 지식기반서비스업이 제조업보다 크고, 제조업 중에서는 자동차업종이 가장 크게 나타났다. 그리고 비계열사와 중소기업에 대한 유발효과는 5개 업종 가운데 국내외 계열사 조달 비중이 가장 낮은 조선업종이 가장 많은 것으로 나타났다.

둘째, 선도기업의 해외투자가 국내 생산과 고용에 미치는 영향은 해외투자 유형에 따라 차이를 보였다. 전자업종 선도기업의 경우 비용 절감을 목적으로 저임금 국가로 생산 시설을 이전하는 수직적(vertical) FDI의 성격이 강해 해외 생산이 국내 생산을 대체하고, 고용을 감소시키는 것으로 나타났다. 이는 해외 계열사를 통한 중간재 조달 확대가 전자업종 대기업의 낙수효과를 약화시켰음을 시사한다. 자동차업종 선도기업의 경우 국내 생산과 고용에 부정적인 영향을 미치지 않았는데, 이는 해외시장 진출을 목적으로 하는 수평적(horizontal) FDI로서의 특성이 반영된 데 따른 것으로 판단된다.

셋째, 대규모 기업집단 내 계열사 간 내부거래가 비계열사의 생산과 고용에 미치는 영향과 관련해, 제조업 3개 업종에서는 계열사의 유발계수가 클수록 비계열사의 유발계수가 작은 것으로 나타났다. 이는 제조업 선도기업과 계열사 간 내부거래가 비계열사의 생산과 고용을 감소시킨다는 것을 말한다. 이에 비해 통신서비스업과 시스템통합업종의 경우 계열사 유발계수가 클수록 비계열사 유발계수도 큰데, 지식기반서비스산업에서는 대기업이 계열사를 통해 신규 수요를 창출하는 경향이 강해 국내 생산이 유발된 것으로 보인다.

이상의 분석 결과가 제공하는 함의를 정리하면, 먼저 해외 계열사를 이용한 중간재의 해외 조달이 대기업의 국민경제 파급효과를 제약하는 만큼 대기업과 1차 협력기업 간 국내 중간재 조달구조 확립과 1차 협력기업 및 2차 이하 중소 협력기업 간 거래 관계 개선으로 국내 생산과 고용유발효과를 높이는 방안이 요구된다. 또 일감 몰아주기와 같은 대규모 기업집단의 계열사 간 부당 내부거래에 대한 규제와 대기업의 중소기업 사업 영역 침투를 규제하는 중소기업 적합업종제도가 낙수효과의 회복에 기여할 수 있다는 시사점을 얻을 수 있다.

이 장에서는 기업 간 연결망 분석 작업을 1개년 자료에 대해서만 실시했기 때문에 생산·고용유발효과의 기간별 변화는 파악할 수 없었으며, 다년간에 걸친 시계열 분석으로 확장해 낙수효과의 추이를 분석하는 작업은 차후 연구 과제로 남긴다.

〈부표 2-1〉 업종별 매출액 2위 선도기업의 국내 투입계수표

LG전자	선도기업	1차	2차	3차	4차	5차	6차	7차	8차	9차	10차	11차	12차	13차	행 합계
선도기업	0.000	0.000	0.000	0.000	0.001	0.000	0.000	0.000	0.000	0.000	0.000	0.000	0.000	0.000	0.000
1차	0.262	0.014	0.002	0.000	0.001	0.000	0.000	0.000	0.000	0.000	0.000	0.000	0.000	0.000	0.279
2차		0.098	0.008	0.004	0.002	0.001	0.002	0.000	0.004	0.001	0.000	0.000	0.000	0.000	0.118
3차			0.056	0.002	0.004	0.001	0.001	0.000	0.001	0.001	0.004	0.000	0.000	0.000	0.070
4차				0.045	0.006	0.006	0.003	0.001	0.001	0.000	0.000	0.000	0.000	0.188	0.250
5차					0.057	0.003	0.002	0.000	0.004	0.001	0.006	0.000	0.000	0.000	0.072
6차						0.136	0.006	0.012	0.000	0.000	0.000	0.000	0.000	0.000	0.153
7차							0.101	0.002	0.005	0.000	0.000	0.000	0.000	0.000	0.108
8차								0.101	0.000	0.154	0.000	0.000	0.000	0.000	0.255
9차									0.069	0.019	0.026	0.000	0.000	0.000	0.115
10차										0.026	0.000	0.076	0.000	0.000	0.103
11차											0.047	0.000	0.013	0.000	0.060
12차												0.017	0.000	0.000	0.017
13차													0.014	0.000	0.014
열 합계	0.262	0.111	0.067	0.052	0.070	0.146	0.115	0.116	0.084	0.202	0.083	0.093	0.027	0.188	

기아 자동차	선도기업	1차	2차	3차	4차	5차	6차	행 합계
선도기업	0.000	0.000	0.000	0.000	0.001	0.000	0.000	0.000
1차	0.397	0.080	0.016	0.000	0.000	0.000	0.000	0.493
2차		0.061	0.018	0.011	0.002	0.000	0.000	0.091
3차			0.028	0.003	0.013	0.000	0.000	0.044
4차				0.021	0.000	0.008	0.000	0.029
5차					0.040	0.000	0.000	0.040
6차						0.002	0.000	0.002
열 합계	0.397	0.142	0.062	0.035	0.055	0.010	0.000	

삼성 중공업	선도기업	1차	2차	3차	4차	5차	6차	7차	8차	9차	행 합계
선도기업	0.000	0.000	0.000	0.000	0.001	0.000	0.000	0.000	0.000	0.000	0.000
1차	0.160	0.005	0.013	0.001	0.002	0.000	0.000	0.000	0.000	0.000	0.182
2차		0.141	0.009	0.002	0.000	0.000	0.000	0.000	0.000	0.000	0.154
3차			0.054	0.023	0.013	0.001	0.000	0.000	0.000	0.000	0.091
4차				0.087	0.002	0.012	0.007	0.009	0.000	0.000	0.117
5차					0.114	0.001	0.090	0.003	0.000	0.000	0.209
6차						0.048	0.011	0.003	0.000	0.000	0.063
7차							0.047	0.001	0.029	0.000	0.077
8차								0.070	0.000	0.000	0.070
9차									0.008	0.000	0.008
열 합계	0.160	0.146	0.076	0.112	0.132	0.064	0.155	0.087	0.038	0.000	

SKT	선도 기업	1차	2차	3차	4차	5차	6차	7차	8차	9차	10차	행 합계
선도기업	0.000	0.000	0.000	0.000	0.001	0.000	0.000	0.000	0.000	0.000	0.000	0.000
1차	0.383	0.040	0.000	0.000	0.001	0.000	0.000	0.000	0.000	0.000	0.000	0.424
2차		0.297	0.002	0.001	0.000	0.000	0.000	0.000	0.000	0.000	0.000	0.301
3차			0.007	0.002	0.009	0.000	0.000	0.000	0.000	0.000	0.000	0.018
4차				0.045	0.005	0.010	0.000	0.000	0.000	0.111	0.000	0.172
5차					0.061	0.000	0.002	0.065	0.078	0.000	0.000	0.205
6차						0.095	0.000	0.022	0.000	0.000	0.000	0.118
7차							0.034	0.000	0.017	0.000	0.000	0.052
8차								0.054	0.000	0.145	0.000	0.198
9차									0.004	0.000	0.054	0.059
10차										0.114	0.000	0.114
열 합계	0.383	0.337	0.009	0.048	0.077	0.106	0.036	0.140	0.100	0.370	0.054	

LG C&S	선도 기업	1차	2차	3차	4차	5차	6차	7차	8차	9차	10차	11차	12차	13차	14차	행 합계
선도기업	0.000	0.000	0.000	0.000	0.001	0.000	0.000	0.000	0.000	0.000	0.000	0.000	0.000	0.000	0.000	0.000
1차	0.209	0.004	0.001	0.000	0.000	0.000	0.000	0.000	0.000	0.000	0.000	0.000	0.000	0.000	0.000	0.213
2차		0.151	0.003	0.001	0.000	0.000	0.000	0.000	0.000	0.001	0.000	0.000	0.000	0.000	0.000	0.156
3차			0.063	0.001	0.003	0.001	0.000	0.000	0.000	0.000	0.005	0.000	0.000	0.000	0.000	0.072
4차				0.040	0.002	0.011	0.001	0.000	0.000	0.000	0.000	0.000	0.000	0.000	0.000	0.054
5차					0.047	0.011	0.018	0.000	0.001	0.000	0.000	0.000	0.000	0.000	0.000	0.077
6차						0.033	0.015	0.004	0.000	0.000	0.000	0.000	0.000	0.000	0.000	0.051
7차							0.076	0.000	0.006	0.000	0.000	0.000	0.000	0.000	0.000	0.082
8차								0.250	0.000	0.226	0.000	0.000	0.000	0.000	0.000	0.476
9차									0.064	0.031	0.022	0.000	0.000	0.000	0.000	0.117
10차										0.027	0.000	0.086	0.000	0.000	0.000	0.113
11차											0.227	0.000	0.009	0.000	0.000	0.236
12차												0.044	0.000	0.000	0.000	0.044
13차													0.008	0.000	0.000	0.008
14차														0.032	0.000	0.032
열 합계	0.209	0.163	0.066	0.043	0.052	0.056	0.109	0.254	0.071	0.285	0.254	0.130	0.017	0.032	0.000	

〈부표 2-2〉 업종별 매출액 3위 선도기업의 국내 투입계수표

SK 하이닉스	선도기업	1차	2차	3차	4차	행 합계
선도기업	0.000	0.000	0.000	0.000	0.000	0.000
1차	0.228	0.010	0.002	0.000	0.000	0.241
2차		0.040	0.005	0.000	0.000	0.045
3차			0.026	0.003	0.064	0.094
4차				0.002	0.000	0.002
열 합계	0.228	0.051	0.033	0.005	0.064	

한국GM	선도기업	1차	2차	3차	4차	5차	6차	7차	8차	9차	행 합계
선도기업	0.000	0.000	0.000	0.000	0.000	0.000	0.000	0.000	0.000	0.000	0.000
1차	0.406	0.009	0.001	0.000	0.000	0.000	0.000	0.000	0.000	0.000	0.42
2차		0.117	0.014	0.012	0.000	0.015	0.000	0.006	0.000	0.000	0.16
3차			0.058	0.003	0.007	0.004	0.002	0.000	0.003	0.000	0.08
4차				0.037	0.009	0.002	0.000	0.000	0.000	0.007	0.06
5차					0.045	0.000	0.003	0.002	0.002	0.000	0.05
6차						0.166	0.005	0.001	0.000	0.000	0.17
7차							0.093	0.003	0.000	0.000	0.10
8차								0.052	0.000	0.102	0.16
9차									0.022	0.000	0.02
열 합계	0.406	0.128	0.074	0.052	0.062	0.191	0.104	0.064	0.027	0.108	

대우조선	선도기업	1차	2차	3차	4차	행 합계
선도기업	0.000	0.000	0.000	0.000	0.000	0.000
1차	0.195	0.006	0.002	0.000	0.000	0.202
2차		0.048	0.008	0.000	0.000	0.056
3차			0.011	0.000	0.000	0.012
4차				0.039	0.048	0.087
열 합계	0.195	0.054	0.021	0.039	0.048	

LGU+	선도기업	1차	2차	3차	4차	5차	행 합계
선도기업	0.000	0.000	0.000	0.000	0.000	0.000	0.000
1차	0.144	0.032	0.000	0.000	0.000	0.000	0.177
2차		0.110	0.003	0.001	0.000	0.000	0.114
3차			0.021	0.000	0.000	0.000	0.021
4차				0.021	0.012	0.000	0.034
5차					0.008	0.000	0.008
열 합계	0.144	0.143	0.024	0.023	0.021	0.000	

SK C&C	선도기업	1차	2차	3차	4차	행 합계
선도기업	0.000	0.000	0.000	0.000	0.000	0.000
1차	0.168	0.004	0.049	0.000	0.000	0.221
2차		0.066	0.001	0.000	0.000	0.067
3차			0.005	0.000	0.000	0.005
4차				0.029	0.000	0.029
열 합계	0.168	0.069	0.055	0.029	0.000	

참고문헌

김근수. 2014.「재벌의 실태와 경제적 파급효과」. 서울사회경제연구소.『박근혜정부 경제·복지정책의 방향과 과제』. 한울. 126~159쪽.

김상조. 2012.『종횡무진 한국경제』. 오마이북.

김안국 외. 2008.『사회적 자본과 인적 자원개발(II): 기업간 관계를 중심으로』. 한국직업능력개발원.

박상용·신현안·홍은주. 2013.「협력기업의 성과에 관한 연구: 삼성전자 협력기업을 중심으로」. 한국산업경영학회. ≪경영연구≫, 28(3), 281~309쪽.

박승록·최두열. 2011.「대기업 투자의 적하효과 분석」. 성균관대학교 경제연구소. ≪한국경제연구≫, 29(4), 207~235쪽.

송원근. 2012.「계열사간 출자와 내부거래 : 삼성 재벌의 사례를 중심으로」. 한국경제발전학회. ≪경제발전연구≫, 18(1), 199~224쪽.

신범철. 2009.「동태패널모형을 활용한 수출의 고용효과 분석」. 국제지역학회. ≪국제지역연구≫, 13(3), 213~238쪽.

이병기. 2012.『대기업 성장의 협력기업 낙수효과 분석: 자동차·조선 산업을 중심으로』. 한국경제연구원. ≪정책연구≫, 2012~2013.

이종욱·오승현. 2014.「대기업 성과가 중소기업에 미치는 영향: 네트워크론 자료를 이용한 낙수효과 실증분석」. 명지대학교 금융지식연구소. ≪금융지식연구≫, 12(2), 141~162쪽.

조동근·빈기범. 2014.「처리량 반응 분석에 의한 대기업과의 협력관계가 중소기업 성장에 미치는 효과에 대한 실증분석: 낙수효과의 존재에 대한 제한적 증거」. 한국국제경제학회. ≪국제경제연구≫, 20(3), 25~55쪽.

주현·홍지승·지민웅·김경묵. 2012.『성과공유제 실태분석 및 확산방안』. 산업연구원.

한국은행. 2015.『산업연관분석해설』.

홍장표. 2012. 한국경제발전학회.「해외직접투자가 국내 고용에 미치는 영향」. ≪경제발전연구≫, 18(1), 115~142쪽.

황선웅·강두용. 2011.『한국경제의 산업간 연결망과 경기변동 확산과정에 대한 연구』. 산업연구원.

Grossman, G. M., E. Helpman and A. Szeidl. 2006. "Optimal Integration Strategies for the Multinational Firm." *Journal of International Economics*, 70, pp.216~238.

Head, K. and J. Ries. 2001. "Overseas Investment and Firm Exports." *Review of International*

Economics, 9(1), pp.108~122.

______. 2002. "Offshore Production and Skill Upgrading by Japanese Manufacturing Firms." *Journal of International Economics*, 58, pp.81~105.

Gofman, M. 2011. "Profitability, Trade Credit and Institutional Structure of Production." Wisconsin School of Business. Working Paper.

Wynarczyk, P. and R. Watson. 2005. "Firm Growth and Supply Chain Partnerships: An Empirical Analysis of UK SME Subcontractors." *Small Business Economics*, 24, pp.39~51.

제3장

가구소득 원천별 불평등의 변화와 요인별 기여도*

강신욱 | 한국보건사회연구원 연구위원 김현경 | 한국보건사회연구원 부연구위원

1. 머리말

한국 사회의 소득불평등이 장기적으로 심화되어온 것은 주지의 사실이다. 특히 1997년 경제위기 이후 소득불평등의 정도는 이전 시기에 비해 급격히 심해졌으며, 2000년대 들어서도 이러한 경향은 지속되고 있다. 이렇게 소득불평등이 심해진 이유가 무엇인지에 대해서는 다양한 견해가 존재한다. 예를 들어 홍석철·전한경(2013)의 경우 인구구조의 변화가 소득불평등에 미친 영향을 강조하고 있는 반면, 이병희·장지연(2012)은 지난 십여 년간 소득불평등 악화를 초래한 요인으로 가장 주목해야 할 것이 노동시장에서의 임금불평등 확대임을 지적하고 있다. 강신욱(2012)은 2000년대 후반 들어 진행된 가구 간 소득불평등의 심화 경향에서 가구주 노동소득의 불평등이 기저를 형성하고 있음을 보였다. 이와 동시에 재분배 정책의 확대와 기타 가

* 이 글은 한국사회정책학회 2015년 춘계학술대회에서 발표한 논문을 일부 수정한 것이다.

구원의 취업은 소득불평등을 완화하는 역할을 했음을 지적했다. 일반적으로 노인 및 노인 가구주의 비율이 늘어나고 근로연령층에서 비정규직의 비중이 늘어나는 것이 불평등을 확대시킨 반면, 공적 이전소득의 증가를 포함한 재분배 정책의 강화가 불평등 경향을 완화시켰다는 데는 큰 이견이 없는 듯하다. 다만 불평등을 초래한 요인 중에 어떤 요인이 더 많이 기여했는지에 대해서는 여전히 이론이 존재한다.

그런데 이러한 선행 연구들이 주목하지 못하고 있는 것은 가구소득이 다양한 원천(sources)으로 구성된다는 것, 그리고 각 소득 원천의 분포에 영향을 미치는 요인들이 상이할 수 있다는 것이다. 예를 들어 가구의 소득은 전체 가구원이 노동을 통해 벌어들인 소득(노동소득)과 재산을 운용해 벌어들인 소득(재산소득), 그리고 주변의 친지 혹은 국가로부터 받은 소득(이전소득)으로 구성된다. 그리고 여기서 각종 세금과 사회보장 부담금(건강보험료나 연금보험료 등)을 내고 나면 그것이 가구의 최종적인 소득이 된다. 따라서 가구소득의 불평등은 노동소득, 재산소득, 이전소득, 조세 및 사회보장 부담금 등 각각의 소득 원천의 불평등에 따라 달라진다. 그리고 이러한 각 소득 원천의 불평등은 서로 다른 원인의 영향을 받는다. 때에 따라서는 같은 원인이 각 소득 원천의 불평등에 달리 작용되기도 한다. 요컨대 가구소득의 불평등을 초래하는 요인은 매우 다양하고, 각 요인이 작용하는 경로도 매우 복잡할 수 있다는 것이다.

이런 다양한 요인과 경로를 탐색하기 위해서는 두 가지 단계의 작업이 필요하다. 첫째는 먼저 각 소득 원천의 불평등 변화에 대해 살펴보는 것이다. 즉 가구소득의 각 원천(source)별로 불평등이 심화(혹은 완화)되었는지와 심화(또는 완화)되는 데 어떤 요인이 더 크게 작용했는지를 밝히는 것이다.

하지만 이러한 분석이 가구소득 전체의 불평등을 초래한 원인에 대해 직접 설명하는 것은 아니다. 각 소득 원천의 불평등이 전체 가구소득의 불평등에 어떤 기여를 했는지가 설명되어야 하기 때문이다. 각 소득 원천별 불평등과 가구소득 불평등과의 관계에 대한 분석이 가구소득 불평등의 원인에 대해 설명하는 두 번째 단계를 구성한다.

이 장에서는 첫 번째 단계의 분석을 목적으로 한다. 좀 더 구체적으로 말해 1998년과 2008년 사이에 가구소득의 각 원천별 불평등이 심화(또는 완화)되었는지를 살펴보고, 그러한 변화를 초래했다고 혐의를 받는 요인들은 무엇이고, 그 요인들이 어느 정도 강력하게 작용했는지를 서로 비교하는 것이 이 글의 목적이다.

이 글은 다음과 같은 순서로 구성된다. 먼저 제2절에서는 분석에 사용되는 통계자료와 분석 방법에 대해 간단히 설명할 것이다. 제3절에서는 전체 가구소득 불평등에 대한 각 원천의 기여도를 지니계수 분해라는 방법을 통해 살펴볼 것이다. 제4절은 이 글의 핵심적 논의를 이루는 부분으로, 8개 소득 원천별로 불평등 결정 요인을 비교할 것이다. 이를 위해 각 소득 원천별로 소득결정 회귀모형을 제시하고 여기에서 도출된 회귀계수를 이용해 가상적 소득 분포를 도출한 다음, 이로부터 다시 각 요인별 기여도를 분해할 것이다. 제5절은 전체 분석에 대한 간단한 요약이다.

2. 분석 자료

이 글에서 분석에 사용하는 자료는 통계청의 '가계(동향)조사' 원자료(이하 가계동향자료)이다. 가계동향자료는 가구 내의 모든 구성원에 대해 개인별 소득을 제공하지는 않는다는 한계가 있으나, 가용한 소득 통계자료 가운데 가장 긴 시계열을 갖고 있다는 장점이 있다. 따라서 장기간에 걸친 불평등의 변화 원인을 비교하기 위해서는 가계동향자료의 이용이 불가피하다.

이 장에서는 1998년에 비해 2008년에 불평등이 어떻게 변화했는지를 살펴볼 것이다. 주지하다시피 이 두 해는 경제위기의 영향하에 있었던 시기이다. 상대적으로 불평등이 그 전해에 비해 크게 증가했던 해이기도 하다. 그러나 2000년대 들어서도 불평등의 심화 경향이 지속되었다는 점과, 그러한 경향성이 두드러지게 나타나기 시작한 시점이 1997년 외환위기 직후라는 점에서 1998년과 2008년을 비교의 대상으로 삼았다. 이 두 시점을 비교하면 1990년대 말의 위기와 경제구조 변화가 2000년대 전반(全般)을 통해 소득 분배를 어떻게 변화시켰으며, 그 주요인이 무엇이었는지를 확인할 수 있을 것이다. 한편 비교의 대상이 되는 두 시점의 자료에 공통적으로 포함된 표본을 분석해야 한다는 제약 때문에 분석의 대상은 도시에 거주하는 2인 이상 가구로 국한했다.

분석의 대상이 되는 소득 범주는 가구의 가처분소득으로 했다. 가처분소득은 노동소득(근로소득+사업소득), 재산소득, 이전소득의 합에서 조세와 사회보장 부담금을 제외한 값이다. 여기서는 노동소득을 획득하는 개인별 특성을 최대한 고려하기 위해 노동소득을 가구주, 배우자, 기타 가구원의 노동소득[1)]으로 구분했다. 또한 이전소득은 사적 이전소득과 공적 이전소득으로 구분했다. 요컨대 이 분석에서는 가처분소득을 구성하는 원천을 가구주 노동소득, 배우자 노동소득, 기타 가구원 노동소득, 재산소득, 사적 이전소득, 공적 이전소득, 조세, 사회보장 부담금 등 여덟 개 항목으로 구분했다.[2)]

---

1) 가계동향조사 자료는 기타 가구원, 즉 가구주와 배우자가 아닌 가구원에 대해 개인별 소득 정보를 제공하지 않고 합산해 제공한다.

2) 이와 같이 소득 원천을 구분했기 때문에 원자료의 소득값에 균등화 지수를 적용하지 않았다. 또한 가중치는 가구가중치를 적용해 분석했다.

3. 가구소득 불평등의 원천별 기여도 변화

러먼과 잇자키(Lerman and Yitzhaki, 1985)에 따르면 가구소득의 지니계수는 각 소득 원천이 전체 가구소득 불평등에 대해 기여한 정도(절대적 기여도)의 합으로 표현될 수 있다. 그리고 이 원천별 소득, 예컨대 노동소득의 절대적 기여도는 노동소득이 가구 가처분소득에서 차지하는 비중, 노동소득 자체의 불평등, 노동소득과 가구 가처분소득의 상관관계에 의해 설명된다.

〈표 3-1〉과 〈표 3-2〉는 각각 1998년과 2008년의 가구 가처분소득 지니계수에 대한 각 소득 원천의 기여도를 보여준다. 표의 첫 번째 열은 각 소득 원천이 가처분소득에서 차지하는 비중(S_k)을 보여주는데, 조세와 사회보장부담금처럼 가처분소득을 계산할 때 총소득에서 차감되는 항목의 비중은 음수로 표현되어 있다. 두 번째 열은 각 원천별 소득의 지니계수(G_k), 세 번째 열은 지니상관계수(R_k)이다. 지니집중계수는 G_k와 R_k의 곱이다.

앞에서 언급했듯이 각 소득 원천이 가구소득 불평등에 기여하는 정도를 결정하는 데는 각 원천의 비중, 각 소득 원천의 불평등도, 각 소득 원천이 전체 가구소득의 순위와 얼마나 밀접한 상관관계가 있는지도 고려되어야 한다. 이 세 항목, 즉 S_k, G_k와 R_k를 곱한 것이 각 원천의 절대적 기여도이다. 이 절대적 기여도를 모두 합하면 가구 가처분소득의 지니계수가 된다.

상대적 기여율은 각 항목의 절대적 기여도가 가처분소득의 불평등에서 차지하는 비율을 보여준다. 두 표에 따르면 가구주 노동소득은 전체 가구소득 불평등의 약 75%를 설명한다. 배우자 노동소득은 1998년의 경우 가구소득 불평등의 약 16%를 설명했으나, 2008년에는 22%로 그 기여율이 증가했다. 상대적 기여율이 음수로 나타나는 것은 해당 소득 원천이 가구소득의 불평등을 완화시키는 데 얼마나 기여했는지를 보여준다.

〈표 3-1〉 1998년 가구 가처분소득의 원천별 지니계수 분해

소득 원천	비중 (S_k)	지니계수 (G_k)	지니 상관계수 (R_k)	지니 집중계수 ($G_k R_k$)	절대적 기여 ($S_k G_k R_k$)	상대적 기여 ($S_k G_k R_k/G$)
가구주 노동소득	0.765	0.374	0.788	0.294	0.225	0.748
배우자 노동소득	0.112	0.808	0.541	0.437	0.049	0.163
기타 가구원 노동소득	0.085	0.877	0.479	0.420	0.036	0.119
재산소득	0.032	0.914	0.325	0.297	0.010	0.031
사적 이전소득	0.053	0.878	0.039	0.034	0.002	0.006
공적 이전소득	0.012	0.952	0.227	0.216	0.003	0.009
조세	-0.032	-0.680	-0.702	0.478	-0.015	-0.051
사회보장 부담금	-0.028	-0.458	-0.602	0.276	-0.008	-0.025
계	1.000	0.301	1.000	0.301	0.301	1.000

자료: 통계청의 1998년 가계동향조사 원자료.

〈표 3-2〉 2008년 가구 가처분소득의 원천별 지니계수 분해

소득 원천	비중 (S_k)	지니계수 (G_k)	지니 상관계수 (R_k)	지니 집중계수 ($G_k R_k$)	절대적 기여 ($S_k G_k R_k$)	상대적 기여 ($S_k G_k R_k/G$)
가구주 노동소득	0.723	0.423	0.775	0.328	0.237	0.749
배우자 노동소득	0.140	0.798	0.628	0.501	0.070	0.222
기타 가구원 노동소득	0.106	0.865	0.453	0.392	0.041	0.131
재산소득	0.027	0.942	0.234	0.220	0.006	0.019
사적 이전소득	0.052	0.876	-0.005	-0.005	0.000	-0.001
공적 이전소득	0.041	0.840	-0.018	-0.015	-0.001	-0.002
조세	-0.035	-0.708	-0.783	0.554	-0.019	-0.060
사회보장 부담금	-0.054	-0.467	-0.712	0.332	-0.018	-0.057
계	1.000	0.317	1.000	0.317	0.317	1.000

자료: 통계청의 2008년 가계동향조사 원자료.

〈표 3-1〉과 〈표 3-2〉를 비교할 때 가장 눈에 띄는 변화는 전체 가구노동소득(가구주, 배우자, 기타 가구원 노동소득의 합)의 상대적 기여율이 2008년에 더 커진 반면 다른 요소 소득의 상대적 기여율은 반대로 줄어들었다는 것이

다. 재산소득을 논외로 한다면 노동소득의 불평등이 전체 가구소득의 불평등을 확대시키는 방향으로 작용한 반면, 사적 이전과 기타 재분배 정책과 관련된 항목들이 불평등을 줄이는 역할 역시 강화되었다는 것이다.

그러나 지니계수에 대한 소득 원천별 기여도를 상세히 비교하는 것이 이 절의 목적은 아니다. 다만 이후 제4절의 분석과 관련해 여기서 주목해야 할 부분은 지니집중계수의 부호이다. 즉 각 소득 원천별 불평등이 전체 가구소득의 불평등을 증가시키는 방향으로 작용할지(+의 경우), 감소시키는 방향으로 작용할지(-의 경우)를 보여준다. 이 부호는 제4절에서 분석되는 요인별 기여도가 궁극적으로 가구소득 불평등에 어떤 영향을 미칠지를 추정할 수 있도록 해준다.

4. 소득 원천별 불평등 변화와 요인 분해

1) 분해 방법

두 시점 간의 가구소득 불평등도가 어떤 요인에 의해 얼마나 변화했는지 알아보기 위해 두 시점 간의 실제 가구소득 분포와 여러 가지 가상적 분포를 비교하는 방법이 사용된다. 대표적인 것이 오악사카-블라인더(Oaxaca-Blinder, OB) 요인 분해(Oaxaca, 1973; Blinder, 1973) 방법인데, 이 방법의 기본적인 아이디어에 따르면 두 집단(A, B) 간의 평균 소득($\overline{y}^A, \overline{y}^B$)의 차이는 두 집단의 인적 특성($\overline{x}^A, \overline{x}^B$)의 차이와 인적 특성에 대한 가격 혹은 수익률(b^A, b^B) 차이로 나누어볼 수 있다. 이를 $\overline{y}^A - \overline{y}^B = \overline{x}^A(b^A - b^B) + (\overline{x}^A - \overline{x}^B)b^B$와 같은 수식으로 요약할 수 있다. 이때 식 우변의 첫 번째 항이 두 집단 간 인적 특성에 대한 보상의 차이를 보여주는 가격효과(price effect)를, 두 번째 항이 두 집단 간 인적 특성의 차이를 보여주는 특성효과(characteristic effect) 또는 부존효과(endowment effect, 보유 혹은 소유 효과)를 나타낸다. 따라서 한 집단의 인적 특성($\bar{x}^B$)에 또 다른 집단의 가격(b^A)을 지불하는 가상적인 소득 분포를 실제 분포와 비교함으로써 어떠한 (개인 및 가구) 특성의 수익률(price) 변화가 얼마나 영향을 미쳤는지 분석한다.

그런데 OB 분해 방법은 그것을 적용할 수 있는 통계량(평균)이 제한된다는 단점이 있다. 만일 모든 관측치의 소득값에 대해 가상적 소득을 구한 후 그로부터 가상적 소득 분포를 도출할 수 있다면 다양한 통계량, 특히 소득불평등을 나타내는 다양한 지표에 대해서도 요인 분해 방법을 적용할 수 있을 것이다. 이 뒤에서는 부르기뇽 외(Bourguignon et al., 2005, 2008)의 방법을 이용해 이러한 문제를 극복하고자 한다. 이들의 방법에 대해 좀 더 자세히 설명하면 다음과 같다.

첫째, 전체 가구 가처분소득을 구성하는 원천별 소득을 가구주 노동소득, 배우자 노동소득, 기타 가구원 노동소득, 가구 재산소득, 가구 사적 이전소득, 가구 공적 이전소득, 가구 조세 부담, 가구 사회보장 부담금 등 8개로 구분한다. 그리고 이 8개 소득 원천이 어떤 요인들에 의해 결정되는지를 설명하는 모형을 제시한다.

가구의 원천별 소득을 결정하는 개인 및 가구별 특성이 미치는 영향은 가구마다, 시점마다 다르다. 앞의 첫째 단계에서 가구주 노동소득의 크기는 가구주의 연령과 학력, 그리고 취업 여부와 취업 시의 종사상 지위에 의해 결정된다고 가정했다고 해보자. 이러한 특성은 각 가구주마다 다를 것이고, 또한 특성의 분포(예컨대 고령자 가구주의 비율)는 1998년과 2008년이 서로 다를 것이다. 또한 가구주가 고령자라는 사실이 가구주 노동소득에 미치는 영향의 정도도 시기마다 다를 것이다. 이때 만일 1998년의 시점에서 파악한 각 특성별 영향[노동소득 회귀모형에서의 추정계수($\hat{\beta}_i^{\,t}$)]를 2008년의 가구주 특성(x_i^t)에 적용하면 2008년의 가구주 노동소득에 대한 가상적 분포(counterfactual distribution)를 얻을 수 있다. 이때 가상적 분포의 의미는 만일 2008년의 가구주 특성에 대해 그 특성별 수익률(특성이 노동소득 증가에 미치는 영향)이 1998년과 같이 적용된다면 가구주의 노동소득 분포는 어떻게 나타날까 하는 것이다.

이때 1998년 상수항에 대한 추정치와 각 가구별 특성에 대한 추정계수만을 2008년의 가구별 특성에 적용할 수도 있고, 잔차(residual)의 분포도 1998년과 같이 만들 수 있다. 두 번째 단계의 분석은 이와 같이 각 원천별 소득에 대해 잔차분포의 변화까지를 고려한 가상적 소득 분포를 도출하는 데서 출발한다. 이 가상적 분포를 이용해 가격효과와 특성효과를 분해한다. 이때 잔차의 분포 변화를 어떻게 고려할 것인지가 중요한 문제가 되는데, 여기서는 두 시점 간 잔차의 순위 보존(rank preserving) ― t 시점에 n번째 잔차는 t' 시점에도 n번째 있을 것 ― 을 가정한다. 이를 위해 두 시점 간 잔차 항 표준편차의 비율($\hat{\sigma}_\epsilon^{t'}/\hat{\sigma}_\epsilon^{t}$)을 동일하게 적용함으로써 가상의 소득 분포를 도출할 수 있다(Bourguignon et al., 2005). 그런 다음 기준 연도의 원소득 분포를 이용한 지니계수와 가상적 분포를 이용한 지니계수를 비교함으로써 가격효과가 소득불평등의 심화 또는 완화에 어느 정도 영향을 미쳤는지를 추정할 것이다.

마지막 단계는 두 번째 단계와 기본적인 방법은 동일하지만, 잔차분포의 변화를 통제하지 않는다는 점과, 모든 특성 요인이 아닌 일부 특성 요인에 대해서만 추정계수를 대체해 가상적 분포를 도출한다는 점이 다르다. 이때 각 원천별 소득의 추정모형에 제시된 모든 설명변수군에 대해 순차적으로 가상 분포를 구한 후, 각각의 가상적 소득 분포에서 도출되는 지니계수들과 기준 연도의 추정 소득 분포로부터 도출되는 지니계수를 비교할 것이다. 이를 통해 소득을 결정하는 데 영향을 미친 다양한 요인 중 어떤 요인이 지니계수를 상승(또는 하락)시키는 데 얼마나 큰 영향을 미쳤는지를 추정할 것이다.

2) 가구주 노동소득 불평등 분해

가구주 노동소득은 가구주 근로소득과 사업소득의 합으로, 가계부에 기록되는 월 급여 중 가구주의 급여를 말한다. 가구주의 노동소득은 가구주가 지닌 인적 자본의 특성에 따라, 그리고 시기별로 다르게 나타난다.[3] 가구주 노동소득 추정을 위한 방정식에서 종속변수는 가구주 노동소득의 로그값이고, 설명변수는 가구주의 성별과 나이(나이 제곱 포함), 가구주 교육 수준, 가구주 종사상 지위이다. 가구주 교육 수준은 고졸 기준으로 초졸 이하, 중졸, 2년제 대학, 4년제 대학 이상 졸업자로 구성된 범주형 변수로, 4년제 대학에 재학 또는 휴학한 경우 2년제 대학 졸업자로 간주했다. 경제활동 상태는 임시 일용직 노무 근로자를 기준으로 사무직 근로자, 상용직 노무 근로자, 자영자, 무직자로 구분했다.

1998년과 2008년 가구주 (로그)노동소득 방정식 추정 결과가 〈표 3-3〉에 제시되어 있다.[4] 가구주 성별과 나이, 종사상 지위는 일반적인 임금 방정식에서 보는 바와 유사한 방향을 보이고 1% 유의 수준에서 유의하게 나타난

---

3) 가구주 노동소득의 결정과 관련된 주요 기초통계량의 비교는 <부표 3-1>, <부표 3-2> 참조. 이하 각 소득 원천의 평균값 및 기타 관련 기초 통계량은 <부표 3-1>, <부표 3-2> 참조.

4) 이후의 모든 표와 그림에서의 소득은 로그를 취한 소득을 의미한다.

〈표 3-3〉 가구주 노동소득 방정식 추정 결과

설명변수	1998	2008
성별: 여성 가구주	-0.6375*** (-6.28)	-0.6185*** (-5.86)
가구주 연령	0.2018*** (9.47)	0.2357*** (8.66)
연령 제곱	-0.0023*** (-9.57)	-0.0028*** (-9.44)
가구주 학력(기준=고졸)		
초졸	-0.0941 (-0.75)	0.4025* (2.29)
중졸	-0.1093 (-1.23)	0.2883* (2.07)
전문대졸	-0.2750** (-2.71)	-0.1676 (-1.39)
대졸 이상	0.0527 (0.73)	-0.0764 (-0.81)
가구주 경제활동 상태 (기준=임시 일용 근로)		
사무직 근로자	0.8160*** (11.65)	1.0392*** (11.75)
상용 노무직 근로자	0.4382*** (10.75)	0.5217*** (9.75)
자영자	0.5468*** (11.43)	0.5110*** (8.20)
무직자	-5.6852*** (-27.68)	-6.6130*** (-26.19)
상수항	9.5104*** (21.06)	9.2125*** (14.51)
n	10,301	7,470
adj R-Sq	0.5883	0.6745

주: 괄호 안은 이분산 강건 표준오차(heteroskedasticity-consistent standard error)를 통해 얻은 t값이며, *는 5%, **는 1%, ***는 0.1%로 유의 수준에서 통계적으로 유의함을 뜻함. 이 주는 3장의 관련 표에 적용됨.

자료: 통계청의 1998, 2008년 가계동향조사 원자료.

〈표 3-4〉 가구주 노동소득 가상 분포에 따른 지니계수와 가격효과

	1998 (A)	2008 (B)	2008 가상 분포(C)	가격효과 (D=B-C)	특성효과 (E=B-A-D)
지니계수	0.0799	0.1039	0.1000	0.0039 (16.3%)	0.0201 (83.7%)

다. 두 해 모두 여성 가구주는 남성 가구주의 약 60%에 해당하는 소득수준을 나타낸다. 나이에 따라 소득이 증가하지만 증가폭은 작아지는 역U 자형의 관계를 보여준다.

교육 수준을 나타내는 변수의 추정계수는 다소 의아한 결과를 보여준다. 두 해 모두 전문대졸 가구주의 노동소득은 고졸에 비해 유의하게 낮은 것으로 나타났다. 대졸은 고졸과 유의미한 차이를 보이지 않았다. 경제활동의 영향을 보면 임시 일용직 노무 근로자에 비해 사무직 근로자, 상용직 노무 근로자, 자영자 모두 높은 노동소득을 얻고 있었다. 이 중 근로자 집단 사이의 격차는 2008년에 더욱 확대되었으나, 자영자와의 차이는 축소되었다.

〈표 3-4〉는 1998년과 2008년의 가구주 소득 로그값의 지니계수(A, B)와 2008년 가구주 인적 특성에 1998년 가구주 노동소득계수와 잔차분포를 적용한 2008년의 가상 분포의 지니계수(C), 그리고 가격효과(D)와 특성효과(E)를 보여준다. 여기서 가격효과(D)는 가구주 노동소득 방정식의 구조의 차이에서 발생하는 2008년과 2008년 가상 분포의 불평등도 차이(즉 B의 지니계수와 C의 지니계수의 차이)를 나타낸다. 그리고 마지막 열인 특성효과(E)는 두 해의 지니계수 차이에서 가격효과를 차감한 부분으로 나타낼 수 있다(즉 E=B-A-D). 가격효과와 특성효과의 상대적 비율은 각각의 효과가 두 시점의 지니계수 차(B-A)에서 차지하는 비중을 백분율로 표시한 것이다. 한편 〈그림 3-1〉은 1998년과 2008년 분포의 분위별 로그소득 변화(실선)와 1998

〈그림 3-1〉 1998~2008년 분위별 가구주 노동소득 증가분

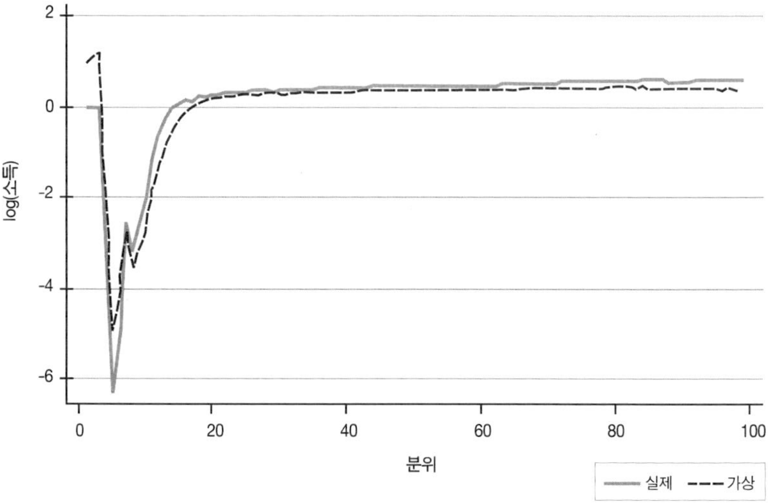

년과 2008년 가상 분포의 분위별 로그소득 변화(점선)를 보여준다.

불평등도를 측정한 〈표 3-4〉의 지니계수와 각 분위별 소득 증감을 보여주는 〈그림 3-1〉을 동시에 보면 다음과 같은 점을 발견할 수 있다. 1998년과 2008년 가구주 노동소득의 불평등도를 살펴보면 로그노동소득의 지니계수가 0.024만큼 증가해 2008년 불평등도가 훨씬 크다. 그림을 통해 이러한 불평등 심화는 전체 가구주 노동소득을 10분위로 나누었을 때 2분위까지의 최저 소득 계층의 소득이 급격히 감소했고, 그 외 모든 분위에서 높은 분위로 갈수록 소득 증가폭이 더욱 커졌기 때문임을 알 수 있다. 1998년 아시아 금융위기 직후에는 어느 해보다 실업률이 높았고, 2008년에는 세계적 경제위기에도 불구하고 낮은 실업률을 유지했다는 점을 생각해보면 최저 소득 계층의 소득 감소를 의아하게 생각할 수도 있다. 그러나 가계동향조사에 응답한 소득을 기준으로 했을 때, 실직이나 노동시장에 참여하지 않는 이유로

노동소득이 0으로 나타나는 가구주 범위는 2008년이 더욱 넓게 나타나, 최저 소득 계층의 소득 감소를 설명한다. 그러나 최저 소득분위 외에서도 우상향하는 소득 변화 곡선, 그리고 최저 소득분위에서는 소득이 대체로 감소하고(0점 아래), 그 외에서는 증가했다는 점, 이 모든 사실이 2008년의 불평등도 증가를 뒷받침한다.

실제의 2008년과 가상의 2008년의 가구주 노동소득 분포를 비교했을 때, 2008년 가상 분포의 지니계숫값이 작다는 사실로부터 2008년의 소득 방정식이 1998년과 같았다면 불평등이 약간 완화되었을 것이라고 추측해볼 수 있다. 〈그림 3-1〉에서 가상의 2008년과 1998년의 차이를 보면 실제보다 최저 소득 계층의 가구주 소득은 증가하거나 감소폭이 적고 그 외의 분위에서는 높은 분위로 갈수록 소득 증가폭이 커지기는 하지만, 1998년에 비해 거의 소득이 증가하지 않는 것으로 나타난다. 다시 말해 2008년의 가상과 같은 상황이라면 실제보다 최저 소득층의 소득은 증가하고 중상위 소득 계층의 소득은 감소하는 것으로 나타나, 실제 2008년보다 불평등이 완화된다.

이를 〈표 3-3〉의 소득 방정식 추정 결과를 이용해 해석하면, 1998년에는 가구주 종사상 지위에 의한 소득격차가 상당히 완화된 형태로 나타남을 알 수 있다. 2008년에 사무직과 상용 노무직 근로자 지위가 가지는 프리미엄은 크게 증가했고, 〈부표 3-2〉의 기초 통계량으로 본 2008년 사무직과 상용 노무직 근로자의 평균 임금은 임시 일용근로자 평균 임금의 각각 3배, 1.7배로 이는 1998년의 2.4배, 1.5배보다 크게 증가한 수치이다. 전체 가구주 가운데 두 해 모두 약 13~14%에 달하는 무직자가 노동시장을 드나들며 얻은 소액의 소득 역시 2008년에 비해 1998년이 훨씬 크다. 또한 나이-노동소득 곡선도 2008년에 더욱 가파르게 나타난다. 종합해볼 때 소득 방정식 추정 결과 유의한 영향을 미치는 것으로 나타나는 종사상 지위와 나이 등의 주요 변수의 계

〈표 3-5〉 2008년 가구주 노동소득의 불평등 심화의 요인별 분해

	2008		2008년 가상치(1998년 추정계수 적용)						1998
	원소득	추정 소득	상수항	성별	연령	교육 수준	경제 활동 상태	모두 적용	추정 소득
지니계수	0.1039	0.0955	0.0934	0.0956	0.0966	0.1002	0.0840	0.0878	0.0717
변화율(%)		0.0	-2.2	0.2	1.2	5.0	-12.0	-8.0	-24.9

주: 변화율은 2008년 추정 소득의 지니계수 대비 변화율을 의미함.

수가 2008년에 크게 증가하면서 불평등도를 높인 것으로 보이므로, 2008년에 1998년의 소득 구조가 적용되었다면 가구주의 소득불평등도는 실제 악화된 것보다 16.3% 정도 덜 악화되었을 것으로 추론할 수 있다. 이는 곧 실제 불평등도 변화의 대다수를 가구주 특성 변화가 설명하고 있다고 볼 수 있는데(〈표 3-4〉의 83.7%), 〈부표 3-1〉, 〈부표 3-2〉에서 가구주의 인적 구성 변화를 살펴보면 고졸, 임시 일용노동자보다 임금이 상대적으로 높은 대학 이상 졸업자와 사무직 노동자의 비율이 뚜렷이 증가한 탓으로 보인다.

가구주 노동소득 결정모형을 바탕으로, 가구주의 노동소득 불평등을 심화한 요인은 무엇이고, 각 요인이 어느 정도의 영향을 미쳤는지를 확인하도록 하자. 〈표 3-5〉에서 원소득 지니계수란 2008년 가계동향조사 원자료에 따라 추정한 가구주 로그노동소득의 지니계수이다. 가구주 노동소득 결정모형에 따라 추정된 소득의 지니계수는 0.0921이다. 2008년의 소득추정식에다 1998년의 소득추정식에서 도출된 계숫값들을 차례로 대입함으로써 가상적인 지니계수들을 얻을 수 있다. 예를 들어 2008년의 추정식에다 1998년의 추정모형에서 성별효과(여성 가구주 효과)의 계숫값을 대입하면 0.0956이라는 가상적 지니계수를 얻을 수 있다. 이는 2008년의 가구주 특성을 유지하면서 가구주 성별에 따른 격차가 1998년의 상태로 유지된다는 가정하에 도출

된 지니계수이다. 이 가상적 지니계수 0.0956은 2008년의 추정 소득의 지니계수 0.0955와 거의 같은 것으로(0.2% 증가한 것으로) 나타났다. 이는 2008년의 성별 노동소득 격차가 1998년에 비해 크게 변화되지 않았음을 의미하는 것이다.

이와 같은 방법으로 다양한 요인의 추정계수를 순차적으로 대입해 가상적인 지니계수를 추정한 것이 〈표 3-5〉에 나타나 있다. 이에 따르면 경제활동 상태와 상수항의 1998년 추정 계숫값을 대입할 경우 2008년의 지니계수는 낮아지는 것으로 나타났고, 연령과 교육 수준의 1998년 계숫값을 대입하면 지니계수는 다소 높아지는 것으로 나타났다. 한편 상수항을 포함해 모든 추정계수를 1998년의 값으로 대입할 경우 지니계수는 약 8.0% 낮아지는 것으로 나타났다.

요컨대 2008년의 가구주 노동소득 불평등이 1998년에 비해 심화된 데는 경제활동 상태에 따라 구분한 집단 간의 수익률 변화, 그리고 설명 요인에 포함되지 않은 기타 항목이 기여한 것으로 나타났다. 반대로 연령별이나 학력집단별 수익률의 변화는 가구주 노동소득 불평등을 완화하는 것으로 나타났다.

3) 배우자 노동소득 불평등의 분해

배우자의 특성별 노동소득 분포를 살펴보기 위해서는 우선 배우자가 있는 가구와 취업 배우자가 있는 가구의 분포가 어떠한지 살펴볼 필요가 있다. 〈표 3-6〉은 1998년과 2008년 각각의 유배우자 가구 및 배우자가 취업한 가구의 비중을 보여준다. 이때 취업 배우자는 배우자의 노동소득이 존재하는 경우를 기준으로 했다.[5] 배우자가 있는 가구의 비중은 1998년에 비해 2008년에 감소했으나, 배우자가 있는 가구 중 배우자가 취업한 가구의 비중은 다

〈표 3-6〉 배우자 및 배우자 소득이 있는 가구의 비중

(단위: %)

	1998	2008
배우자가 있는 가구	89.7	86.7
취업 배우자가 있는 가구 (배우자가 있는 가구 중)	88.6	91.0
(전체 가구 중)	79.5	78.9

소 증가했다.

배우자 노동소득은 가구주와 마찬가지로 근로소득과 사업소득의 합이다.[6] 배우자 노동소득 추정모형은 가구주의 모형과는 다르다. 그 이유는 배우자 노동소득은 배우자가 노동시장 참여를 결정한 후에만 관찰되기 때문에 취업 배우자들만의 특성이 노동소득에 영향을 미치는 선택편의(selection bias)를 가지는 까닭이다. 다시 말해 각각의 배우자(i)가 다음의 식 (7)에 따라 노동시장 참가를 결정한다고 했을 때, 노동시장 참가에 영향을 미치는 여러 요인(Z)에 의해 노동시장에 참여할 가능성이 있을 때만($E^* > 0$) 노동시장에 참여하고($E=1$) 소득이 관찰된다.

노동소득과 관련 설명변수들이 선형의 관계라고 가정했을 때, 가구주의 노동소득 추정모형은 식 (6)과 같고 모든 표본을 대상으로 한다. 그러나 배우자 소득의 경우 식 (7)이라는 결정식에 의해 선택된 표본만이 노동소득 방정식의 추정 대상이 되기 때문에 식 (7)의 결정이 선택식 (6)의 노동소득 결정에 영향을 미친다고 볼 수 있다.

이러한 선택 편의의 문제를 해결하기 위해 헤크먼(Heckman, 1979)

5) 배우자가 취업한 가구에 국한해 취업 배우자의 특성별 평균 노동소득을 비교한 결과는 <부표 3-1>, <부표 3-2>를 참조.

6) 배우자 소득이 있으나 배우자가 없다고 응답한 가구의 경우, 배우자 소득은 기타 가구원의 노동소득에 합산했다.

은 식 (7)의 결정식이 노동소득에 미치는 영향을 하나의 누락변수(omitted variable)처럼 노동소득 방정식에 포함시킨다. 이 변수는 식 (8)의 우변 마지막 항으로 식 (7)의 Z(배우자의 노동시장 참여에 영향을 미치는 인적 특성과 가구 특성)와 u가 노동소득(ϵ)에 미치는 영향을 통제한다. 이 변수가 식 (7)을 프로빗 모형으로 추정한 후 구한 역밀스 비율(Inverse Mills Ratio, 이하 IMR)이다.

$$W_i = \beta X_i + \epsilon_i \quad \cdots\cdots (6)$$

$$E_i^* = Z_i \gamma + u_i \quad \cdots\cdots (7)$$

$$E(W_i | E_i, X_i) = \beta X_i + E(\epsilon_i | X_i Z_i u_i) \quad \cdots\cdots (8)$$

이러한 헤크먼의 2단계(two step) 추정은 다음과 같이 실행한다.

첫째, 모든 유배우자 가구를 대상으로 노동시장 참여 결정식을 추정한다. 종속변수는 배우자의 노동시장 참여 여부를 말해주는 이진변수로, 노동소득이 양의 값으로 신고가 되는 경우 노동시장에 참여한다고 간주한다. 설명변수는 배우자의 경제활동 여부 결정에 영향을 미칠 것으로 예상되는 배우자의 연령과 교육 수준, 6세 미만 자녀 유무, 18세 미만 자녀 수, 가구주 노동소득(로그값), 가구주 교육 수준이다. 배우자의 연령과 교육 수준은 일반적으로 소득에 영향을 미치는 것으로 간주되는 배우자의 인적 특성이며, 육아와 양육은 여성의 경제활동에 영향을 미치는 매우 중요한 변수로 알려져 있다. 가구주 노동소득과 교육 수준은 가구주의 특성을 통제하기 위한 것으로 가구주의 소득이 충분하지 않아 배우자가 소득활동을 하는 경우 가구주 소득과 음(-)의 관계를 가질 수도 있고, 교육 수준에서 동류혼 경향이 있을 때 고학력 가구주의 배우자 역시 노동시장에 참여할 가능성이 높으므로 가구주

〈표 3-7〉 배우자 노동시장 참여 여부 및 노동소득 방정식 추정 결과

연도	1998	2008	1998	2008
종속변수	노동시장 참여		노동소득	
대상	배우자가 있는 가구		배우자 노동소득이 있는 가구	
설명변수				
성별: 여성 배우자	-0.186*** (-55.61)	-0.228*** (-62.82)	-0.445 (-1.94)	-0.911*** (-4.27)
배우자 나이	-0.0125*** (-26.89)	-0.0108*** (-21.01)	0.258*** (7.36)	0.162*** (4.25)
나이 제곱	0.0000771*** (14.89)	0.000197*** (38.53)	-0.00315*** (-8.21)	-0.00254*** (-6.50)
배우자 교육 (기준=고졸)				
초졸	0.0043 (1.45)	0.139*** (37.53)	0.0534 (0.29)	-0.155 (-0.68)
중졸	0.0553*** (25.61)	0.0622*** (21.03)	-0.0014 (-0.01)	-0.0926 (-0.46)
전문대졸	0.103*** (33.11)	-0.0542*** (-18.46)	0.291 (1.48)	0.238 (1.16)
대졸 이상	0.0847*** (31.31)	-0.0649*** (-23.99)	0.612*** (3.32)	0.765*** (4.20)
자녀 유무와 자녀 수				
6세 미만 자녀 유무	-0.00416* (-2.26)	0.0459*** (18.33)	-0.981*** (-7.40)	-0.880*** (-5.12)
18세 미만 자녀 수	-0.00999*** (-11.16)	0.0691*** (65.58)	-0.0629 (-1.00)	-0.0827 (-1.10)
log(가구주 노동소득)	0.136*** (558.22)	0.228*** (854.49)	-0.733*** (-6.54)	-0.371*** (-3.37)
가구주 교육 (기준=고졸)				
초졸	0.0949*** (30.46)	0.0082* (2.16)		
중졸	0.0019 (0.82)	-0.0232*** (-7.28)		
전문대졸	0.0109*** (4.03)	0.0175*** (5.93)		
대졸 이상	-0.145*** (-70.16)	-0.160*** (-66.44)		
IMR			-10.75*** (-5.67)	-3.960* (-2.56)
상수항	0.142*** (12.86)	-1.064*** (-77.28)	17.59*** (11.11)	15.05*** (9.09)
N	8,640	6,093	7,124	5,453
adj. R-sq			0.053	0.063

의 교육 수준이 양(+)의 관계를 보일 수 있다.

배우자가 있는 가구에서 배우자의 노동시장 참여 결정모형을 추정한 결과는 〈표 3-7〉의 첫째 열과 둘째 열에 나타나 있다. 배우자 나이와 노동시장 참여가 보이는 U 자형 관계는 자녀 양육으로 노동시장 참가율이 대폭 낮아졌다가 자녀가 성인이 된 후 중장년층 여성의 노동시장 참여가 증가하는 M 자형 특성을 반영한다. 이는 6세 미만 자녀가 있는 경우, 그리고 18세 미만 자녀 수가 많을수록 노동시장에 적게 참여하는 것으로 나타나는 1998년 노동시장 참여 결정식의 추정 결과와 일맥상통한다. 그러나 2008년에 자녀 유무나 수가 미치는 영향이 음(-)에서 양(+)으로 변하는 것은 흥미롭다. 이는 자녀의 양육 또는 교육비 지출을 위해 여성이 노동시장에 참여하는 비율이 높아진 것으로 풀이된다.

가구주 노동소득은 배우자 경제활동 여부와 양(+)의 관계를 가지며 이 경향은 2008년에 더욱 커진다. 이는 배우자의 경제활동이 가구주 노동소득을 보완하기보다는 교육비 지출 등을 위한 추가적 수입을 위해 이루어지며, 이러한 현상은 2008년에 더욱 심화되었다고 볼 수 있다.

배우자의 교육 수준이 노동시장 참여 결정에 미치는 영향은 대부분의 범주가 매우 유의한 영향을 나타내는데, 1998년에는 중졸, 초대졸, 대졸 이상의 배우자가 모두 고졸 배우자에 비해 노동시장에 참여하는 가능성이 높았지만, 2008년에는 학력 수준이 높을수록 참여할 가능성이 낮은 것으로 나타난다. 이는 배우자의 취업에서 중장년층 위주의 비정규·저임금 일자리 비중이 높아져 고학력 여성들의 노동시장 참여를 배제하는 경향이 생겼거나, 사회적으로 육아의 중요성에 대한 인식이 커지면서 고학력 여성이 높은 시장 임금을 포기하고서라도 직접 육아에 참여하는 비중이 높아진 까닭으로 추측된다.

배우자의 노동소득 방정식은 배우자가 노동시장에 참여해 노동소득이 관찰되는 경우만을 대상으로 한다. 〈표 3-7〉의 마지막 두 열에 각 해의 배우자 노동소득 방정식 추정 결과가 제시되어 있다. 종속변수는 배우자 노동소득의 로그값이며, 설명변수는 배우자의 인적 특성을 나타내는 나이와 교육 수준, 경제활동 참가 결정과 마찬가지로 자녀 유무와 자녀 수, 가구주의 노동소득, 그리고 IMR이다. 배우자의 나이-노동소득 곡선 역시 역U 자형을 나타내고, 배우자의 교육 수준은 4년제 대학 이상을 제외하고는 그 영향이 통계적으로 유의하지 않은 것으로 나타난다. 그러나 계수의 크기는 교육 수준이 높아질수록 커져 4년제 대학 이상의 졸업자인 경우 고졸 배우자보다 1998년에는 61%, 2008년에는 76.5%나 높은 노동소득을 보이는 것으로 나타난다. 자녀와 관련된 변수의 경우 18세 이하 자녀 수는 영향도 작고 유의하지도 않다. 그러나 6세 미만 자녀가 있는 경우 소득이 무척 낮은 것으로 나타나는데, 이는 6세 미만 자녀가 있는 경우 시간제 등 육아를 병행할 수 있는 근로 형태를 택해 월 소득을 기준으로 했을 때 상당히 적게 나타나는 것으로 보인다. 자녀 유무가 경제활동 결정식과 노동소득 방정식에 미치는 영향을 종합해보면 6세 미만 자녀가 있는 경우 추가 가계 지출로 노동시장에 참여하는 확률은 높아지고 있지만, 여전히 육아와의 병행이 가능한 시간제 등 유연한 근로 형태를 선택하게 되는 것으로 보인다. 가구주의 경제활동이 미치는 영향은 가구주 노동소득의 로그값만이 포함되었으며, 경제활동 확률에 미치는 영향과는 반대로 음(-)의 효과를 나타낸다.

〈표 3-8〉은 1998년과 2008년의 배우자 로그소득의 지니계수(A, B)와 2008년 배우자 인적 특성에 1998년 배우자 노동소득계수와 잔차분포를 적용한 2008년 가상 분포의 지니계수(C), 그리고 마지막으로 배우자 노동소득 구조의 차이에서 발생하는 2008년과 2008년 가상 분포의 불평등도 차이(가격효과)를 나타낸다. 〈그림 3-2〉 또한 1998년과 2008년 분포의 분위별 로그

〈그림 3-2〉 1998~2008년간 소득분위별 배우자 노동소득 증가분

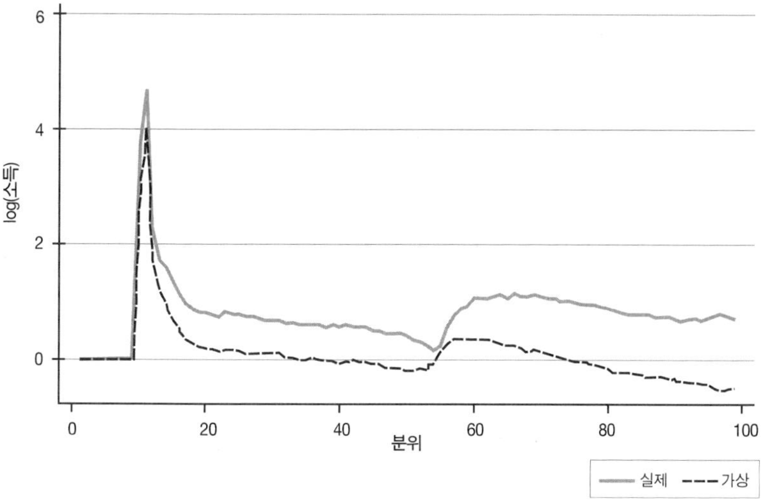

〈표 3-8〉 배우자 소득 가상 분포에 따른 지니계수와 가격효과

	1998 (A)	2008 (B)	2008 가상 분포(C)	가격효과	특성효과
지니계수	0.2826	0.2576	0.2617	-0.0041(16.4%)	-0.0209(83.6%)

소득 변화(실선)와 1998년과 2008년 가상 분포의 분위별 로그소득 변화(점선)를 보여준다.

〈표 3-8〉과 〈그림 3-2〉를 통해 가구주 노동소득과 달리 배우자 노동소득의 불평등도는 감소했음을 알 수 있다. 이는 첫째, 유배우자 가구 중에 취업 배우자 비중이 커져 새로 소득이 생겨난 소득 계층 탓에 저소득층에서 소득의 급증이 나타났기 때문이다. 둘째, 중위 소득을 사이에 둔 하위 소득 계층과 중상위 소득 계층에서 각각 분위가 높아질수록 소득 증가폭이 감소하는

〈표 3-9〉 2008년 배우자 노동소득의 불평등 변화의 요인별 분해

	2008		2008년 가상치(1998년 추정계수 적용)								1998
	원소득	추정 소득	상수항	성별	연령	교육 수준	자녀	가구주 특성	IMR	모두 적용	추정 소득
지니 계수	0.2576	0.0552	0.0445	0.0521	0.0353	0.0523	0.0554	0.0899	0.1253	0.0525	0.0453
변화율 (%)		0.0	-19.4	-5.6	-36.1	-5.3	0.4	62.9	127.0	-4.9	-17.9

우하향 곡선을 보이는 까닭이다. 다만 중위 소득 근처에서 곡선이 솟아올라 중위 소득 이상의 중상위 계층의 소득 증가가 훨씬 커 불평등을 악화 혹은 불평등도 감소를 완화시킨 것으로 보인다. 따라서 배우자 노동소득 불평등이 완화된 결정적인 요인은 취업 배우자의 비중 증가로 보인다.

2008년 배우자 인적 특성에 1998년 소득추정식의 계수와 잔차분포를 적용한 2008년 가상 분포를 비교해보면, 실제 2008년 지니계수가 더 낮다. 이는 10년 사이 배우자 특성효과와 가격효과 모두 노동소득 불평등을 완화하는 방향으로 작용했음을 의미한다. 즉, 10년 사이에 나타난 0.025만큼의 지니계수 감소는 0.004만큼은 가격효과로 0.021만큼은 특성효과에 따라 감소되어 배우자 인적 특성 변화가 불평등 완화에 크게 기여한 것으로 보인다.

〈표 3-9〉는 이러한 배우자 노동소득 불평등 변화를 요인별로 분해한 결과이다. 2008년 원소득의 지니계수가 0.2576인 데 반해 추정 소득의 지니계수가 그보다 훨씬 적은 0.0552인 것은 이때의 소득이 배우자가 취업할 확률을 이용해 추정한 소득이기 때문이다. 이는 실제로는 취업하지 않는 배우자의 노동소득이 0으로 나타나는 것과 대조된다. 배우자의 노동소득에 대한 추정치를 바탕으로 1998년과 2008년의 배우자 노동소득 지니계수를 추정한 결과, 추정 소득의 지니계수는 0.0453에서 0.0552로 증가했다.

배우자 노동소득의 불평등을 심화시킨 요인을 분해하기 위해 1998년 추정모형의 주요 계수를 2008년 추정모형에 순차적으로 교체 투입하여 지니계수를 구했다. 그 결과 〈표 3-9〉에 나타나듯이 연령대별 수익률 변화가 불평등을 심화시킨 가장 큰 요인으로 나타난 반면, 가구주 특성과 IMR이 배우자 노동소득 불평등도 악화를 대폭 완화시킨 것으로 나타났다. 이는 고학력 여성들의 노동시장 참여가 저조해진 반면, 중졸·고졸 배우자의 노동시장 참여가 늘어난 까닭으로 보이며, 동류혼 추세 속에서 저소득층의 적극적인 소득활동 참여가 임금불평등이 가구소득 불평등으로 온전히 전이되는 것을 막았다는 이병희·장지연(2012)의 결론과 맥이 닿는다.

〈표 3-9〉에서 2008년 실제 추정 소득 지니계수(0.0552)가 1998년 추정계수를 모두 적용한 결과(0.0525)보다 더 크다는 것은 〈표 3-8〉의 결과와 배치된다. 이는 〈표 3-9〉에는 잔차분포의 변화가 고려되지 않았기 때문이다.

4) 기타 가구원 노동소득 불평등 분해

가구 구성원 중에 가구주와 배우자를 제외한 가구원을 기타 가구원이라고 지칭했을 때, 기타 가구원의 취업과 소득 활동은 가구소득을 증대시키는 데 기여할 수 있다. 전체 가구 중에 취업한 기타 가구원이 있는 가구의 비율은 10년 동안 12.0%에서 12.8%로 다소 증가했고, 기타 가구원이 있는 가구 중에 취업 기타 가구원이 있는 가구의 비율은 13.5%에서 15.6%로 증가했다.

기타 가구원의 노동소득 역시 가구주나 배우자의 노동소득과 마찬가지로 설명변수들과 선형의 관계를 갖는다고 가정한다. 기타 가구원 노동소득의 설명변수에는 가구주의 노동소득과 연령(과 연령 제곱), 그리고 18세 이상 기타 가구원의 수와 그중 취업자의 비율 등을 포함시켰다. 가구주의 연령과

〈표 3-10〉 기타 가구원 노동소득 방정식 추정 결과

설명변수	1998	2008
가구주 (로그)노동소득	0.0729** (2.27)	0.2554*** (7.38)
가구주 연령	-0.4767*** (-9.09)	-0.3754*** (-5.15)
연령 제곱	0.0057*** (9.52)	0.0048*** (6.41)
성인 기타 가구원 수	2.3333*** (18.94)	2.7176*** (15.99)
성인 기타 가구원 중 취업자 비율	6.6811*** (28.83)	6.2976*** (24.12)
상수항	10.9117*** (9.75)	6.2010*** (3.49)
n	3,954	2,852
adj R-Sq	0.309	0.329

노동소득을 포함시킨 것은 가구의 주 소득원인 가구주의 경제활동이 위축되거나 가구주의 소득이 부족할 경우 기타 가구원의 취업이 늘어날 것이라는 추정에 근거한 것이다. 한편 기타 가구원의 노동시장 경험을 대체할 만한 변수로 평균 연령과 평균 학력 등을 사용할 수 있다. 그러나 개별 기타 가구원의 소득이 보고되지 않는 상태에서 평균 연령을 사용하는 것은 큰 의미가 없다고 판단했다. 또한 가계동향조사에서 기타 가구원의 개인별 학력 정보가 제공되지 않고 있다. 따라서 이 뒤에서는 기타 가구원 중 성인(18세 이상) 가구원의 수와 그중 취업자의 비율을 기타 가구원의 경제활동 참여를 보여주는 설명변수로 사용했다.

〈표 3-10〉은 18세 이상의 기타 가구원이 있는 가구만을 대상으로 분석한 기타 가구원 노동소득 결정모형과 그 추정 결과를 보여준다. 이 표를 보면 가구주 노동소득이 높을수록 기타 가구원의 노동소득이 높은 것으로 나타났

〈표 3-11〉 기타 가구원 소득 가상 분포에 따른 지니계수와 가격효과

	1998 (A)	2008 (B)	2008년 가상 분포(C)	가격효과	특성효과
지니계수	0.7217	0.7110	0.4283	0.2827 (-2642.1%)	-0.2934 (2742.1%)

고, 그 상관관계도 1998년에 비해 2008년에 더욱 높아졌다. 이와 같은 결과는 기타 가구원의 노동소득이 가구주 노동소득의 감소를 대체하는 의미를 지닐 것이라는 앞에서의 추정과 반대 양상을 보여준다. 오히려 가구주의 소득이 높을수록 기타 가구원의 교육 수준과 취업 확률을 높여 노동소득에도 긍정적 영향을 미치는 것으로 추정할 수 있다.

가구주의 연령과 기타 가구원의 노동소득은 약 40세를 기준으로 감소와 증가가 교차하는 이차함수의 관계를 보인다. 가구주 연령이 40세를 넘어서면서 가구주 연령이 높아질수록 기타 가구원의 노동소득이 늘어나는 것은 자녀 또한 취업할 나이가 되기 때문일 것이다. 가구주의 소득효과와 연령효과를 연결해 해석하면, 가구주의 노동소득이 높아 교육 투자가 많을수록 기타 가구원의 노동소득 또한 높아지는 것으로 보인다.

기타 가구원 중 소득활동과 직접적 연관이 있는 것은 경제활동이 가능한 연령, 즉 18세 이상의 연령자일 것이다. 그리고 그중에서도 취업자의 비율이 높을수록 노동소득이 늘어나는 것은 자명할 것이다. 이 두 요인 모두 양의 추정 계숫값을 지니며, 특히 18세 이상 기타 가구원 중에 취업자의 비율은 다른 계수들에 비해 압도적으로 높은 설명력을 보이고 있다. 한편 1998년에 비해 2008년의 18세 이상 기타 가구원 수에 대한 추정 계숫값이 늘어나는 것은 재학생 중에서도 소득활동이 늘어난 효과와 연관이 있을 것으로 추정된다.

〈그림 3-3〉 1998~2008년간 분위별 기타 가구원 노동소득 증가분

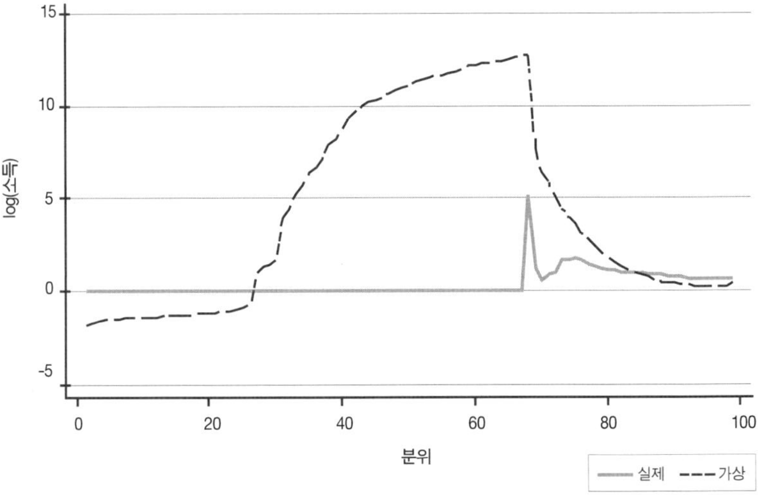

〈표 3-11〉은 1998년 추정식 계수들과 잔차분포가 적용되었다면 2008년의 기타 가구원 노동소득 불평등은 상당히 완화되었을 것임을 보여준다. 2008년이 1998년보다는 기타 가구원이 있는 가구의 소득불평등이 개선되었으나 1998년과 같은 소득추정식의 계수들이 적용되었다면 실제 지니계수 0.7110보다 훨씬 더 낮은 지니계수 0.4322를 보여 불평등이 훨씬 더 나아졌을 것임을 알 수 있다. 기타 가구원이 있는 가구 중 취업가구원이 있는 가구의 비율이나 취업가구원 수는 늘어나 기타 가구원 노동소득 분포는 상당히 완화되었을 것이나 가구주 노동소득이나 18세 이상 기타 가구원 수에 대한 2008년의 높아진 수익률이 이러한 완화 추세를 상당히 지연시켰다고 볼 수 있다.

〈그림 3-3〉의 실제 소득 변화는 기타 가구원 중 취업가구원이 있는 가구의 증가로 0에서 양(+)으로 소득이 늘어난 가구에서 소득의 급증이 일어났음을 보여준다. 이러한 분포는 1998년 기타 가구원 소득 구조를 적용했을 때 0에서 양(+)으로 소득이 생겨났고, 이 지점 이상의 저소득분위에서 높은

〈표 3-12〉 2008년 기타 가구원 노동소득 불평등 변화의 요인별 분해

	2008		2008(1998년 추정계수 적용)						1998
	원소득	추정 소득	상수항	가구주 연령	가구주 소득	18세 이상 기타 가구원	18세 이상 중 취업자 비율	모두 적용	추정 소득
지니계수	0.7110	0.2231	0.1881	0.6687	0.6294	0.3513	0.3370	0.3703	0.2425
변화율(%)		0.0	-15.7	199.7	182.1	57.4	51.0	66.0	8.7

소득 증가가 나타났음을 통해 기타 가구원 소득 분포가 더욱 완화될 수 있었음을 보여준다.

기타 가구원의 로그노동소득에 대한 추정치를 바탕으로 1998년과 2008년의 기타 가구원 노동소득의 지니계수를 추정하면 〈표 3-12〉와 같다. 추정소득의 지니계수는 0.2425에서 0.2231로 감소했다. 기타 가구원 노동소득의 불평등을 심화시킨 요인을 분해하기 위해 1998년 추정모형의 주요 계수를 순차적으로 2008년 추정모형에 교체 투입해 지니계수를 구했다. 그 결과 〈표 3-12〉에서 나타나듯이 상수항을 제외한 모든 설명변수에서 1998년 추정계수를 적용했을 때의 지니계수가 2008년의 추정 소득 지니계수에 비해 높아지는 것을 확인할 수 있다. 이는 만일 1998년과 같은 변수별 수익률이 2008년에도 적용되었다면 불평등은 오히려 높아질 수 있었음을 의미하는 것이다.

이는 〈표 3-11〉의 결과와 상반되는 듯 보인다. 그런데 상수항의 추정계수가 다른 변수들의 계수와 반대 방향으로 작용해 2008년의 불평등을 개선하는 것과 마찬가지로, 잔차분포 역시 1998년의 그것이 기타 가구원의 노동소득 불평등을 완화한 것일 뿐 각 개별 요인의 수익률은 공통적으로 불평등을 심화하는 방향으로 작용한 것으로 해석할 수 있다. 이는 1998년이 경제위기 국면이어서 취업가구원의 비중이 낮았던 데 반해 이들이 노동시장에

진입하면서 기타 가구원 전체 소득 분포는 완화되었으나, 고소득자의 임금을 더욱 증가시키는 노동시장의 일반적인 영향은 동일하게 작용한 것으로 보인다.

요컨대 2008년의 기타 가구원 소득불평등이 1998년에 비해 감소한 데는 가구주 연령, 가구주 노동소득, 성인 기타 가구원의 수, 성인 기타 가구원 중 취업자 비율 등 모든 요인의 수익률이 공통적으로 작용했음을 알 수 있다. 특히 2008년의 경우 가구주 연령효과나 가구주 노동 소득효과가 크게 나타나는 데는 1998년이 경제위기 국면이어서 미취업 가구주의 비중이 높았고, 이 변수들의 계수가 낮았던 상황도 작용했을 것으로 추정된다.

5) 재산소득 불평등의 요인 분해

가구의 재산소득은 가구원들이 이자, 임대료, 배당금의 형태로 획득한 소득의 합이다.[7] 재산소득의 분포는 가구별 노동소득(가구주, 배우자, 기타 가구원 노동소득의 합)의 불평등을 상쇄할 수도 있고 반대로 확대시킬 수도 있다. 특히 금융위기와 같은 외적 충격이 있을 때 자산가치의 급락과 이에 따른 금융소득의 변동은 전체 가구소득 불평등에 적지 않은 영향을 미칠 것으로 추정되기도 한다.

가구 재산소득은 다른 소득 원천에 비해 소득 자체가 존재하지 않는 경우가 전체 샘플의 과반을 넘는다.[8] 따라서 재산소득 추정식은 중도절단 회귀모형(censored regression model)인 토빗 모형(tobit model)을 사용하기로 한

---

7) 가계동향자료에는 임대소득이 사업소득의 일부로 분류되고 있으나, 이 장에서는 이를 재산소득으로 분류했다.

8) <표 3-13>의 절단된 관측치가 1998년과 2008년 각각 7,882가구와 5,920가구로 각 연도 전체 관측치의 과반을 차지한다.

다. 〈표 3-13〉에 추정 결과가 제시되어 있다.

가구주 연령과 재산소득이 가지는 양의 관계는 일반적으로 연령이 높을수록 부동산 등의 자산을 소유할 가능성이 높아지는 것으로 해석할 수 있다. 또한 가구주의 교육 수준이 높을수록 재산소득은 높고, 가구주가 임시 일용노동자인 경우보다 사무직인 경우와 무직자인 경우 통계적으로 매우 유의하게 재산소득이 높은 것으로 나타난다. 무직자인 경우 특히 중고령층이 노동시장에 참여하지 않고 임대료와 같은 재산소득을 얻는 것으로, 그리고 사무직 근로자의 경우 사무직(과 상용 노무직)의 안정적인 종사상 지위가 이자, 배당금 등의 재산소득으로 이어질 것으로 추측된다. 전세 거주 가구에 비해 자가 가구가 임대료를 획득할 가능성이 높고, 월세 가구의 경우 재산소득을 얻을 확률이 다른 가구들에 비해 낮을 것이라는 사실은 예측 가능하다.

〈표 3-13〉의 추정모형에 따라 재산소득을 추정한 결과, 〈표 3-14〉에서 볼 수 있듯이 1998년과 2008년의 실제 재산소득 지니계수는 각각 0.74, 0.80으로 불평등이 증가했다. 이를 〈그림 3-4〉에서 보면 재산소득이 없는 과반수의 가구에서는 소득 변화가 없으나, 1998년 재산소득 분포에서 낮은 분위(7~8분위)를 차지하던 가구의 재산소득은 감소하거나 사라진 것으로 보인다.

이러한 불평등 변화가 가구 특성의 변화에서 오는 것인지 가격 변동에서 오는 것인지, 혹은 어떤 요인이 작용했는지 알아보기 위해 지금까지는 1998년 추정계수를 순차적으로 그리고 모두 2008년 가구 및 인적 특성에 적용한 후 실제 지니계수와 비교했다. 그러나 재산소득은 토빗 모형을 사용한 까닭에 추정 지니계수 혹은 2008년 가상 분포의 지니계수를 실제 소득 분포의 지니계수와 비교할 수 없다. 다시 말해 실제의 지니계수는 과반의 가구가 재산소득으로 영(0)의 값을 갖고 있는 분포가 반영되어 0.74 혹은 0.8로 매

〈표 3-13〉 가구 재산소득 방정식 추정(토빗 모형) 결과

설명변수	1998	2008
가구주 연령	0.201***	0.280***
	(9.73)	(10.47)
log(가구 노동소득)	0.113	0.0535
	(1.18)	(0.50)
가구원 수	1.685***	0.0309
	(7.17)	(0.09)
성인 기타 가구원 중	7.026***	2.414
취업자 비율	(5.17)	(1.48)
가구주 교육		
(기준=고졸)		
초졸	-2.652***	-2.631***
	(-3.81)	(-2.93)
중졸	-1.080	-1.571
	(-1.80)	(-1.82)
전문대졸	0.305	2.452***
	(0.43)	(3.04)
대졸 이상	2.274	0.589
	(0.51)	(0.88)
가구주 종사상 지위		
(기준=임시 일용 근로)		
사무직 근로자	3.304***	5.860***
	(3.43)	(4.59)
상용 노무직 근로자	1.625	2.417*
	(1.80)	(1.99)
자영자	-0.165	2.277
	(-0.18)	(1.87)
무직자	7.735***	5.852***
	(6.89)	(4.02)
주거 유형		
(기준=전세)		
자가	3.849***	2.261***
	(8.67)	(3.64)
월세	-4.642***	-6.607***
	(-6.17)	(-6.32)
상수항	-30.66***	-30.01***
	(-15.87)	(-12.02)
N	10,301	7,470
left-censored N	7,882	5,920
uncensored N	2,419	1,550

〈그림 3-4〉 1998~2008년간 분위별 재산소득 증가분

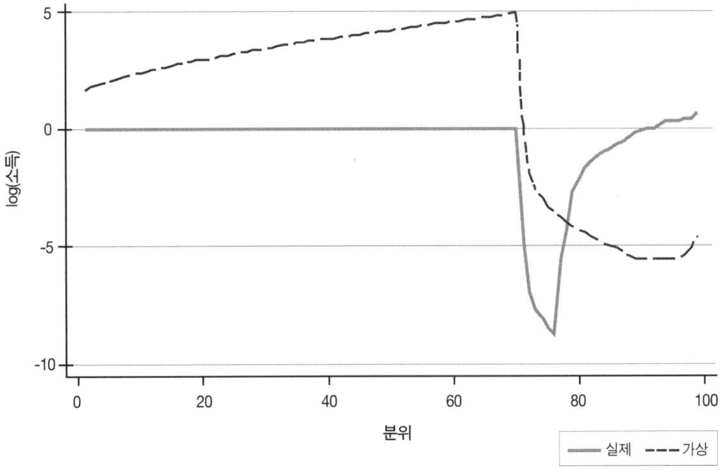

〈표 3-14〉 가구 재산소득 추정과 가상 분포에 따른 지니계수

	1998	2008	1998년 추정 (로그)소득	2008년 추정 (로그)소득	가상의 2008년
지니계수	0.7397	0.8004	0.2730	0.2626	0.1997

우 크게 나타나는 반면, 추정하는 경우 기존에 절단되던 값이 〈그림 3-4〉의 가상의 재산소득 변화와 같이 완만하게 나타나 〈표 3-14〉와 같이 0.26 내외의 낮은 값을 갖는다. 또한 재산소득의 경우 요인별 분해를 할 경우 요인에 따라 추정된 재산소득이 전부 또는 대다수가 음(-)의 값을 갖는 등 해석하기 어려운 결과가 나타나 요인별 분해를 하지 않고 1998년과 2008년을 비교하는 것으로 대신하고자 한다.

〈표 3-14〉의 추정 소득은 각각의 해의 추정식에 따라 추정값이 0보다 큰 경우에는 그 값을 그대로 추정값으로 사용하고, 추정값이 0보다 작은 경우

에는 0을 대입하는 토빗 사후 추정 방법 중 하나를 사용해 추정한 결과이다. 요인별 분해를 통해 더욱 구체적인 요인을 알 수 없는 것은 이 분석의 한계로 남는다.

6) 사적 이전소득의 불평등 분해

가구의 사적 이전소득은 가구 간에 주고받는 이전으로, 생활 단위를 달리하는 부모, 자녀, 친인척 등이 보내는 현금이 대표적인 예이다. 소득이 없거나 부족한 가구의 경우 사적 이전소득은 무시할 수 없는 소득원이 될 수 있다. 만일 이러한 가구에서 사적 이전소득의 비중이 크다면, 사적 이전소득은 가구 노동소득이나 재산소득에서 발생하는 불평등을 완화할 수 있을 것이다.

가구 단위의 사적 이전소득을 추정하는 데는 가구주의 연령(및 제곱), 가구 전체의 노동소득과 재산소득, 가구주의 성별, 취업자 비율, 65세 이상 가구원의 비율, 6세 미만 가구원의 비율, 가구주 취업 어부, 주택 점유 형태 등이 설명변수로 투입되었다. 가구주의 연령이 고령이거나 반대로 낮을 경우 노동소득이 낮아져 사적 이전이 늘어날 것으로 예상할 수 있다. 마찬가지로 가구의 노동소득이나 재산소득이 낮을 경우 사적 이전소득이 높을 것으로 쉽게 예상할 수 있다. 또한 부양을 필요로 하는 가구원의 비율(노인과 아동)이 높을수록, 취업가구원의 비율이 낮을수록 주변 친지로부터의 지원이 늘어날 것으로 예상할 수 있다. 마지막으로 주택 점유 형태 더미를 사용한 것은 주거용 자산의 유무가 사적 이전의 크기에 영향을 미칠 것으로 추측했기 때문이다.

〈표 3-15〉는 사적 이전소득의 추정모형 및 그 결과를 보여준다. 1998년과 2008년 사이의 차이를 보면 큰 변화는 가구의 노동소득이나 가구주 취업

〈표 3-15〉 가구 사적 이전소득 방정식 추정 결과

설명변수	1998	2008
가구주 연령	-0.2611*** (-7.36)	-0.2560*** (-6.36)
연령 제곱	0.0026*** (6.49)	0.0023*** (5.40)
가구 노동소득	-0.1069*** (-3.58)	-0.0424 (-1.34)
재산소득	0.0876*** (8.42)	0.0659*** (5.65)
가구주 성별=여성	1.9214*** (11.65)	1.8534*** (11.85)
취업자 비율	1.0588*** (3.71)	1.5278*** (5.25)
가구 구성		
노인 비율	1.8085*** (4.26)	1.5753*** (4.22)
6세 미만 비율	2.7049*** (8.83)	2.1490*** (5.37)
가구주 취업	-2.6210*** (-11.18)	-1.6830*** (-6.47)
주거 점유 유형(기준=전세)		
자가	0.4143*** (3.46)	0.5642*** (4.22)
월세	-0.1947 (-1.16)	0.1671 (0.82)
상수	14.9460*** (19.70)	14.5460*** (15.52)
n	10,301	7,470
adj R-Sq	0.1558	0.1327

더미가 사적 이전소득에 미치는 음(-)의 효과가 눈에 띄게 줄어들었다는 점이다. 가구의 로그노동소득의 계수는 -0.11에서 -0.04로 감소했다. 이는 근로소득이나 사업소득이 충분한 소득원이 되어주지 못하는 근로 빈곤 계층의

〈표 3-16〉 가구 사적 이전소득 가상 분포에 따른 지니계수와 가격효과

	1998 (A)	2008 (B)	2008년 가상 분포(C)	가격효과	특성효과
지니계수	0.3553	0.2705	0.3944	-0.1239 (146.1%)	0.0391 (-46.1%)

〈그림 3-5〉 1998~2008년간 분위별 사적 이전소득 증가분

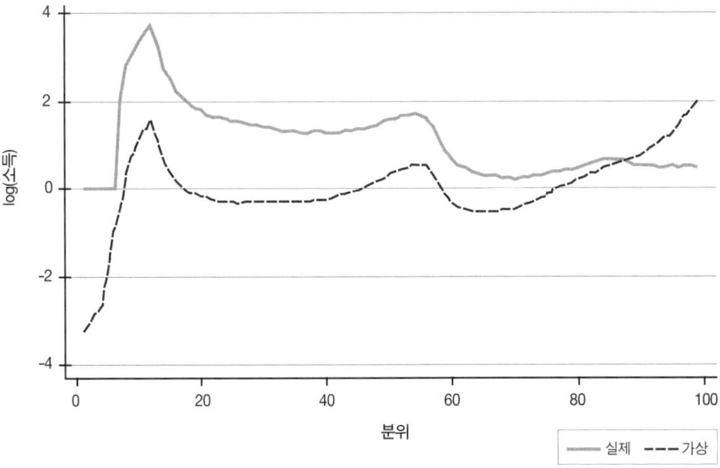

확산이라는 사회적 문제를 반영한다고도 볼 수 있고, 계층 간 사회적 이동성(social mobility)이 감소해 사적 이전소득의 원천이 되는 부모나 친인척 역시 저소득층에 머물 가능성이 높기 때문이라고도 볼 수 있다.

〈표 3-16〉의 가구 사적 이전(로그)소득 분포에 따른 지니계수를 보면, 2008년에 불평등이 개선되었음을 알 수 있다. 이는 〈그림 3-5〉의 최저 이전소득 계층의 급격한 소득 증가와 전반적으로 우하향하는 소득 변화 곡선에서도 읽을 수 있다. 이러한 변화는 추정식 결과와 같이 가구 노동소득이 있거나 일을 하는 경우의 사적 이전소득이 늘어나 가구주가 무직인 가구 등과

〈표 3-17〉 2008년 가구 사적 이전소득 불평등 변화의 요인별 분해

	2008		2008년 가상 분포									1998
	원소득	추정소득	상수항	가구주연령	노동+재산소득	가구주성별	노인아동비율	취업자비율	가구주취업	주거	모두적용	추정소득
지니계수	0.2705	0.0958	0.0912	0.0966	0.1186	0.0967	0.0985	0.1000	0.1211	0.0973	0.1517	0.1287
변화율(%)		0.0	-4.8	0.8	23.8	0.9	2.8	4.4	26.4	1.5	58.4	34.3

의 격차가 줄어든 때문으로 풀이된다.

〈표 3-16〉에서 2008년 인적 및 가구 특성에 1998년 추정계수와 잔차분포를 적용한 가상의 2008년(C)은 2008년보다 약 1.46배의 큰 지니계수를 갖는 것으로 나타난다. 이는 변화된 가구 특성 분포에 여성 가구주인 가구나 가구주가 무직인 가구가 큰 사적 이전소득을 얻는 1998년의 특성이 유지되는 까닭이다.

〈표 3-17〉은 앞의 사적 이전소득 결정모형에 따라 추정된 값을 이용하여 10년 사이의 사적 이전소득 불평등이 어떠한 요인에 의해 얼마나 영향을 받았는지를 보여준다.

우선 추정 소득만을 비교했을 때 2008년의 사적 이전소득 불평등은 0.0958로 1998년의 0.1287에 비해 완화되었다. 2008년의 가상적 분포에 따르면 상수항을 제외한 모든 요인에서 불평등이 증가하는 것으로 나타났다. 이는 2008년 가구주의 연령이나 가구소득(노동 및 재산 소득), 가구주 성별, 가구주 종사상 지위에 따른 사적 이전소득의 격차는 1998년에 비해 줄어들었음을 의미한다. 사적 이전소득의 불평등을 완화시키는 데 가장 크게 기여한 항목은 노동소득 및 재산소득의 수익률 변화 효과이다.

7) 공적 이전소득의 불평등 분해

1998년과 2008년 10년 사이에 가구 평균 공적 이전소득은 19.4% 증가했다. 이는 가처분소득을 구성하는 다른 항목의 증가율보다 높은 수치인데, 이 기간 동안에 신설되거나 확대된 복지제도의 영향으로 볼 수 있을 것이다. 예를 들어 공적 연금의 가입 및 지급 범위가 점차 확대되었다거나 국민기초생활보장제도, 보육료 지원, 기초노령연금 등 제도의 신설 등이 공적 이전소득의 증가에 직접적인 영향을 미쳤을 것이다.

〈표 3-18〉은 가구의 공적 이전소득 추정 결과를 보여준다. 사적 이전소득 추정모형과 달리 공적 이전소득과 가구주의 연령은 선형 관계가 있는 것으로 가정했다. 추정 결과 사적 이전소득과 달리 공적 이전소득에서는 가구 노동소득의 추정계수가 양(+)으로 나타났다. 이는 근로연령대를 대상으로 한 지원(보육료 지원, 세금환급금 등)의 강화에 따른 것으로 추정된다. 1998년과 2008년의 추정 결과를 비교할 때 특징적인 것은 로그노동소득이나 로그재산소득, 가구주 취업 등 설명변수의 영향이 줄어든 반면, 가구 구성 요인의 영향은 증가했다는 점이다. 이는 기초연금이나 보육료 지원과 같이 가구원 연령 조건을 반영한 공적 이전소득의 신설 및 확대에 따른 것으로 볼 수 있다.

〈표 3-19〉에서 볼 수 있듯이 공적 이전(로그)소득의 지니계수는 10년 사이 0.38에서 0.23으로 감소했고, 〈그림 3-6〉에서 우하향하는 소득 변화 곡선을 갖는다는 사실로부터 공적 이전소득 간의 격차는 줄어든 것을 알 수 있다. 이는 〈표 3-18〉에서 1998년보다 2008년의 상수항이 크게 증가한 것이 가장 큰 요인으로 보인다. 이 추정식을 이용해 가상의 분포를 도출했을 때 [〈표 3-19〉의 (C)], 2008년보다 훨씬 큰 지니계수를 갖는다는 사실도 상수항

〈표 3-18〉 가구 공적 이전소득 방정식 추정 결과

설명변수	1998	2008
가구주 연령	-0.0036 (-0.71)	0.0309*** (5.18)
가구 노동소득	0.3013*** (11.87)	0.1629*** (6.29)
재산소득	0.1408*** (15.74)	0.0642*** (5.95)
취업자 비율	1.6186*** (6.92)	-0.4601 (-1.76)
가구 구성		
노인 비율	2.5581*** (7.25)	4.3875*** (16.73)
6세 미만 비율	2.6893*** (10.33)	3.5975*** (10.22)
가구주 취업	-1.8158*** (-8.52)	-0.8493*** (-4.37)
주거 유형(기준=전세)		
자가	-0.0954 (-0.93)	0.2097 (1.62)
월세	-0.4196** (-3.04)	0.3414 (1.78)
상수	1.3014*** (3.97)	4.8597*** (10.01)
n	10,301	7,470
adj R-Sq	0.1096	0.1443

〈표 3-19〉 가구 공적 이전소득 가상 분포에 따른 지니계수와 가격효과

	1998 (A)	2008 (B)	2008년 가상 분포(C)	가격효과	특성효과
지니계수	0.3754	0.2298	0.3509	-0.1211 (83.2%)	-0.0245 (16.8%)

〈그림 3-6〉 1998~2008년간 분위별 공적 이전소득 증가분

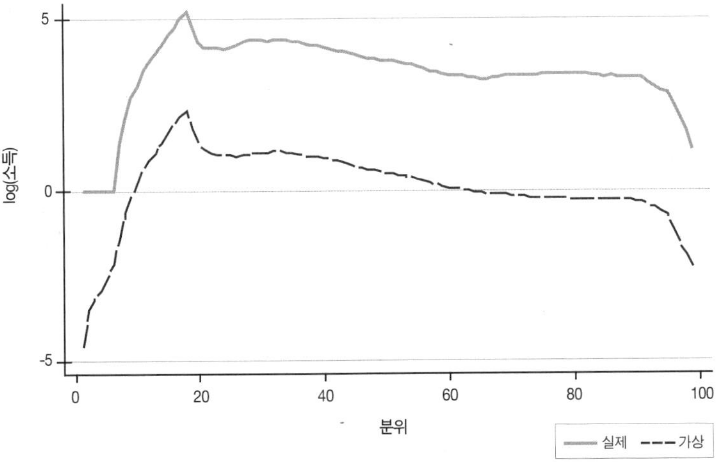

〈표 3-20〉 2008년 가구 공적 이전소득 불평등 변화의 요인별 분해

	2008		2008년 가상 분포								1998
	원소득	추정 소득	상수항	가구주 연령	노동+ 재산 소득	노인 아동 비율	취업자 비율	가구주 취업	주거 유형	모두 적용	추정 소득
지니 계수	0.2298	0.0806	0.1369	0.0878	0.0730	0.0613	0.0714	0.0988	0.0847	0.1256	0.1186
변화율 (%)		0.0	69.8	8.9	-9.5	-24.0	-11.4	22.6	5.0	55.7	47.0

을 포함한 추정계수의 변화가 불평등 감소에 큰 영향을 미쳤음을 말해준다.

가구 공적 이전소득 결정모형을 이용해 추정한 값을 이용해 분석한 결과, 〈표 3-20〉에서 볼 수 있듯이 공적 이전소득의 불평등은 감소한 것으로 나타났다. 추정 공적 이전소득의 1998년의 지니계수는 0.1186이었으나, 2008년에는 0.0806으로 낮아졌다. 공적 이전소득의 불평등을 줄이는 데 어떤 요인들이 기여했는지를 자세히 살펴보면, 가구주 취업 여부와 연령에 따른 차별

화 효과의 변화는 불평등을 감소시키는 방향으로, 그리고 가구 구성, 가구원 취업, 가구 노동·재산 소득에 따른 차별화 효과의 변화는 불평등을 증가시키는 방향으로 작용했음이 확인된다.

8) 조세 부담 불평등의 분해

가계동향조사 자료에서 가구별 조세 부담은 가구 단위로 보고되고 있다. 따라서 가구원 중 다수의 취업자가 있다고 하더라도 그들의 개인적 특성을 이용해 가구 단위의 조세 부담을 추정하는 것은 불가능하다. 이러한 이유로 조세 부담에 대한 추정모형은 가구 단위의 정보를 주로 이용할 수밖에 없다. 다만 가구소득 중 가구주 노동소득의 비중이 60% 이상임을 고려해 가구주의 개인적 특성을 보완적으로 이용할 수 있다.

〈표 3-21〉은 가구 조세부담액 추정을 위한 모형과 추정 결과를 보여준다. 종속변수로는 가구 단위의 조세부담액에 로그를 취한 값을 이용했다. 설명변수에는 우선 가구 노동소득과 재산소득을 포함했다. 가구의 조세 부담은 기본적으로 시장에서 획득한 소득의 직접적 영향을 받을 것이기 때문이다. 가구주의 연령과 경제활동 상태는 앞에서 언급했듯이 가구주 노동소득이 가구 단위의 과세 대상 소득에서 절대적 비중을 차지한다는 점과 종사상 지위에 따라 세원 포착률이 다를 것이라는 점을 고려해 투입했다. 마지막으로 가구의 주거 유형은 가구 보유 재산 규모에 대한 대리변수로 사용했다. 가구 조세 부담에는 소득세뿐만 아니라 재산세가 포함되는데, 재산세 규모를 결정하는 가구유자산 규모가 가계동향조사 자료에는 제공되지 않고 있다. 따라서 주택자산이 보유자산의 대표적 유형임을 고려해 주거 유형을 대리변수로 사용했다.

<표 3-21> 가구 조세 지출 방정식 추정 결과

설명변수	1998	2008
가구주 연령	0.2007*** (6.40)	0.1011*** (3.43)
연령 제곱	-0.0025*** (-7.18)	-0.0010*** (-3.44)
가구 노동소득	0.3332*** (11.69)	0.2108*** (8.32)
재산소득	0.0721*** (8.26)	0.0891*** (10.96)
가구주 여성	-0.7867*** (-5.28)	-1.1407*** (-8.24)
가구 구성		
취업자 비율	2.0719*** (6.72)	0.2347 (0.75)
가구원 수	0.4096*** (7.38)	0.0916 (1.48)
가구주 경제활동 상태 (기준=임시 일용직 노무)		
사무직 근로	4.1081*** (16.73)	3.2257*** (15.87)
상용직 노무 근로자	2.2417*** (8.97)	1.6155*** (7.86)
자영자	1.6350*** (6.59)	0.7183*** (3.52)
무직	1.6300*** (5.05)	1.6868*** (6.18)
주거 점유 형태(기준=전세)		
자가	2.1673*** (18.99)	1.3535*** (11.34)
월세	-1.7875*** (-9.18)	-1.5583*** (-7.59)
상수	-6.1822*** (-8.44)	1.3112 (1.69)
n	10,301	7,470
adj R-Sq	0.3652	0.3148

〈표 3-22〉 가구 조세 부담 가상 분포에 따른 지니계수와 가격효과

	1998 (A)	2008 (B)	2008년 가상 분포(C)	가격효과	특성효과
지니계수	0.2784	0.1834	0.3227	-0.1393 (146.6%)	0.0443 (-46.6%)

〈표 3-21〉에서 확인할 수 있듯이 두 해 모두 대부분의 설명변수들이 1% 수준에서 유의성을 보였다. 노동소득의 추정계수는 재산소득보다 훨씬 컸지만, 노동소득의 추정계수가 2008년에 감소한 데 비해 재산소득의 추정계수는 다소 상승했다. 주거 점유 형태에 따른 조세부담액의 격차는 10년 사이에 줄어든 것으로 나타났다. 가구주의 경제활동 상태를 보면 기준 집단인 임시 일용직 노무 근로자에 비해 다른 모든 집단의 조세부담액이 더 큰 것으로 나타났다. 특히 가구주가 무직인 가구의 추정계수가 2008년에 더 커졌는데, 이는 무직 가구의 조세부담액이 상대적으로 크게 증가한 것과 무관하지 않다. 무직 가구에 비해 자영자 가구의 조세부담액이 상대적으로 낮은 것은 기타 가구원의 취업 및 소득이 증가한 것과 무관하지 않을 것으로 추정된다.

〈표 3-22〉에서 볼 수 있듯이 1998년의 조세 부담 불평등에 비해 2008년의 조세 부담 불평등이 줄어들었다. 반면 1998년의 추정계수와 잔차분포를 2008년의 가구별 특성에 대입할 경우 가상 분포의 지니계수는 실제 2008년의 조세 부담 지니계수보다 크게 높아졌다. 요컨대 실제 조세 부담의 불평등이 줄어드는 데는 가격효과가 결정적으로 작용했음을 알 수 있다.

그런데 〈그림 3-7〉을 보면 이러한 가격효과가 주로 조세 부담이 낮은 계층에서 나타났음을 알 수 있다. 우선 두 해의 조세부담액 차이는 주로 30/100분위 이하에서 집중적으로 나타남을 알 수 있다. 조세 부담의 불평등이 완화된 것은 이 계층의 조세 부담이 증가한 데서 비롯되었고, 가격효과도 역시 중하위 계층에서 집중적으로 나타나고 있다. 가상적 분포에 따를 경우

〈그림 3-7〉 1998~2008년간 분위별 조세 부담 증가분

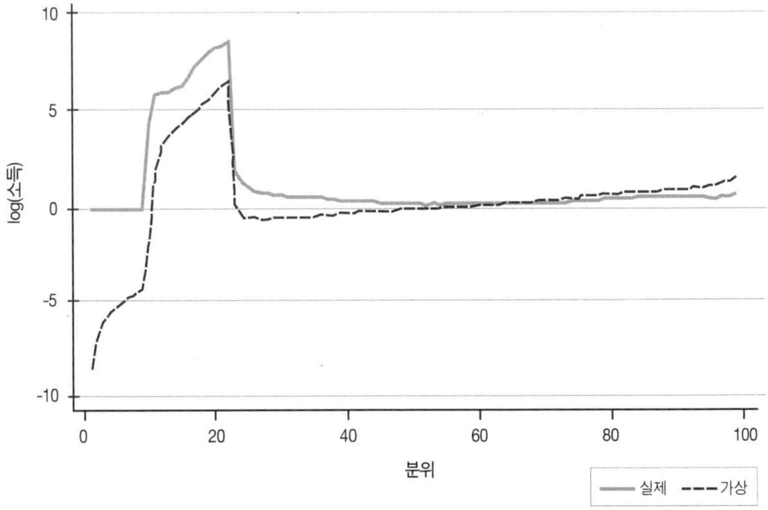

〈표 3-23〉 2008년 가구 조세 지출 불평등 변화의 요인별 분해

	2008		2008년 가상 분포									1998
	원값	추정치	상수항	연령	노동+재산소득	가구주 여성	취업자 비율	가구원 수	경제활동상태	주거 유형	모두 적용	추정치
지니계수	0.1834	0.1194	0.3162	0.0988	0.1037	0.1085	0.1087	0.1050	0.1188	0.1159	0.1418	0.1841
변화율(%)		0.0	164.9	-17.3	-13.2	-9.1	-8.9	-12.1	-0.5	-2.9	18.8	54.3

조세 부담이 높은 계층의 부담은 더 많이 증가했을 것이다.

가구별 조세부담액에 대한 추정식을 바탕으로 각 연도의 조세부담액을 추정한 후, 어떤 요인들이 조세 부담 불평등에 기여했는지를 분석한 결과는 〈표 3-23〉에 나타나 있다. 조세 부담 추정값을 이용해 지니계수를 구한 결과 1998년에는 0.1841이었던 것이 2008년에는 0.1194로 감소했다.

2008년 가상 분포에 따른 지니계수의 변화를 살펴보면, 상수항을 제외한

모든 요인에서 지니계수의 변화율이 음(-)으로 나타난다. 즉 각 요인에 따른 조세 부담의 차등화 효과가 10년 사이에 모두 확대되었음을 알 수 있다. 그 효과의 변화가 가장 큰 것은 가구주 연령이고, 다음이 노동 및 재산소득에 따른 조세 부담 증가효과이다. 반면 차등화 효과의 변화가 가장 작은 것은 가구주의 경제활동 상태에 따른 조세 부담 차등화 효과였다.

9) 사회보장 부담 불평등 분해

이제 가구 가처분소득을 구성하는 마지막 항목으로 가구별 사회보장 부담의 불평등과 그것이 가구소득 불평등에 미친 효과에 대해 살펴볼 것이다. 사회보장 부담금은 각 가구원이 납부하는 연금, 고용보험, 건강보험 등의 보험료 등을 의미하는데, 가계동향자료에서는 이를 가구 단위로 합산해 보고하고 있다. 그런데 대부분의 사회보장 부담은 가구원 개인의 소득, 연령, 종사상 지위 등의 특성에 의존하거나 가구원 수에 영향을 받는다. 따라서 가구 특성별 사회보장 부담의 차이는 가구 구성에 대한 더욱 상세한 정보가 주어질 때 정확히 비교할 수 있을 것이다. 1998년에 가구당 약 4만 9,000원이던 사회보험 부담금은 2008년에는 16만 6,000원 수준으로 상승했다(〈부표 3-2〉 참조). 이는 연평균 13%의 증가율을 보인 것으로, 조세 부담의 연평균 증가율 6.5%에 비해 두 배 수준에 이르는 증가 속도이다.

가구별 사회보장 부담액은 전체 가구원 수는 물론이고, 가구원 개인의 특성과 직접적으로 연결된다. 사회보장 부담금 중 공적 연금과 고용보험은 개인 단위로 부과되며, 이때 가입된 공적 연금의 종류나 피보험자의 종사상 지위가 결정적 영향을 미치게 된다. 건강보험료의 경우 피부양자 제도로 인해 개인이 아닌 가구 특성의 영향을 받지만, 취업가구원이 다수인 경우 가구 단

〈표 3-24〉 가구 사회보장 부담의 추정 결과

설명변수	1998	2008
가구주 연령	0.2595*** (9.22)	0.1769*** (7.33)
연령 제곱	-0.0031*** (-9.52)	-0.0020*** (-7.98)
가구 노동소득	0.3446*** (13.63)	0.2772*** (12.62)
재산소득	0.0039 (0.62)	0.0388*** (5.40)
가구주 여성	-0.5789*** (-5.10)	-0.4983*** (-4.84)
가구원 수	0.1869*** (6.35)	0.1655*** (4.47)
가구주 경제활동 상태 (기준=임시 일용 노무 근로자) 사무직 근로자	1.5061*** (11.24)	1.5437*** (10.12)
상용 노무직 근로자	0.9446*** (6.83)	1.0319*** (6.80)
자영자	0.4745*** (3.43)	0.9356*** (6.06)
무직	0.2094 (0.95)	0.1080 (0.47)
주거 점유 형태(기준=전세) 자가	0.6564 (1.08)	0.2149*** (3.18)
월세	-0.8256*** (-7.56)	-1.0173*** (-7.62)
상수	-1.387* (-2.35)	1.964*** (3.37)
n	10,301	7,470
adj R-Sq	0.3393	0.4577

위의 특성보다는 개인 단위의 특성에 더 큰 영향을 받는다. 따라서 통계청 가계동향조사 자료를 이용해 가구의 사회보장 부담금 추정모형을 설정하는 것은 한계가 있을 것이다. 이러한 한계를 감안해 설정한 모형과 그 추정 결과가 〈표 3-24〉이다.

사회보장 부담금은 개인별 노동소득과 재산소득의 크기에 직접적 영향을 받을 것으로 보아 가구 단위의 노동소득 및 재산소득을 설명변수에 포함시켰다. 전체 가구소득에서 가구주 소득이 차지하는 비중을 고려할 때, 전체 부담금 가운데 가구주가 부담하는 비중 역시 클 것이다. 이를 고려해 가구주의 연령과 종사상 지위를 설명변수로 사용했다. 연금이나 고용보험의 경우 가구주 연령이 낮거나 매우 높으면 보험 가입 대상에서 제외될 가능성이 있을 것이다. 또한 가구주가 근로자일 경우 고용보험을 납부할 뿐만 아니라 소득포착률이 높아 자영자에 비해 건강보험료도 많이 납부한다. 주거 유형의 경우는 지역건강보험 가입자의 보험료와 밀접하게 연관되는 항목이다. 가구 구성과 관련된 항목, 즉 가구원 수나 취업가구원 비율, 노인 및 아동 수 등은 각 가구 내에서 실제로 사회보장 부담금을 납부할 가능성이 높은 가구원의 수를 파악하는 데 기여할 것으로 생각해 모형에 포함시켰다.

1998년과 2008년을 비교하면 노동소득의 계수는 감소한 반면, 재산소득의 계수는 다소 증가했다. 그러나 노동소득의 비중이 재산소득에 비해 월등히 큰 점을 감안한다면 소득계층별 사회보장 부담의 누진도는 다소 떨어졌음을 알 수 있다. 한편 가구주 경제활동 상태에 따른 격차는 더욱 뚜렷하게 나타나고 있다. 특히 자영자 가구주의 부담이 상대적으로 빠르게 증가했다.

1998년에 비해 2008년의 사회보장 부담 불평등은 거의 변함이 없다고 할 수 있다. 그러나 만일 가상 분포를 적용해본다면 〈표 3-25〉에서 볼 수 있듯이 불평등은 뚜렷하게 증가했을 것이다. 즉 각 요인별 가격효과가 불평등을

〈표 3-25〉 가구 사회보장 부담 가상 분포에 따른 지니계수와 가격효과

	1998 (A)	2008 (B)	2008 가상 분포(C)	가격효과	특성효과
지니계수	0.1129	0.1108	0.1626	-0.0518 (2466.7%)	0.0497 (-2366.7%)

〈그림 3-8〉 1998~2008년간 분위별 사회보장 부담 증가분

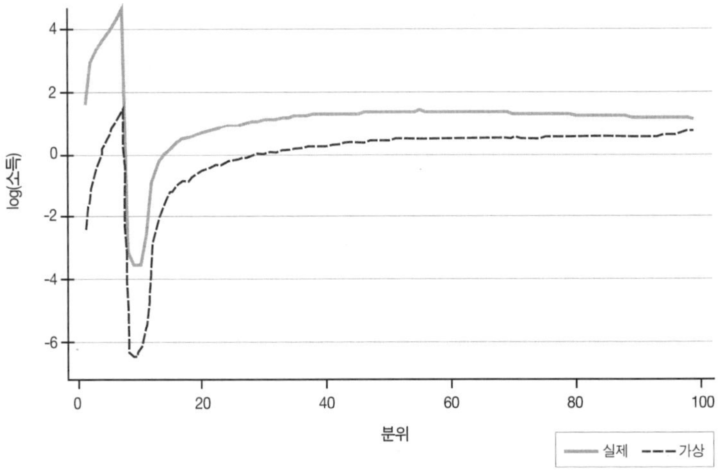

낮추는 데 적지 않은 기여를 했음을 알 수 있다.

〈그림 3-8〉을 보면 전 소득 계층에서 사회보장 부담이 증가했다. 하지만 최하위 10분위의 부담이 크게 증가한 반면, 10분위 이상 20분위에서는 오히려 부담이 감소했다. 20분위 이상에서는 유사한 폭의 부담 증가를 기록하고 있다. 사회보험 부담의 불평등에 거의 변화가 없는 데는 이러한 배경이 있음을 알 수 있다.

그런데 실제 부담 증가와 가상 분포에 따른 부담증가분을 비교해보면 대

〈표 3-26〉 2008년 가구 사회보장부담액 불평등 변화의 요인별 분해

	2008		2008년 가상 분포							1998
	원값	추정치	상수항	가구주 연령	노동+ 재산소득	가구원 수	경제활동 상태	주거 점유 유형	모두 적용	추정치
지니 계수	0.1108	0.0816	0.1197	0.0826	0.0834	0.0829	0.0844	0.0815	0.1136	0.0808
변화율 (%)		0.0	46.7	1.2	2.2	1.6	3.4	-0.2	39.2	-1.0

략 15분위 이하의 전체 구간에서 실제치와 가상치의 격차가 크게 나타남을 알 수 있다. 즉 하위 소득 구간의 부담이 상대적으로 빨리 늘었다는 것이다.

한편 가구별 사회보장 부담금 추정모형에 근거해 얻은 각 연도의 사회보장 부담금 분포와 가상적 분포의 지니계수를 구한 결과 〈표 3-26〉과 같이 나타났다.

사회보장 부담금 추정액의 지니계수는 1998년 0.081에서 2008년 0.82로 거의 변함이 없다. 추정 소득의 지니계수 변화에 미친 각 요인별 영향을 보면 대부분의 요인에서 각 요인이 발생시키는 사회보장 부담금 불평등의 효과는 감소했다. 하지만 효과의 크기 면에서 보면 상수항의 효과가 크게 나타날 뿐 다른 요인의 효과는 크게 나타나지 않았다. 굳이 비교를 하자면 가구주 경제활동 상태별 집단 사이의 사회보장 부담 격차가 줄어든 효과가 전체적으로 사회보장 부담의 불평등을 줄이는 데 가장 큰 기여를 한 것으로 나타났다. 그다음이 가구 노동 및 재산소득에 따른 차등화 효과의 감소이다. 요컨대 소득이나 고용 상태에 따른 사회보장 부담의 누진성은 개선되지 않고, 오히려 미약하게나마 줄어들었다.

5. 종합적 검토와 분석의 한계

이상의 분석을 통해 가구 가처분소득을 구성하는 8개 원천에 대해 불평등이 심화 혹은 완화되었는지를 살펴보았고, 그러한 변화를 촉진하거나 상쇄한 요인은 무엇인지를 검토했다. 그런데 개별 소득 원천의 불평등을 심화 혹은 완화시키는 방향으로 작용한 요인이 전체 가구소득의 불평등 변화에 어떤 방향으로 작용했을지에 대해 이상의 분석이 직접적 결과를 제시하지는 못한다. 이 장에서 수행된 개별 소득 원천의 불평등에 대한 분석에서, 한 소득 원천(예컨대 기타 가구원 노동소득)의 설명변수에 다른 소득 원천(예컨대 가구주 노동소득)이 포함되어 있는 등 각 요인별 결정 요인에 순환성이 존재하기 때문이다. 물론 이러한 문제를 해결할 수도 있으나, 그것은 이 장의 연구 범위를 벗어나는 것이다.

따라서 이 장에서는 개별 소득 원천의 불평등과 가처분소득 불평등과의 상관관계(〈표 3-1〉과 〈표 3-2〉의 지니 상관계수)를 통해 개별 요인의 변화가 미치는 영향을 간접적으로 유추해보고자 한다. 예컨대 가구주 노동소득 불평등의 심화는 전체 가처분소득 불평등과 양의 상관관계가 있다는 점을 고려해, 가구주 노동소득 불평등을 심화시킨 것으로 확인된 경제활동 상태, 연령 등의 효과가 궁극적으로 가구소득 불평등을 심화시킬 것으로 추론할 수 있다. 〈표 3-27〉은 그 결과를 요약해 보여준다. 각 소득 원천의 추정치(추정 소득 또는 추정 지출)를 기준으로 비교할 때 가구주와 배우자의 노동소득, 재산소득, 사회보장 부담금의 불평등은 심화되었다. 반면 기타 가구원 노동소득, 사적·공적 이전소득, 조세 부담의 불평등은 완화되었다. 또한 이러한 변화를 초래한 요인들과 그 방향 역시 〈표 3-27〉에 제시되어 있다.

이러한 방식으로 추론해본다면 〈표 3-27〉 중 음영 처리된 부분의 요인이

〈표 3-27〉 소득 원천별 불평등 변화와 요인 분해 결과 비교

소득 원천	가처분소득 불평등과 상관관계	추정 소득불평등의 변화	심화 요인	완화 요인
가구주 노동소득	+	심화	경제활동 상태, 상수항	교육 수준, 연령, 성별
배우자 노동소득	+	심화	배우자의 연령, 성별, 교육	경제활동 참여, 가구주 특성, 자녀
기타 가구원 노동소득	+	완화	상수항	가구주 연령, 가구주 노동소득, 성인 기타 가구원 중 취업자 비율
재산소득	+	심화		
사적 이전소득	−	완화	상수항	가구주 취업, 노동 및 재산소득, 주거 유형, 가구주 연령, 가구원 취업, 가구 구성, 가구주 성별
공적 이전소득	−	완화	가구 구성, 가구원 취업, 상수항	가구주 연령, 가구주 취업, 노동 및 재산소득, 주거 유형
조세	−	완화	가구주 연령, 노동+재산소득, 취업자 비율, 가구원 수, 가구주 경제활동 상태, 주거 유형	상수항
사회보장 부담금	−	심화	주거 유형	가구주 경제활동 상태, 가구주 연령, 노동 및 재산소득, 가구원 수, 상수항
가처분 소득		심화		

주: 가처분소득 불평등과의 상관관계 부호는 2008년의 지니 상관계수 부호를 따름.

가구소득 불평등을 확대시키는 방향으로 작용했을 가능성이 높다. 즉, 가구주의 경제활동 상태·연령 등에 따른 소득격차 효과의 변화는 가구소득 불평등을 심화시키는 방향으로 작용했고, 반대로 가구 구성이나 배우자 및 기타 가구원 취업, 성인 기타 가구원 수 등에 따른 소득격차 효과의 변화는 가구소득 불평등을 완화하는 방향으로 작용했을 가능성이 높다고 할 수 있다.

하지만 동일한 요인이 각 소득 원천에 작용하는 방식이 다르기 때문에 전체 가구소득 불평등을 증가시키는 역할과 감소시키는 역할을 동시에 할 수도 있다. 예컨대 가구주의 성별에 따른 노동소득 격차 효과의 변화는 가구주 노동소득 불평등을 완화함으로써 가구소득 불평등을 완화하는 효과를 초래했지만, 사적 이전소득에 미치는 효과를 통해서는 가구소득 불평등을 심화하는 효과를 초래한다. 각 요인이 가구소득 불평등의 변화에 미친 영향의 정확한 방향과 크기를 종합적으로 파악하기 위해서는 각 요인 간, 혹은 각 소득 원천 간 상호작용을 고려한 다층적인 분석 모형이 필요하다. 이는 이후의 과제로 남긴다.

〈부표 3-1〉 주요 기초 통계량(1998)

	전체	남성	여성	초졸	중졸	고졸	전문대	대학 이상	사무직	상용 노무직	임시 일용 노무직	자영자	무직	자가	전세	월세
비중		85.5	14.5	10.7	13.9	43.0	8.7	23.6	26.8	25.0	6.3	29.4	12.5	54.5	34.4	11.2
가구주 노동소득	1,350,623	1,460,270	705,111	679,840	1,036,855	1,290,836	1,395,345	1,931,946	1,945,848	1,222,562	811,077	1,535,791	168,566	1,462,910	1,289,695	991,726
배우자 노동소득	198,434	216,493	92,119	134,733	169,777	172,455	196,185	292,285	296,441	204,121	219,105	163,986	47,604	200,475	197,281	192,050
기타 가구원 노동소득	150,746	127,771	286,007	304,518	196,486	129,793	121,957	102,796	113,098	176,209	184,875	141,062	186,133	197,239	93,546	100,168
가구 노동소득	1,699,803	1,804,533	1,083,236	1,119,091	1,403,119	1,593,084	1,713,487	2,327,028	2,355,386	1,602,891	1,215,058	1,840,838	402,304	1,860,624	1,580,522	1,283,944
재산소득	56,197	56,641	53,583	58,896	55,543	47,275	50,952	73,518	64,594	34,232	26,325	39,053	137,330	84,430	25,270	13,805
사적 이전소득	94,297	50,296	353,340	135,352	76,724	85,230	130,097	89,346	65,312	42,962	51,505	43,156	400,406	106,088	80,764	78,488
공적 이전소득	21,572	22,513	16,030	25,431	9,622	21,235	18,877	28,474	14,505	12,907	7,403	8,198	92,538	28,456	15,784	5,859
조세	56,515	61,703	25,971	19,662	26,491	42,136	54,837	117,692	121,508	42,348	15,179	34,728	17,558	74,454	41,554	15,201
사회보장 부담	48,833	52,280	28,535	28,149	35,501	43,383	53,119	74,402	84,733	47,962	22,272	35,013	19,522	56,210	44,573	26,038
가구주 연령	42.3															
가구원 수	3.6															
취업자 비율	0.529															
노인 가구원 비율	0.049															
아동 비율	0.112															

주: 가구의 구분은 가구주의 특성을 기준으로 한 것임.
자료: 통계청의 1998년, 2008년 가계동향조사 원자료.

〈부표 3-2〉 주요 기초 통계량(2008)

	전체	남성	여성	초종	중졸	고졸	전문대	대학 이상	사무직	상용 노무직	임시 일용 노무직	자영자	무직	자가	전세	월세
비중		81.6	18.4	10.1	10.3	39.0	12.3	28.4	29.9	24.5	6.1	25.1	14.4	65.9	22.0	12.1
가구주 노동소득	2,230,357	2,475,167	1,141,537	785,561	1,280,917	2,035,549	2,428,745	3,269,461	3,582,943	2,046,021	1,188,396	2,243,882	148,686	2,320,209	2,333,856	1,553,412
배우자 노동소득	432,310	491,128	170,706	138,522	257,759	364,301	415,155	700,773	642,963	428,803	318,249	402,933	99,852	438,279	480,755	311,895
기타 가구원 노동소득	325,754	294,581	464,402	586,143	637,380	338,389	150,844	178,567	177,115	384,691	414,288	386,350	391,650	377,358	206,580	261,121
가구 노동소득	2,988,421	3,260,877	1,776,645	1,510,226	2,176,056	2,738,239	2,994,745	4,148,801	4,403,021	2,859,515	1,920,933	3,033,165	640,188	3,135,846	3,021,191	2,126,428
재산소득	83,196	88,080	61,474	78,239	88,341	79,705	61,096	97,436	57,915	38,722	30,456	73,497	250,259	112,854	35,667	8,005
사적 이전소득	159,634	85,490	489,398	211,837	158,100	162,138	160,929	137,657	90,444	126,303	125,371	80,040	512,843	173,996	111,951	167,990
공적 이전소득	127,003	124,865	136,509	176,927	128,480	105,299	114,497	143,992	79,704	80,055	121,686	69,558	407,188	148,932	75,471	101,145
조세	106,319	121,861	37,196	22,717	35,180	69,314	89,972	219,720	236,455	71,498	17,263	42,055	44,482	123,167	99,508	26,967
사회보장 부담	165,999	183,198	89,502	67,150	107,200	146,242	168,619	248,429	262,273	143,724	66,568	159,533	56,915	182,988	163,054	78,859
가구주 연령	47.7															
가구원 수	3.3															
취업자 비율	0.563															
노인 가구원 비율	0.109															
아동 비율	0.068															

참고문헌

강신욱. 2012. 「2000년대 후반 소득 분배 악화의 원인과 특징」. 2012년 사회정책학회 춘계학술대회 발표문.

강신욱·강두용·홍민기·정현상. 2013. 『소득 분배 악화의 산업구조적 원인과 대응방안』. 한국보건사회연구원.

강신욱·김현경·원승연·김근혜. 2014. 『소득불평등 심화의 원인과 분배구조 개선을 위한 정책방향』. 한국보건사회연구원.

성명재·박기백. 2009. 「인구구조 변화가 소득 분배에 미치는 영향」. ≪경제학연구≫, 제57집 제4호, 5~37쪽.

신광영. 2013. 『한국 사회 불평등 연구』. 후마니타스.

이병희·강신욱 외. 2007. 『최근 소득분배 및 공적이전·조세의 재분배 효과 추이 분석』. 양극화·민생대책위원회.

이병희·장지연. 2013. 「소득불평등 심화의 메커니즘과 정책 선택」. ≪민주사회와 정책연구≫, 23권, 71~109쪽.

이철희. 2008. 「1996~2000년 한국의 가구소득불평등 확대: 임금, 노동공급, 가구구조 변화의 영향」, ≪노동경제논집≫, 제31권 제2호, 1~34쪽.

홍석철·전한경. 2013. 「인구고령화와 소득불평등의 심화」. ≪한국경제의 분석≫, 제19권 제1호, 72~114쪽.

Blinder, A. 1973. "Wage Discrimination: Reduced Form and Structual Estimates." *Journal of Human Resources*, Vol.8, No.4, pp.436~455.

Bourguignon, F., F. Ferreira and N. Lustig eds. 2005. *The Microeconomics of Income Distribution Dynamics: In East Asia and Latin America*. World Bank and Oxford.

Bourguignon, F., F. Ferreira and P. Leite. 2008. "Beyond Oaxaca-Blinder: Accounting for Differences in Household Income Distribution." *Journal of Economic Inequality*, Vol.6, pp.117~148.

Fields, G. 2003. "Accounting for Income Inequality and Its Change: A New Method with Application to the Distribution of Earnings in the United States." *Research in Labor Economics*, Vol.22, pp.1~38.

Fortin, N., T. Lemieux and S. Firpo. 2010. "Decomposition Methods in Economics." *NBER Working Paper* 16045.

Heckman, J. 1979. "Sample Selection Bias a Specification Error." *Econometrica*, Vol.47, No.1, pp.153~161.

Jenkins, S. 1995. "Accounting for Inequality Trends: Decomposition Analyses for the the UK, 1971~1986." *Economica*, vol.62, no.245, pp.29~63.

Lerman, R. and S. Yitzhaki. 1985. "Income Inequality Effects by Income Source: A New Approach and Applications to the United States." *The Review of Economics and Statistics*, vol.67, no.1, pp.151~156.

Oaxaca, R. 1973. "Male-Female Wage Differentials in Urban Labor Markets." *International Economic Review*, no.14, pp.673~709.

OECD. 2007. *Growing Unequal*. OECD.

_____. 2011. *Divided We Stand-Why Inequality Keeps Rising*. OECD.

Shorrocks, A. 1982. "Inequality Decomposition by Factor Components." *Econometrica*, vol.50, no.1, pp.193~211.

_____. 1984. "Inequality Decomposition by Population Subgroups." *Econometirca*, vol.52, no.6, pp.1369~1385.

제2부 금융부채와 불평등

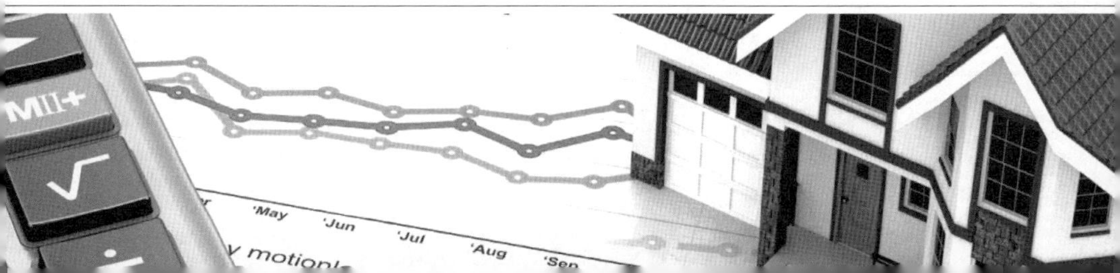

제4장

가계의 소득격차와 가계부채*

배영목 | 충북대학교 경제학과 교수

1. 머리말

한국 경제는 실질경제성장률의 추세적 하락 속에서 재정 적자의 확대, 부실기업의 증가, 가계부채의 급증 등 부문별 불균형 문제로 거시경제적 안정까지 위협당하는 상태에 놓여 있다. 한국 경제는 이러한 거시경제적 불안정뿐만 아니라 가계 간 소득격차의 확대, 기업 간 불균등 발전, 고용구조의 악화 등 경제적 불균등 발전에 따른 경제적 양극화 문제에도 직면하고 있다.

한국 경제에서 가계부채는 미래의 거시경제 안정의 주요 위협 요소로 간주되고 있고, 가계의 소득격차는 경제적 불평등의 핵심적 요소로 간주되고 있다. 그렇다면 가계의 소득격차와 같은 경제적 불평등은 가계부채 부실과 같은 경제적 불안정에도 영향을 미칠 수 있는 것은 아닌가? 이와는 반대로 가계부채의 급증은 가계소득의 격차와 같은 경제적 불평등에 영향을

* 이 글은 ≪사회과학연구≫ 제32권 제2호(충북대학교 사회과학연구소, 2015.12)에 게재된「가계부채의 소득분위별 분포와 특성」을 수정·확장한 것이다.

미치는 것은 아닌가? 이 두 가지 물음에 대한 답은 가계의 소득격차와 가계부채 간의 상호 관계가 밝혀져야만 가능할 것이다. 가계의 소득격차는 가계 간 소비 수준의 격차는 물론이고, 가계수지나 금융격차를 통해 가계부채에 영향을 미칠 수 있다. 나아가 소득 증가가 뒷받침되지 않는 가계의 부채 증가는 소비의 제약과 채무불이행 증가를 통해 거시경제 안정에 영향을 미칠 수 있다.

최근 가계부채에 대한 우려는 주로 거시적 지표에 근거한 것으로 가계 부문의 평균 상환 부담, 즉 가계의 가처분소득에 대비한 금융기관 부채 비율의 증가에 근거하고 있다. 그러나 거시경제적인 측면에서 가계부채 부실이 심각하지 않더라도 특정 계층의 가계부채가 과중한 부담이나 부실 때문에 문제가 될 수 있다. 그렇다면 가계부채의 문제가 소득계층별로 어떠한 차이가 있는지부터 좀 더 면밀히 검토해볼 필요가 있다.

우리나라에서 가계부채의 계층별 특성에 관한 선행 연구를 보면 김학주(2005)는 소득계층별 가계의 부채 부담을 분석했고, 최필선·민인식(2008)은 두 연도의 노동 패널 자료를 비교하는 방법으로 연령별·소득별·자산별 가계부채 규모와 상환 부담을 분석했다. 유경원(2009)은 소득분위별 분석에 의거해 상환 위험 가구는 고소득층과 저소득층에 공존하고 있다는 점을 지적한 바 있다. 함준호(2010)는 거시경제적 충격에 따른 부실 대출의 변화 및 차환 위험을 분석해 저소득 근로자 및 고소득 자영업자가 위험 집단임을 지적하고 있다. 배영목(2011)은 거시경제적으로 가계부채 상환 부담과 관련해 문제가 되는 계층은 저소득층이라기보다는 그 영향력이 큰 최고 소득층이라고 지적하고 있다. 백은영(2012)은 2011년 가계금융조사 자료를 이용해 저소득과 고소득 집단 간의 채무 부담의 차이는 있지만, 결정 요인은 크게 다르지 않다고 주장하고 있다. 선행 연구에서 가계부채 상태가 소득계층별로 차이가 있다는 것은 단편적이지만 많이 지적되고 있고, 이에 근거해 소득계층별로 차별화된 가계부채 대응책이 제안되기도 하지만 가계부채의 소득별 격차를 금융적인 측면에서 종합적이면서 세부적으로 비교·분석한 본격적인 연구는 아직까지 없다고 할 수 있다.

외국의 선행 연구를 보면, 가계부채가 소득 분배 상태에 미치는 영향은 이자 지급 전후의 분배 지표의 변화를 비교하는 방식으로 분석되고 있다(Scott and Pressman, 2013). 반대로 소득 분배가 가계부채에 미친 영향은 실증 연구보다는 소득 분배가 어떠한 경로로 금융 경색을 유발할 수 있는지에 대한 이론적 검토가 진행되는 것에 그치고 있다(Charpe, Flaschel and Proaño, 2012). 소득 분배와 가계부채 상태와의 관련을 직접 다루지 않더라도 소득분위별로 가계부채가 어떤 차이가 있는지를 종합적으로 검토하고 가계부채의 규모와 위험을 설명할 수 있는 결정 요인을 분석해본다면 소득격차와 가계부채의 상호 관계에 대한 의문점의 상당 부분이 해소될 수도 있을 것이다.

이 장에서는 소득격차와 가계부채와의 상호 관계를 파악하는 방법의 하나로 가계금융(복지)조사 DB를 활용해 가계의 소득분위별 특성과 가계소득의 결정 요인, 가계의 소득분위별 금융격차, 가계의 소득분위별 채무 부담과 상환 불능 위험의 분포, 가계부채 규모와 위험의 결정 요인 등을 분석해보고자 한다. 첫째, 소득분위별 특성을 파악하기 위해 가계의 소득, 자산의 분포 및 그 상호 관계는 물론이고, 소득의 결정 요인을 분석한다. 둘째, 가계의 소득분위별 금융격차를 파악하기 위해 소득분위별 차입 비율, 규모, 차입 동기, 차입 방법 등을 비교·분석한다. 셋째, 가계의 소득분위별 부담과 채무불이행 위험을 파악하기 위해 과다한 상환 부담을 가진 가구와 상환 불능 가구를 소득분위별로 비교·분석한다. 마지막으로 가계 금융부채 규모와 위험의 결정 요인을 분석해 소득수준이나 소득분위가 가계의 금융부채의 규모와 위험을 설명할 수 있는, 통계적으로 의미 있는 변수인지를 점검한다.

2. 가계소득의 분포와 결정 요인

우리나라의 가계소득의 격차는 어느 정도이며, 이러한 격차가 발생하는 주요 요인은 무엇인가? 우선 가계소득이 계층별로 얼마나 차이가 나고 그 결과로 얼마나 편중되어 있는지를 파악하기 위해 가계금융조사(2012년부터 가계금융복지조사로 변경됨) DB에 의거해 2010년부터 2014년까지의 소득분위별 평균 경상소득을 제시한 것이 〈표 4-1〉이다. 이 표를 보면 경상소득은 소득분위별로 큰 격차를 보인다. 5년 평균으로는 5분위 소득은 1분위 소득의 14.3배 정도로 최저 소득층과 최고 소득층 사이의 격차가 매우 크다. 그리고 경상소득은 최고 소득층 5분위에 1/2 정도가 집중되어 있지만, 이러한 편중

〈표 4-1〉 가계의 소득분위별 평균 경상소득과 소득 집중 비율

(단위: 만 원, 괄호 안은 %)

	1분위	2분위	3분위	4분위	5분위	전체
2010	693 (3.5)	1,860 (9.4)	3,071 (15.5)	4,677 (23.6)	9,469 (47.8)	3,960 (100.0)
2011	661 (3.2)	1,878 (9.1)	3,165 (15.3)	4,893 (23.7)	10,122 (49.0)	4,131 (100.0)
2012	745 (3.5)	2,001 (9.3)	3,295 (15.3)	5,011 (23.2)	10,553 (48.9)	4,317 (100.0)
2013	754 (3.4)	2,123 (9.6)	3,533 (16.0)	5,363 (24.2)	10,850 (49.0)	4,429 (100.0)
2014	775 (3.4)	2,241 (9.8)	3,754 (16.5)	5,636 (24.7)	10,981 (48.2)	4,560 (100.0)

자료: 2010, 2011년 가구금융조사 DB, 2012, 2013, 2014년 가계금융복지조사 DB.

〈표 4-2〉 가계금융조사 가계의 소득분위별 특성 지표(5년 평균값)

	1분위	2분위	3분위	4분위	5분위	전체
남성=1, 여성=0	0.50	0.74	0.86	0.91	0.95	0.79
연령(만)	65.5	51.6	47.5	47.1	48.5	52.2
교육 연수	7.5	11.4	12.6	13.4	14.6	11.8
가구원 수	1.7	2.6	3.1	3.5	3.8	2.9

자료: 2010, 2011년 가구금융조사 DB, 2012, 2013, 2014년 가계금융복지조사 DB.

현상은 5년 동안 거의 변화가 없다고 할 수 있다.[1)]

소득분위별 가구의 특성을 파악하기 위해 가구주의 성, 연령, 교육 연수와 가구원 수를 제시한 것이 〈표 4-2〉이다. 이 표에 의하면 저소득층일수록 여성 가구주의 비중이 크며, 가구주가 고령이고 교육 수준도 낮고 가구원 수도 적다.

가계의 소득격차가 가구주의 종사상 위치와 관련될 수 있는지를 보기 위해 소득분위별 가구주의 종사상 위치, 다시 말해 각 고용 형태가 차지하는 비율을 제시한 것이 〈표 4-3〉이다. 〈표 4-3〉을 보면 소득분위별로 가구주의 고용 형태에서 큰 차이가 있음을 알 수 있다. 미취업자는 1분위 소득 계층에 집중되어 있고, 임시 일용직은 1분위·2분위 등 주로 저소득층에 집중되어 있고, 고용자영업자는 5분위·4분위 고소득층에 집중되어 있고, 상용근로자는 하위 소득보다는 중상위 소득층에 분포하고 있다.

소득격차와 부의 격차와의 상호 관계를 파악하기 위해 소득분위별 총자산

1) 가계금융조사의 소득 분포는 가계동향조사의 소득 분포보다는 양극화된 것으로 나타나고 있다. 가계동향조사에 의하면, 예를 들어 2012년의 경우 분위별 소득 비중은 1분위 6.6%, 2분위는 13.3%, 3분위는 18.1%, 4분위 23.9%, 5분위 38.1%이다. <표 4-1>과 비교해 보면, 5분위는 10.9%p 크고, 1분위는 3.1%p, 2분위가 4.0%p, 3분위 2.8%p, 4분위 0.8%p 정도 작다. 가계동향조사에서는 1인 가구가 제외되지만, 가계금융조사에서는 1인 가구도 포함되어 있다.

〈표 4-3〉 소득분위별 가구주 종사상 위치의 분포(2010~2014년간 평균)

(단위: %)

	1분위	2분위	3분위	4분위	5분위
상용근로자	2.4	15.2	23.0	28.3	31.1
임시 일용근로자	29.8	35.5	21.2	10.2	3.4
고용자영업자	1.7	6.3	14.1	25.1	52.8
1인 자영업자	16.6	23.7	23.3	21.3	15.1
기타 종사자	9.5	26.6	22.9	22.7	18.2
미취업자	61.8	17.5	10.1	6.5	4.1

자료: 2010, 2011년 가구금융조사 DB, 2012, 2013, 2014년 가계금융복지조사 DB.

〈표 4-4〉 가계의 소득분위별 총자산 집중도

(단위: 만 원, 괄호 안은 %)

	1분위	2분위	3분위	4분위	5분위	평균 자산
2010	(7.5)	(10.1)	(13.9)	(21.1)	(47.3)	30,566
2011	(7.1)	(10.6)	(14.9)	(21.8)	(45.7)	32,546
2012	(5.5)	(10.1)	(14.6)	(20.4)	(49.4)	32,161
2013	(5.8)	(10.7)	(14.8)	(21.5)	(49.0)	33,038
2014	(6.4)	(11.3)	(14.8)	(21.6)	(48.0)	33,316

자료: 2010, 2011년 가구금융조사 DB, 2012, 2013, 2014년 가계금융복지조사 DB.

의 분포를 제시한 것이 〈표 4-4〉이고, 소득분위별 순자산의 분포를 제시한 것이 〈표 4-5〉이다. 〈표 4-4〉의 소득분위별 총자산 규모의 분포와 〈표 4-5〉의 소득분위별 순자산(총자산–총부채) 규모의 분포는 매우 비슷하다. 경상소득의 분위별 분포와 비슷하지만, 총자산 또는 순자산의 저소득층, 즉 1분위와 2분위 소득분위의 집중도는 경상소득의 집중도보다 다소 높다. 〈표 4-1〉과 비교해보면, 소득 1분위의 자산 집중도는 경상소득 집중도의 2배 정도 된다. 이것은 소득빈곤층의 고령층 일부가 자산을 어느 정도 가진 결과로 보인다.

소득분위별 경상소득·총자산·순자산 규모의 집중도 분석을 통해 나타난 자산격차는 당연히 담보력의 차이를 통해 금융시장으로의 접근성 같은 금융

〈표 4-5〉 가계의 소득분위별 순자산 집중도

(단위: 만 원, 괄호 안 %)

	1분위	2분위	3분위	4분위	5분위	순자산
2010	(8.1)	(10.2)	(13.9)	(21.0)	(46.6)	25,828
2011	(7.4)	(10.8)	(15.0)	(21.6)	(45.4)	26,863
2012	(5.9)	(10.2)	(14.5)	(20.5)	(48.9)	26,949
2013	(6.2)	(10.8)	(15.0)	(21.3)	(48.4)	27,381
2014	(6.9)	(11.5)	(14.9)	(21.3)	(47.3)	27,562

자료: 2010, 2011년 가구금융조사 DB, 2012, 2013, 2014년 가계금융복지조사 DB.

〈표 4-6〉 소득분위별 총자산과 순자산 분위 분포(2010~2014년간 평균)

(단위: %)

	경상소득	1분위	2분위	3분위	4분위	5분위
총자산	1분위	**48.3**	31.5	15.1	5.2	0.8
순자산		**46.1**	30.8	15.3	6.6	2.0
총자산	2분위	26.3	**27.4**	27.4	15.8	3.8
순자산		25.0	**26.7**	27.2	16.1	4.7
총자산	3분위	13.9	19.0	**26.8**	27.3	13.2
순자산		15.8	19.2	**26.1**	26.4	12.9
총자산	4분위	7.5	13.2	18.4	**30.6**	28.8
순자산		8.4	13.7	18.5	**29.8**	28.2
총자산	5분위	3.9	8.9	12.3	21.1	**53.4**
순자산		4.6	9.5	12.9	21.1	**52.1**

자료: 2010, 2011년 가구금융조사 DB, 2012, 2013, 2014년 가계금융복지조사 DB.

격차로 발전할 것이다. 그런데 소득분위별 총자산과 순자산의 분포를 더 구체적으로 보고자 소득분위별 총자산과 순자산의 분위를 제시한 것이 〈표 4-6〉 이다. 이 표를 보면 소득분위와 자산분위가 일치하는 가구의 비율이 가장 높은 것은 소득 5분위와 자산 5분위이고, 그다음이 소득 1분위와 자산 1분위, 이어 소득 4분위와 자산 4분위이다. 최고 소득층의 1/2 이상이 최고 부유층이고 최저 소득층의 1/2 정도가 최저 빈곤층이지만, 중위 소득층에서 자산의 분위가 소득의 분위와 일치하는 경우는 1/4을 넘는 정도에 그치고 있다. 따라서 빈부격차는 소득격차와 밀접히 상관되어 있다고 할 수 있다.

그러면 어떤 가구가 더 많은 소득을 가지고 있는가? 다시 말해 가계소득의 격차를 초래하는 주요한 요인은 무엇이라고 할 수 있는가? 가계의 경상소득의 결정에 영향을 미치는 요인으로 가구주의 성, 연령, 교육 수준, 종사상의 위치, 가구원 수, 순자산 등을 고려한다. 여기서 가계소득은 일정 연령까지 증가하다가 감소하는 일반적 특성을 감안해 연령 제곱을 추가한다.

$$Y_{it} = \alpha + \sum_j \beta_j X_{jit} + \mu_i + \epsilon_{it} \qquad (1)$$

패널 자료 구성이 가능한 2012년, 2013년, 2014년 가계금융복지조사 DB를 사용해 경상소득에 영향을 미치는 변수와 그 정도를 분석하고 확률효과 모형을 이용해 GLS 회귀분석한 결과가 〈표 4-7〉에 제시되어 있다. 이 모형에 의하면 통계적으로 유의한 가구 특성 변수는 남성(+) 연령(+), 연령 제곱(-), 교육 연수(+), 가구원 수(+), 순자산(+)이며, 종사상 위치 더미변수로는 상용근로자를 비교 기준으로 하여 임시·일용근로자(-), 고용자영업자(+), 1인 자영업자(-), 무급 종사자(1), 미취업자(-) 등이다.

이상의 분석 결과에 따르면 경상소득은 가구주가 남성일수록 많고, 가구주가 54.5세가 될 때까지 증가하다가 감소하며, 교육 연수가 길수록 증가하고, 가구원 수가 많을수록 증가하며, 순자산이 많을수록 증가하는 것으로 나타났다. 그리고 상용근로자에 비해 무급 종사자, 미취업자, 임시 일용근로자 순서로 경상소득이 적고, 고용자영업자는 도리어 많은 것으로 나타났다. 특히 주목할 것은 순자산의 3.5% 정도가 경상소득의 격차로 나타나고 있다는 점이다. 따라서 경상소득의 격차는 가구주 성별, 교육격차, 종사상 위치의

〈표 4-7〉 가계 경상소득의 결정 요인 패널 GLS 분석 결과

설명변수		확률효과	
설명변수		계수	Z값
성별(남성=1, 여성=0)		335.1***	5.51
연령(연)		145.3***	11.30
연령(연)^2		-1.334***	-11.33
교육 연수(연)		124.0***	16.36
가구원 수(명)		677.9***	30.48
순자산(만 원)		0.0345***	67.85
종사상 위치 더미	임시·일용근로자	-976.8***	-16.63
	고용자영업자	901.6***	10.30
	1인 자영업자	-671.8***	-10.90
	무급 종사자	-1,431.6*	-1.96
	기타 종사자	-155.4	1.00
	미취업자	-1,397.0***	-21.65
	상용근로자		
상수		-3,366.4***	-9.79
R2	within	0.0587	
	between	0.5295	
	overall	0.4736	
총관측 수		28,175	
그룹 수		10,269	

주: ***는 p값 < 0.01, **는 p값 < 0.05, *는 값 <0.1.

차이, 순자산의 차이, 연령대 등과 같은 다양한 요인이 복합되어 나타나고 있다고 할 수 있다.

3. 가계의 소득분위별 금융격차

가계금융은 가계주의 직업, 소득, 자산, 고용 형태 등 다양한 요인에 의해 영향을 받지만, 가장 큰 영향을 미칠 수 있는 요인은 가계의 부와 소득일 것이다. 그런데 앞에서 검토했듯이 가계의 부(순자산)는 소득과 높은 상관관계를 맺고 있기 때문에 소득을 기준으로 가계금융의 격차를 검토해볼 필요가 있다. 특히 가계의 소득과 부는 가계의 금융시장에의 접근성을 결정하는 핵심적 요소이므로, 이로 인한 차이부터 검토해볼 필요가 있다.

가계부채는 부동산 임대로 발생한 임대보증금과 차입에 따라 발생한 금융부채로 구분할 수 있다. 가계금융조사에서 금융부채는 담보대출, 신용대출, 신용카드 관련 대출, 외상 및 기타 부채이고, 기타 부채에는 곗돈 미불입금 등이 포함된다. 이와 같이 상환 부담이나 상환 불능에서 임대보증금이 문제가 되는 경우는 별로 없기 때문에 이 연구에서는 차입에 따라 발생한 금융부채를 중심으로 논의할 것이다.

가계금융조사 대상 가구 중에서 금융부채를 진 가구의 소득분위별 비율이 〈표 4-8〉에 제시되어 있다. 이 표를 보면 금융부채를 지고 있는 가구의 비율은 소득분위별로 차이를 보인다. 5년간 평균값을 기준으로 보면 평균이 57.3%인데, 평균값보다 높은 3분위, 4분위, 5분위 가구는 모두 5년 동안 평균 비율보다 높은 반면에 1분위와 2분위는 평균 비율보다 낮고, 특히 1분위는 평균 비율의 1/2 수준도 되지 않는다. 여기서 1분위 소득에 속하는 이른바 최저 소득층은 어떠한 방식으로든 금융시장에 접근하기가 어려운 이른바 '금융소외층'이라고 할 수 있을 것이다.

금융부채 가구의 평균 차입액이 〈표 4-9〉에 제시되어 있다. 부채가구액의 평균 차입액 즉 금융부채액을 보면, 2011년에 급증한 것을 예외로 하면

〈표 4-8〉 소득분위별 금융부채 가구의 비율

(단위: %)

	1분위	2분위	3분위	4분위	5분위	전체
2010	23.6	51.3	60.2	66.5	66.6	53.6
2011	28.3	54.2	62.2	69.6	68.7	56.4
2012	26.8	56.1	69.2	73.8	72.9	59.5
2013	27.8	57.5	70.0	74.0	72.3	59.4
2014	26.6	55.3	67.7	71.9	71.4	57.6
평균	26.6	54.9	65.9	71.2	70.4	57.3

자료: 2010, 2011년 가구금융조사 DB, 2012, 2013, 2014년 가계금융복지조사 DB.

〈표 4-9〉 금융부채 가구의 평균 차입액과 분위별 비중

(단위: 만 원, 괄호는 %)

	1분위	2분위	3분위	4분위	5분위	전체
2010	(3.7)	(9.6)	(13.6)	(22.2)	(50.8)	3,171
2011	(6.2)	(9.8)	(14.4)	(22.7)	(47.1)	3,916
2012	(3.7)	(9.3)	(15.6)	(20.6)	(50.9)	3,625
2013	(3.5)	(10.3)	(14.5)	(24.0)	(49.8)	3,898
2014	(3.6)	(10.1)	(15.4)	(24.2)	(49.2)	3,957
평균	(4.1)	(9.8)	(14.7)	(22.7)	(49.5)	3,715

자료: 2010, 2011년 가구금융조사 DB, 2012, 2013, 2014년 가계금융복지조사 DB.

3,000만 원 수준에서 점차 증가하고 있다. 최고 소득층의 차입액은 전체 차입액의 49%, 즉 1/2에 가까울 정도로 그 비중이 절대적이다. 1분위, 2분위를 합치면 전체 3/4 정도가 되고, 1분위 최저 소득층의 차입액은 4%, 즉 1/25에 불과하다. 따라서 최고 소득층의 금융 상태가 거시경제적으로 가장 중요한 변수인 반면에, 금융시장 전체로는 최저 소득층의 금융 상태는 무시해도 좋을 정도로 그 영향력이 미미하다고 할 수 있다.

가계의 차입 동기를 파악하기 위해 가계 금융부채의 용도별 가구 비율을 소득분위별로 비교해볼 필요가 있다. 2010년에서 2014년 사이에 금융부채

〈표 4-10〉 금융부채 가구의 차입동기별 해당 가구의 5년간 평균 비율(2010~2014년간)

(단위: %)

	1분위	2분위	3분위	4분위	5분위	전체
거주 주택 마련	17.5	20.5	28.0	33.7	35.4	28.7
기타 부동산 구입	2.6	4.2	5.2	8.2	15.8	8.1
전월세 보증금	9.1	10.8	11.9	10.4	8.0	10.1
사업 자금	17.8	19.1	18.3	19.4	23.0	19.8
증권 투자	1.5	1.4	1.5	2.2	2.6	1.9
부채 상환	8.0	9.1	7.5	7.7	8.4	8.1
결혼 비용	1.7	1.9	1.7	1.1	1.1	1.4
의료 비용	5.5	2.6	1.5	1.0	0.4	1.7
교육 비용	5.8	6.9	5.6	6.2	6.2	6.2
기타 생활비	33.9	30.1	27.6	25.0	20.8	26.4

자료: 2010, 2011년 가구금융조사 DB, 2012, 2013, 2014년 가계금융복지조사 DB.

가구 중에서 각 자금 용도별 가구 비율을 분석해 소득분위별로 제시한 것이 〈표 4-10〉이다. 이 분석에 따르면 차입의 동기는 거주 주택 구입 28.7%, 기타 생활비 26.4%, 사업 자금 19.8%, 전월세 보증금 10.1%, 부채 상환 8.1% 순서이다. 최저 소득층의 경우는 생활비(33.9%), 사업 자금 마련(17.8%), 거주 주택 구입(17.5%) 순서이고, 최고 소득층의 경우는 거주 주택 마련(28.7%), 기타 생활비(26.4%), 사업 자금(19.8%) 순서이다. 차입의 주요 동기는 소득분위별로 큰 차이가 없지만, 저소득층일수록 생활비를 마련하기 위해 차입하는 가구가 상대적으로 많고, 고소득층일수록 주택 구입이나 기타 부동산 투자를 위해 차입하는 가구가 많다고 할 수 있다.

금융부채 가구의 평균 부채 금액이 소득분위별·용도별로 얼마나 다른지를 보여주기 위해 소득분위별·차입동기별 평균 차입액을 제시한 것이 〈표 4-11〉이다. 2010년부터 2014년까지 5년간 부채가구당 평균 차입액은 3,500만 원 정도 되지만, 용도별로 차입 금액에서 큰 차이를 보이고 있다. 차입 금

〈표 4-11〉 금융부채 가구의 소득분위별·차입동기별 5년간 평균 차입액(2010~2014년간)

(단위: 만 원)

	1분위	2분위	3분위	4분위	5분위	전체
거주 주택 마련	2,935	4,514	5,305	7,326	10,425	6,823
기타 부동산 구입	5,315	8,015	8,796	11,784	18,350	13,388
전월세 보증금	1,560	2,069	2,815	3,948	5,812	3,254
사업 자금	3,541	4,034	5,577	7,856	21,284	9,745
증권 투자	9,192	2,313	2,283	4,237	5,878	4,395
부채 상환	2,703	2,794	4,415	5,619	9,859	5,275
결혼 비용	1,594	2,673	3,683	4,110	4,926	3,431
의료 비용	800	1,960	1,693	2,412	5,506	1,825
교육 비용	1,440	1,285	1,322	2,051	2,413	1,712
기타 생활비	1,354	1,188	1,368	1,648	2,064	1,480

자료: 2010, 2011년 가구금융조사 DB, 2012, 2013, 2014년 가계금융복지조사 DB.

액 순서로 보면 기타 부동산 구입, 사업 자금, 거주 주택 마련이 상대적으로 거액이고, 기타 생활비, 교육비, 의료비 등이 상대적으로 소액이다. 이러한 용도별 금액은 소득분위가 높아지면서 증가하는데, 4분위·5분위의 사업 자금, 주택 구입, 기타 부동산 구입의 차입액이 특히 많은 것으로 나타나고 있다. 이는 가계부채가 부동산 버블 붕괴나 경기 침체 시에 문제가 될 가능성이 높다는 점을 시사하고 있다.

가계가 차입 시 주로 이용하는 금융기관은 은행, 상호금융 등의 비은행 금융기관, 신용카드 회사 순서이며, 은행을 이용하는 비중이 특히 압도적이다. 〈표 4-12〉에서 차입 대상을 소득분위별로 비교해보면 몇 가지 특징이 있다. 은행은 모든 소득분위가 가장 보편적으로 이용하는 금융기관이지만, 이에 해당하는 가구의 비율은 소득분위가 높아질수록 많아진다. 즉 1분위 소득층은 38.8%에 불과하지만, 5분위 소득층은 71.8%에 이른다. 비은행 금융기관은 큰 차이는 아니지만 소득분위가 낮아질수록 해당 가구 비율이 커

〈표 4-12〉 금융부채 가구의 차입기관별 해당 가구 5년간 평균 비율(2010~2014년간)

(단위: %)

	1분위	2분위	3분위	4분위	5분위	전체
은행	38.8	46.9	55.6	63.5	71.8	58.2
저축은행	1.1	1.8	2.0	1.9	1.9	1.8
비은행 금융기관	17.6	14.7	12.1	12.0	10.6	12.7
보험증권 여신 전문기관	8.4	9.3	9.9	8.4	5.9	8.3
대부업체	1.8	1.6	1.2	0.7	0.4	1.0
사금융 기타 대출	17.1	10.2	8.6	8.9	8.6	9.8
신용카드 회사	13.2	16.0	12.3	9.2	6.1	10.8

자료: 2010, 2011년 가구금융조사 DB, 2012, 2013, 2014년 가계금융복지조사 DB.

진다. 신용카드 회사, 대부업체, 사금융을 이용하는 비율은 소득분위가 낮아질수록 커진다. 따라서 고신용자를 대상으로 하면서 상대적으로 낮은 금리를 적용하는 은행은 고소득층 가구와 거래할 가능성이 상대적으로 높고, 저신용자를 대상으로 하면서 상대적으로 높은 금리를 적용하는 대부업체, 신용카드 회사, 개인 회사 등 사금융 기구는 저소득층 가구와 거래할 가능성이 상대적으로 높다고 할 수 있다.

가계의 차입 방법은 부동산 담보대출, 기타 담보대출, 신용대출, 신용카드 대출, 외상 할부, 곗돈 등으로 구분하고 있다. 〈표 4-13〉을 보면 가계가 차입 시 가장 보편적으로 이용하는 방법이 부동산 담보대출, 신용대출, 외상대출 순서이고, 상대적으로 금액이 많은 차입 방법은 부동산 담보대출이다. 소득분위별로 보면 고소득층일수록 자산 부유층으로 부동산 대출로 차입하는 가구의 비율은 높고, 저소득층일수록 신용카드 대출의 비중이 높아지는 것으로 나타나고 있다.

〈표 4-13〉 금융부채 가구의 차입 방법별 해당 가구 비율과 평균 부채액(2010~2014년간)

(단위: 만 원, 괄호는 %)

		1분위	2분위	3분위	4분위	5분위	전체
부동산 담보대출	비율	(34.7)	(37.3)	(44.3)	(51.3)	(61.0)	(47.8)
	금액	2,341	2,877	2,584	2,723	2,799	2,664
기타 담보대출	비율	(18.9)	(18.2)	(19.5)	(18.0)	(15.4)	(17.8)
	금액	268	264	322	382	407	329
신용 대출	비율	(39.5)	(38.3)	(37.7)	(41.9)	(45.4)	(40.9)
	금액	465	653	592	664	637	602
신용카드 대출	비율	(14.2)	(17.0)	(13.5)	(9.9)	(6.7)	(11.7)
	금액	42	47	48	53	54	49
외상 할부	비율	(22.7)	(37.2)	(42.0)	(42.2)	(38.0)	(38.3)
	금액	55	69	76	73	59	66
곗돈	비율	(0.7)	(0.9)	(1.0)	(1.0)	(1.0)	(1.0)
	금액	4	6	4	3	3	4

자료: 2010, 2011년 가구금융조사 DB, 2012, 2013, 2014년 가계금융복지조사 DB.

4. 가계의 소득분위별 상환 부담과 상환 불능 위험

가계는 금융부채가 소득이나 자산에 비해 과도한 경우, 바꾸어 말해 상환 부담이 임계치를 넘어서면 상환 불능(채무불이행) 상태에 직면할 수 있다. 가계부채의 상환 부담을 측정하는 지표로서 가장 빈번히 이용되는 지표는 DSR[Debt Service Ratio, 연상환액(이자 포함)/가처분소득]이다. 이 지표는 상환 방식 또는 상환 기간에 따라 큰 차이를 보일 수 있기 때문에 부채의 상환 부담을 부채를 소득이나 자산과 대비해 측정할 수 있는데, 소득과 대비한 지표가 DTI(Debt to Income, 금융부채/가처분소득)이고 자산과 대비한 지표가 DTA(Debt to Asset, 총부채/총자산)이다.[2]

2) DTA에서 부채를 총부채로 정의하는 것은 총자산과 대비되는 것이 금융부채가 아닌 총부

〈표 4-14〉 상환 부담 지표별 과부담 가구의 소득분위별 비율

(단위: %)

지표	연도	1분위	2분위	3분위	4분위	5분위	전체
DSR ≥ 40%	2010	24.1	19.5	13.3	12.3	10.0	14.3
	2011	29.2	22.6	16.9	14.4	11.1	17.2
	2012	21.3	17.7	14.3	9.6	11.5	13.7
	2013	29.7	22.1	14.9	13.7	13.5	17.2
	2014	20.8	20.2	16.1	13.7	13.5	16.2
	평균	25.0	20.4	15.1	12.7	11.9	15.7
DTI ≥ 300%	2010	31.0	15.7	9.7	7.1	9.9	12.1
	2011	33.6	15.8	10.9	10.3	10.2	13.8
	2012	25.9	13.4	8.9	6.5	9.3	10.8
	2013	31.6	14.4	8.5	8.7	9.2	12.2
	2014	30.0	14.3	9.3	7.8	8.7	11.9
	평균	30.4	14.7	9.5	8.1	9.5	12.2
DTA ≥ 70%	2010	27.0	16.6	8.8	4.9	5.2	10.0
	2011	20.2	13.5	8.2	5.6	3.7	8.8
	2012	27.6	15.9	7.7	4.8	3.8	9.4
	2013	25.2	14.7	7.4	5.4	3.3	9.2
	2014	24.5	17.4	7.4	4.8	3.4	9.5
	평균	24.9	15.6	7.9	5.1	3.9	9.4

자료: 2010, 2011년 가구금융조사 DB, 2012, 2013, 2014년 가계금융복지조사 DB.

사실 각 지표에서 어느 정도가 임계 수준인지에 대한 명확한 기준이 없다. 부채 상환 부담에 관한 선행 연구인 김우영·김현정·김기호(2009)에 의하면, 임계 수준은 우리나라에서 DSR 40%, DTI 300%, DTA는 70%로 설정하는 것이 적절하다고 보고 있고, 다른 연구도 이 임계치를 적용하고 있다. 금융부채를 보유한 가구 중에서 상환 부담이 과도해 각 지표별로 임계치를 넘어선 가구를 과부담 가구라고 할 수 있다. 이 임계치는 다소 부정확하더라

채(임대보증금+금융부채)이기 때문이다.

도 집단별 비교에서는 큰 문제가 되지 않는다.

금융부채 보유 가구 중에서 과부담 가구가 차지하는 비율이 소득분위별로 어떻게 달라지는지를 상환 부담 지표별로 제시한 것이 〈표 4-14〉이다. 여기서는 상환 부담과 관련해 가처분소득을 이용해야 하나 5년간 소득 지표의 일관성을 유지하기 위해 대리변수로 경상소득을 이용한다.

금융부채 가구의 현재의 상환 부담을 시사하는 DSR(연상환액/경상소득)이 40%를 넘어서는 과부담 가구의 비중을 보면 연도별로 차이는 있지만, 소득분위가 낮아질수록 대부분 DSR 비율이 증가하고 있다. 이 임계치를 넘어서는 소득분위별 가구의 5년간 평균 비율은 1분위 25.0%, 2분위 20.4%, 3분위 15.1%, 4분위 12.7%, 5분위 11.9%이다. 따라서 DSR로 측정한 현재의 상환 부담은 소득분위가 낮아질수록 과부담 가구의 비율이 높아진다고 할 수 있다.

금융부채 가구의 미래의 상환 부담을 시사하고 있는 DTI(금융부채/경상소득)가 300%를 넘어서는 과부담 가구의 비율을 보면 연도별로 차이는 있지만, 소득분위가 낮을수록 대체로 늘어난다. 하지만 3분위·4분위·5분위 간에는 차이가 잘 나타나지 않고, 2분위부터 크게 늘어나다가 1분위에서는 급격히 늘어난다. 이 임계치를 넘어서는 소득분위별 가구의 5년간 평균 비율은 1분위 30.4%, 2분위 14.7%, 3분위 9.5%, 4분위 8.1%, 5분위 9.5%이다. 따라서 DTI로 측정한 과부담 가구는 주로 저소득층에 집중되어 있다고 할 수 있다.

현재 담보로 작용할 수 있는 자산가치와 대비한 부채액의 부담 비율인 DTA(총부채/총자산)가 70%를 넘어서는 과부담 가구의 비중을 보면, 추세상 큰 변화는 없다. 하지만 소득분위가 낮아질수록 임계치를 넘어서는 가구의 비율이 증가하는데, 특히 2분위부터 급증하고 있다. 이 임계치를 넘어서는 소득분위별 가구의 5년간 평균 비율은 1분위 24.9%, 2분위 15.6%, 3분위 7.9%, 4분위 5.1%, 5분위 3.9%이다. 따라서 DTA로 측정한 현재의 상환 부

〈표 4-15〉 금융부채 가구 중 소득분위별 상환 불능 가구의 비율

(단위: %)

	1분위	2분위	3분위	4분위	5분위	전체
2010	22.8	11.2	5.2	3.8	3.3	7.0
2011	22.1	10.8	6.4	4.4	2.2	7.3
2012	24.1	10.8	6.1	3.4	2.3	7.0
2013	22.9	12.2	7.0	5.2	3.0	8.2
2014	20.9	9.1	7.0	4.3	1.9	7.0
평균	22.6	10.8	6.3	4.2	2.5	7.3

자료: 2010, 2011년 가구금융조사 DB, 2012, 2013, 2014년 가계금융복지조사 DB.

담이 과도한 가구도 주로 저소득층에 집중되어 있다고 할 수 있다.

가계금융복지조사에서 금융부채(대출)의 상환 여부에 대한 응답의 결과는 기간 내 상환 가능, 연기 후 상환 가능, 상환 불능 등 세 가지로 구분할 수 있다. 개별 가계의 금융부채 상환 여부에 대한 응답은 가구주는 파악하고 있겠지만 외부자는 파악하기 쉽지 않은 재무 상태와 상환 능력은 물론이고, 가구주의 채무 이행 의지까지 망라된 채무불이행 위험을 알려주는 정보이다. 따라서 주관적 판단이기는 하지만, 상환 불능이라고 대답한 가구를 상환 불능 상태에 빠진 위험 가구라고 정의하고자 한다.

금융부채 가구 중에서 상환 불능 상태에 있는 가구의 비율이 소득분위별로 얼마나 달라지고 있는지를 제시한 것이 〈표 4-15〉이다. 이 표에 의하면 5년 평균 비율은 1분위 22.6%, 2분위 10.8%, 3분위 6.3%, 4분위 4.2%, 5분위 2.5%로 소득분위가 낮아질수록 높아지고 있다. 이러한 특징은 5년간 일관되게 나타나고 있다. 따라서 소득분위가 낮아질수록 상환 불능 가구의 비율이 증가한다고 할 수 있다.

5. 가계 금융부채의 규모와 상환 불능 위험의 결정 요인

가계의 금융부채 금액, 즉 차입 금액은 가계의 금융시장에의 접근성을 측정하는 주요한 지표가 될 수 있다. 따라서 소득격차가 가계 금융에 미치는 영향을 보기 위해서는 가계의 금융부채 규모를 결정하는 요인이 무엇인지부터 분석할 필요가 있다. 가계의 금융부채 규모에 영향을 미치는 요인으로 다음과 같은 요인을 고려할 수 있다.

가구 특성 변수를 X로 설정하고, 상환 능력에 따라 차입 금액이 달라질 수 있으므로 상환 능력 변수를 Y로 설정한다. 가구 특성 변수 X로는 성별, 연령, 연령 제곱, 교육 연수, 가구원 수를 고려하고, 상환 능력 변수 Y로는 경상소득, 실물자산 등을 고려한다. 그리고 가계의 자금 조달 방식에 따라 대출 한도가 큰 차이를 보일 수 있으므로 해당 가구의 자금 조달 방식 M도 더미변수로 설정한다. 여기서 종속변수 B는 0보다 큰 값만 관찰되고 0보다 작은 값은 관찰되지 않거나 모두 0으로 관찰되는 변수이기 때문에, 다음과 같은 토빗 모형(tobit model)을 적용해 회귀분석을 한다.

$$B_{it} = \alpha + \sum_j \beta_j X_{jit} + \sum_l \theta_l Y_{lit} + \delta_k \sum_k M_{kit} + \epsilon_{it} \quad \cdots\cdots (2)$$

종속변수: 금융부채액 $B > 0$인 경우 $B = B^*$, 금융부채액 $B \le 0$인 경우 $B_{it} = 0$

설명변수: X_{jit} 가계 특성 변수

Y_{lit} 상환 능력 변수

M 차입 방식 더미변수

가계금융복지조사 패널 3년간 자료를 이용해 회귀분석한 결과가 〈표 4-16〉에 제시되어 있다. 통계적으로 유의한 변수는 모형 1에 의하면 가구 특성 변수로 연령(+), 연령 제곱(-), 가구원 수(+), 미취업자(-) 등이 있고, 상

〈표 4-16〉 가계 금융부채액 결정 요인 확률효과 토빗 모형 회귀분석 결과

설명변수		모형 1		모형 2		모형 3	
		계수	p값	계수	p값	계수	p값
성별 (남성=1, 여성=0)		-74.570		-205.65		-611.81	**
연령(연)		837.65	***	842.39	***	377.78	***
연령^2(연)		-10.055	***	-10.042	***	-4.9706	***
교육 연수(연)		-19.900		-22.955		-32.310	
가구원 수(명)		1279.5	***	1247.9	***	189.43	*
미취업=1, 취업=0		-2011.3	***	-1919.1	***	-840.52	***
실물자산(만 원)		0.14299	***	0.14734	***	0.12110	***
경상소득(만 원)		0.20193	***			0.22374	***
가구 소득 분위 더미	1분위			-1611.2	***		
	2분위			-567.5	**		
	3분위						
	4분위			423.9	*		
	5분위			716.3	**		
금융 차입 방식 가구 더미	부동산 담보대출					11,065	***
	기타 담보대출					6,778	***
	신용대출					6,351	***
	신용카드 대출					2,889	***
	외상					3,537	***
	곗돈					2,998	***
상수		-23,642	***	-22,020	***	-16,756	***
총관측 수(그룹 수)		28,175		28,175		24,388	
좌측 절단 수		11,558		11,558		7,771	
비절단 수		16,617		16,617		16,617	
Log likelihood		-183,015.15		-183,024.49		-179,015.22	
Wald Chi(2)		5,597.06		5,544.25		11,638.52	

주: ***는 p값 < 0.01, **는 p값 < 0.05, *는 값 <0.1.

환 능력 변수로 경상소득(+), 실물자산(+) 등이 있다. 모형 2에 의하면 가구 특성 변수로는 연령(+), 연령 제곱(-), 가구원 수(+), 미취업자(-) 등이고, 상환 능력 변수로는 경상소득(+) 등이며, 중간 분위인 3분위에 비교해 1분위(-)·2분위(-)이고 4분위(+)·5분위(+) 등이다. 모형 3에 의하면 통계적으로 유의한 가구 특성 변수는 연령(+), 연령 제곱(-), 가구원 수(+), 미취업자(-) 등이고, 상환 능력 변수는 경상소득(+), 실물자산(+) 등이며, 자금 조달 방식 더미변수로는 모두 +이지만 그 계수는 부동산 담보대출, 기타 담보대출, 신용대출, 외상, 곗돈, 카드대출 순서로 큰 것으로 나타났다.

이 분석 결과를 보면 첫째, 금융부채액은 연령이 많을수록 늘어나지만 대략 42세 이후에는 도리어 줄어들고, 가구원이 많을수록 늘어나며 가구주가 미취업 상태일수록 줄어드는 것으로 나타났다. 둘째, 가계의 경상소득이 많을수록, 실물자산의 보유 규모가 클수록 늘어나는 것으로 나타났다. 소득분위별로 보면 중간 소득분위(3분위)에서 상위 분위로 갈수록 채무 금액이 더 늘어나며 하위 분위로 갈수록 줄어들지만, 하위 소득분위 특히 1분위 소득분위가 될 때 크게 줄어드는 것으로 나타났다. 셋째, 대출 방식은 부동산 담보대출, 기타 담보대출, 신용대출, 외상, 곗돈, 신용카드 대출 순서로 차입 금액이 큰 것으로 나타났다.

가계의 금융부채 상환 불능 위험에 소득수준이 어떤 영향을 미치는지는 물론이고 이에 영향을 미치는 요인이 무엇인지를 밝히고 나아가 대출 용도가 상환 불능 위험과 관련되어 있는지를 밝히기 위해, 가계의 상환 불능 여부에 영향을 미칠 수 있는 가구의 특성, 상환 능력, 상환 부담과 관련되는 변수, 차입 자금 용도 중에서 어떤 설명변수가 가계의 상환 불능 여부에 관련되는 변수인지를 회귀분석을 통해 검증할 필요가 있다. 이 분석을 위해 모형은 다음과 같이 구성한다.

첫째, 종속변수로는 가구주의 상환 불능 판단에 의거해 상환 불능 가구는 1, 상환 가능 가구는 0으로 설정한다. 둘째, 가구 특성 변수로서 가구주의 성별, 연령, 연령 제곱, 교육 연수, 가구원 수 등을 설정한다. 셋째, 상환 능력 설명변수로 경상소득, 금융자산 등의 상용 로그값을 설정한다. 넷째, 가계의 금융부채 상환 부담의 설명변수로는 상환 부담은 임계치를 초과할 경우에만 영향을 미친다는 점을 고려해 지표별로 DTI≥300%, DTA≥70%, DSR≥40%에 해당하는 가구는 1, 해당되지 않는 가구는 0으로 설정한 더미변수를 이용한다. 마지막으로 해당 대출금 용도 가구 여부를 더미변수로 설정한다.

$$D_{it} = \ln\left[\frac{F(x)}{1-F(x)}\right] = \sum_j \beta_j X_{jit} + \sum_k \gamma_k Y_{kit} + \sum_l \delta_l B_{lit} + \sum_m \theta_m U_{it} + \epsilon_{it} \quad \cdots(3)$$

종속변수: 상환 불능 가구 $D=1$, 상환 가능 가구: $D=0$

설명변수: X 가구 특성 변수(가구주 성별, 연령, 교육 연수, 가구원 수)

Y 상환 능력 변수(Log_{10} 경상소득, Log_{10} 실물자산, Log_{10} 금융자산)

B 지표별 상환과 부담 가구 변수 $B_i = 1$, 기타 가구 $B_i = 0$

($DSR \geq 40\%$, $DTI \geq 300\%$, $DTA \geq 70\%$)

U 대출금 용도 더미변수

소득수준이 가계부채의 상환 불능에 과연 영향을 미치는지를 분석하기 위해 먼저 가구 특성, 상환 부담, 상환 능력 등을 고려한 로지스틱 모형을 이용해 회귀분석한 한 다음, 대출 용도 변수를 추가해 같은 방법으로 회귀분석한 결과가 〈표 4-17〉이다. 이 모형 4에 의하면 통계적으로 유의한 변수는 가구 특성 변수로 남성(-) 연령(+), 연령 제곱(-), 교육 연수(-), 가구원 수(+) 등이며, 상환 능력 변수로 금융자산(-), 실물자산(-), 경상소득(-) 등이고, 지표별 과부담 가구 변수로는 DTI 기준 과부담 가구(+)와 DTA 기준 과부담

〈표 4-17〉 가계부 상환 불능 결정 요인 확률효과 로짓 회귀분석 결과

설명변수		모형 4		모형 5		모형 6	
		계수	p값	계수	p값	계수	p값
성별(남성=1, 여성=0)		-0.3128	**	-0.3236	**	-0.3128	**
연령(연)		0.1280	***	0.1305	***	0.1280	***
연령^2(연)		-0.00094	***	-0.00094	***	-0.00094	***
교육 연수(연)		-0.0369	**	-0.0263	*	-0.0369	**
가구원 수(명)		0.2322	***	0.2521	***	0.2322	***
미취업=1 취업=0		0.1273		0.1523		0.1273	
Log_{10}(금융자산, 만 원)		-0.7241	***	-0.6815	***	-0.7241	***
Log_{10}(실물자산, 만 원)		-0.1736	**	-0.1138		-0.1736	**
Log_{10}(경상소득, 만 원)		-0.4291	**			-0.4291	**
$DTI \geq 3.0$ 가구=1		1.4032	***	1.3911	***	1.4032	***
$DSR \geq 0.4$ 가구=1		0.1832		0.1814		0.1832	***
$DTA \geq 0.7$ 가구=1		1.2056	***	1.2445	***	1.2056	***
소득 분위 더미	1분위			0.0042			
	2분위			0.0155			
	3분위						
	4분위			-0.3404	**		
	5분위			-0.8968	***		
차입 용도 해당 가구 더미	거주 주택 구입					0.3591	***
	기타 부동산 구입					0.1787	
	전월세 보증금					0.6297	***
	사업 자금					0.8353	***
	증권 투자					0.3994	*
	부채 상환					0.0188	
	결혼 비용					-0.5878	
	의료 비용					0.5363	*
	교육 비용					-0.1769	
	기타 생활비					0.7875	***
상수		-3.4590	***	-5.4037	***	-3.4590	***
총관측 수(그룹 수)		15,289		15,289		15,289	
Log likelihood		-2,959.12		-2,944.83		-2,904.60	
Wald Chi(2)		620.01		620.01		665.88	

주: ***는 p값 < 0.01, **는 p값 < 0.05, *는 값 <0.1.

가구(+) 등이다. 소득수준 대신 소득분위를 고려한 모형 5에 의하면 통계적으로 유의한 변수는 가구 특성 변수로 남성(-) 연령(+), 연령 제곱(-), 교육 연수(-), 가구원 수(+)가 있으며, 상환 능력 변수로 금융자산(-), 지표별 과부담 가구 변수로 DTI 기준 과부담 가구(+)와 DTA 기준 과부담 가구(+) 등이 있고 중간 소득 3분위를 기준으로 4분위(-), 5분위(-) 등이다. 또한 대출 용도까지 고려한 모형 6에 의하면 가구 특성 변수로는 남성(-) 연령(+), 연령 제곱(-), 교육 연수(-), 가구원 수(+), 상환 능력 변수로는 금융자산(-), 실물자산(-), 경상소득(-) 등, 지표별 과부담 가구 변수로는 DTI·DSR·DTA 기준 과부담 가구(+) 등, 대출 용도 더미로는 기타 생활비(+), 사업 자금(+), 전월세 보증금(+), 거주 주택 구입(+), 증권 투자(+), 의료 비용(+) 등이 통계적으로 유의한 것으로 나타났다.

이상의 회귀분석 결과를 해석하자면 다음과 같다. 첫째, 가구주가 여성일수록, 가구원이 많은 가구일수록, 가구주의 교육 수준이 낮을수록 상환 불능 위험이 커지고, 68세까지는 연령이 많을수록 상환 불능 위험이 높아지나 그 이후에는 작아지는 것으로 나타났다. 둘째, 금융자산이 적은 가구일수록 즉 유동성이 부족한 가구일수록 상환 불능 위험이 크다. 셋째, 가구의 금융부채가 소득에 비해 과도할 경우 즉 DTI 기준으로 300%를 넘어설 경우 상환 불능 위험이 커지는 것으로 나타났고, 가구의 총부채가 총자산에 비해 과도할 경우 즉 DTA 기준으로 70%로 넘어설 경우 상환 불능 위험이 커지는 것으로 나타났다. 넷째, 가계가 생활비 보전, 사업 자금, 전월세 상환, 거주 주택 구입 등을 목적으로 차입한 경우는 그렇지 않은 경우보다 상환 불능 위험이 큰 것으로 나타났다. 다섯째, 부채가계의 상환 불능 위험은 소득수준이 낮을수록 커지며, 소득분위별로 보면 중간 소득 3분위와 비교해 5분위, 4분위 순서로 위험이 작아지는 것으로 나타났다.

6. 맺음말

이 장에서는 소득격차가 가계부채에 어떤 영향을 미치고 있는지를 분석하는 방편으로 가계금융(복지)조사 DB를 활용해 소득분위별 가구의 특성, 가계의 소득분위별 차입 비율, 차입 동기와 차입 방법, 가계의 소득분위별 상환 부담 가구와 상환 불능 가구의 분포, 가계부채 규모와 위험의 결정 요인 등을 분석했다. 이러한 분석 결과의 주요 내용을 정리하면 다음과 같다.

첫째, 가계의 소득은 5분위에 1/2 정도 집중되어 있지만, 소득분위별 소득 집중도는 큰 변화가 없었다. 또한 소득이 낮을수록 여성 가구주 비율이 높고, 가구주도 고령이며, 교육 연수도 적고, 가구원 수도 적었다. 종사상 지위를 보면 고소득층은 대부분 고용자영업자, 상용근로자이고, 저소득층은 주로 미취업자, 임시 일용근로자들이었다. 그리고 총자산·순자산의 소득분위별 분포를 분석한 결과, 소득 집중도와 자산 집중도는 밀접한 양의 상관관계가 있는 것으로 나타난다. 그러나 최저 소득층의 1/2 정도가 최저 빈곤층이고 최고 소득층의 1/2 이상이 최고 부유층으로 나타나지만, 중위 소득층은 자산에서는 분산된 것으로 나타났다. 경상소득 결정 요인의 회귀분석도 이와 비슷한 것으로 나타났다. 즉 경상소득은 가구주가 남성일수록 많고, 가구주가 54.5세가 될 때까지 증가하다가 감소하며, 교육 연수가 길수록 증가하고, 가구원 수가 많을수록 증가하며, 순자산이 많을수록 증가하는 것으로 나타났다. 그리고 상용근로자에 비해 무급 종사자, 미취업자, 임시 일용근로자 순서로 경상소득이 적은 반면에 고용자영업자는 보다 많은 것으로 나타났다.

둘째, 가계의 금융시장으로의 접근 정도를 시사하는 차입 가구의 비율을 보면 4분위·5분위의 고소득층은 70%를 넘어서고 있지만, 최저 소득층은 차입 가구가 27% 수준에 그치는 등 '금융소외층'이라고 할 수 있다. 소득분위별 차입액도 크게 차이가 나서 1분위 최고 소득층이 차입액의 절반가량을 차지하고 있는 반면, 최저 소득층은 1/25밖에 차입하지 못하고 있는 것으로 나타났다. 이러한 차입액의 불균등한 분포는 금융시장으로의 접근이 최고 소득층에 집중되어 있기 때문이다. 만약 차입액의 1/2 이상 차지하는 최고 소득층에서 자산가치 폭락이나 경기 침체에 따라 부실이 확산된다면 이것은 곧바로 가계발 금융위기로 파급될 것이다.

셋째, 가계의 차입 동기를 보면 가구별로는 거주 주택 구입, 기타 생활비, 사업 자금 등이 주요 동기이지만, 차입액별로는 기타 부동산 구입, 거주 주택 구입, 사업 자금 등이 주요 동기이다. 차입 동기는 소득별로 차이가 있지만, 특히 최저 소득층과 최고 소득층의 동기가 크게 다르다. 차입의 주요 동기는 최고 소득층은 가구 수로는 거주 주택 마련, 사업 자금, 기타 생활비 순서이지만, 금액으로는 사업 자금, 기타 부동산, 거주 주택 등의 순서이다. 최저 소득층은 가구 수로는 기타 생활비, 사업 자금, 거주 주택 마련 순서이지만, 금액으로는 증권 투자, 기타 부동산, 사업 자금 순서이다. 최저 소득층은 금액상으로 부실의 여지가 큰 투기성 자금이 많은 것으로 나타났다. 차입기관을 살펴보면 전체적으로는 은행, 비은행 금융기관, 신용카드 회사 순서이지만, 고소득층은 고신용자들이 주로 이용하는 은행을 주로 이용하며 저소득층은 저신용자가 주로 이용하는 사금융이나 신용카드 회사를 상대적으로 더 많이 이용하고 있었다. 그리고 차입 방식으로 부동산 담보대출이 금액은 물론 가구 수에서도 압도적이었고, 그다음이 신용대출이었다. 소득이 많을수록 부동산 담보대출의 비중은 높아지는 반면에 신용카드 대출의 비중은 낮아지고 있었다. 따라서 소득분위별 신용 정도의 차이가 차입 방법의 차이를 초래하고 있다고 할 수 있다.

넷째, 소득분위별 금융부채 상환 부담을 DSR(연상환액/경상소득), DTI(금융부채/경상소득), DTA(총부채/총자산) 세 지표로 측정한 결과, DSR이 40%를 넘는 소득 대비 현재의 과부담 가구는 소득이 적을수록 일관되게 완만히 높아지고 있고, DTI가 300%를 넘는 소득 대비 미래의 과부담 가구는 3분위 이상에는 큰 차이가 없었으나, 2분위 이하는 소득이 낮아짐에 따라 그 비율이 급증해 1분위 경우에는 30%에 이르렀다. 그리고 DTA가 70% 이상으로 자산 대비 부채가 과도한 가구의 비율은 소득이 낮아짐에 따라(자산이 감소함에 따라) 일관되게 높아지고 있었다. 그리고 객관적 상환 부담은 물론이고 다른 상황까지 고려해 상환 불능 우려가 있다고 판단되는 가계의 비율은 소득이 낮아질수록 일관되게 급격히 높아지는데, 특히 2분위는 채무 가구 중 10%를 넘어서고 1분위는 채무 가구 중 20%를 넘어서는 것으로 나타났다.

다섯째, 금융부채액의 결정 요인을 토빗 패널 회귀분석 모형을 이용해 분석한 결과, 금융부채액은 연령이 많을수록 늘어나지만 대개 42세 이후에는 도리어 줄어들고, 가구원이 많을수록 늘어나며 가구주가 미취업 상태일수록 줄어드는 것으로 나타났다. 그리고 가계의 경상소득이 많을수록, 보유 실물자산의 규모가 클수록 늘어나는 것으로 나타났다. 소득분위별로 보면 중간 소득분위(3분위)에서 상위 소득분위로 갈수록 채무 금액이 더 늘어나고 하위 분위로 갈수록 줄어들지만 하위 소득분위, 특히 1분위 소득분위가 될 때 크게 줄어드는 것으로 나타났다. 그리고 대출 방식은 부동산 담보대출, 기타 담보대출, 신용대출, 외상, 곗돈, 신용카드 대출 순서로 차입 금액이 많은 것으로 나타났다.

여섯째, 금융부채 가계의 상환 불능 위험의 결정 요인을 로짓 패널 회귀분석 모형을 이용해 분석한 결과, 소득분위 분석에서의 결과와 마찬가지로 소득수준이 높을수록 상환 불능 위험이 커지지만, 특히 소득분위가 5분위, 4분위에 속할수록 더 작은 것으로 나타났고, 이 상환 불능 위험에는 소득수준 이외에도 소득과 자산에 비해 과도한 차입이 중요한 요인으로 나타났다. 그리고 가구의 특성, 가구주의 연령과 교육 수준, 가구원 수 등은 물론이고, 금융자산의 보유 수준 즉 유동성 부족, 특정 대출 용도 사용 여부 등도 영향을 미치는 것으로 나타났다.

이상의 분석 결과에 의하면 소득분위별에 따라 가구의 특성은 물론 자산의 격차가 사라지지 않고 차입 규모, 차입 동기, 차입 방법에서도 격차가 존재하며, 상환 부담이나 채무불이행 위험에서도 큰 격차가 존재하고 있었다. 가계부채에서 나타난 소득분위별 금융 규모, 금융기회, 금융 방식, 상환 부담, 채무불이행 위험의 격차는 일종의 소득계층별 금융격차라고 할 수 있다. 이 중에서 최고 소득층은 상환 부담이 낮고 채무불이행 위험이 낮으나 소득·자산·차입 등에서 1/2 정도를 차지함으로써 거시경제의 안정에 절대적인 영향을 주는 집단이고 금융시장을 주도하는 집단으로, 가계금융의 핵심적 감시 대상임을 다시 확인할 수 있었다. 그와는 달리 최저 소득층은 전체 채무액의 1/25 정도만 차지하고 있어 금융시장은 물론 거시경제에 거의 영향을 미치는 못하는 미미한 존재이지만, 자산 빈곤층으로서 상환 부담이 크고 채무불이행 위험도 높아 저신용층으로 금융시장에서 외면받는 층이다. 그러나 소득격차가 금융격차로 파급되고 이러한 금융격차가 교육격차와 함께 소득격차를 강화하는 기저로 작용할 수 있기 때문에 금융격차는 경제·사회 양극화를 강화하는 한 요인으로도 이해할 수 있다. 따라서 소득격차와 결합되어 있는 금융격차 해소는 여전히 주요한 경제적·사회적 과제라고 할 수 있다.

참고문헌

김학주. 2005.「소득계층별 가계의 부채부담연구」. ≪사회보장연구≫, 제21권 제1호, 119~147쪽.

김현정·김우영. 2009.9.「가계부채가 소비에 미치는 영향: 미시자료를 중심으로」. 한국은행 금융경제연구원. ≪경제분석≫, 제15권 제3호, 1~36쪽.

김현정·김우영. 2010.4.「가계부채의 결정요인 분석」. 한국국제경제학회. ≪국제경제연구≫, 제16권 제1호, 39~78쪽.

김현정·김우영·김기호. 2009.「한국의 노동패널자료를 이용한 가계부채 분석」. 한국은행 금융경제연구원. ≪금융경제연구≫, 제366호.

배영목. 2011.6.「가계부채 상환부담의 분포와 추이」. ≪경제발전연구≫, 제17권 제1호, 87~120쪽.

______. 2014.6.「가계 금융부채의 보유 및 상환불능 위험 결정요인」. ≪무역연구≫, 제10권 제3호, 587~600쪽.

백은형. 2012.9.「가계의 부채부담 및 부채문제: 고소득층과 저소득층 비교분석」. ≪소비문화연구≫, 제15권 제3호, 119~138쪽.

유경원. 2009.12.「가계부채 문제에 관한 분석」. 한국은행 금융경제연구원. ≪경제분석≫, 제15권 제4호, 1~32쪽.

최필선·민인식. 2008.「우리나라 가계부채의 계층별 특성 연구」. ≪사회과학연구≫, 제34권 제1호, 135~165쪽.

함준호·김정인·이영숙. 2010.「개인CB 자료를 이용한 우리나라 가계의 부채상환위험 분석」. KDI. ≪한국개발연구≫, 제32권 제4호, 1~34쪽.

한국은행. 2010~2014.『금융안정보고서』.

Sharpe, Matthieu, Peter Flaschel and Christian R. Proaño. 2012. "Income Distribution, Credit Rationing and Households' Debt." *Metroeconomica*, Vol.63, No.3, pp.458~492.

Scott, Robert and Steven Pressman. 2013. "Household Debt and Income Distribution." *Journal of Economic Issues*, Vol.XLVII, No.2(June), pp.323~331.

제5장

가계의 금융부채가 소득불평등에 미치는 영향*

원승연 | 명지대학교 경영학과 교수

1. 머리말

최근 들어 전 세계적으로 소득불균형 확대에 대한 논의가 확산되고 있다. 한국에서도 2000년대 이후 소득불균형이 확대되었음이 보고되고 있다(성명재, 2011; 김낙년, 2012 참조). 그런데 최근 사회적으로 큰 반향을 일으킨 피케티(Piketty, 2014)는 소득불균형과 관련해 자본소득이 중요함을 강조하고 있다. 이것은 자본주의가 발전할수록 소득불균형이 축적되어 자산으로 형성되고, 이러한 자산을 통한 소득이 소득불균형을 확산시키는 중요한 요인이 될 수 있음을 시사하고 있다. 다른 한편에서 부채가 소득불균형에 미치는 영향에 대해서도 금융위기 이후 논란이 되고 있다. 항상소득가설에 의하면, 저소득층과 중산층의 부채 증가는 소득과 소비의 기간상의 괴리를 축소하는 소비평탄화라는 긍정적인 기능을 수행한다. 그러므로 부채는 저소득자의

---

* 이 글은 강신욱 외(2014)의 4장 「가계의 금융부채가 소득불평등에 미치는 영향」의 내용을 자구만 일부 수정한 것이다.

미래 소득을 증가시키거나 아니면 미래 소득을 담보로 현재의 유동성을 증가시킴으로써 후생을 증가시키는 데 기여할 수 있다. 그러나 금융위기에서 비롯된 모기지 부실화 증가는 이러한 부채의 긍정적 기능에 대해 의심을 품는 계기가 되었다. 이아코비엘로(Iacoviello, 2008)와 쿰호프(Kumhof et al, 2013)는 민간부채 또는 가계부채의 증가에 따른 가계의 부실화가 금융위기를 유발한 요인임을 지적해, 저소득층의 가계부채 증가가 오히려 이들의 부실화를 유발함으로써 후생을 감소시켰음을 시사했다. 또한 버트런드와 모스(Bertrand and Morse, 2013)는 중산층이 부채를 차입한 이후 소득이 증가하지 않았음을 실증 분석을 통해 보여주기도 했다.

이러한 최근의 흐름은 소득불균형에서 자산과 부채가 미치는 영향이 클 수 있음을 시사한다. 즉 자산과 부채로 인해 발생하는 수입 또는 지출 흐름이 실질적으로 가계의 소비와 후생에 영향을 줄 수 있기 때문이다. 특히 GDP 대비 자산과 부채 규모가 커지는 상황을 감안할 때, 근로소득 및 사업소득이나 재화나 용역에 대한 소비 지출과 같은 실물경제적 차원에서의 현금 흐름뿐만 아니라 자산과 부채를 통한 현금 흐름의 중요성이 더욱 커진다고 할 수 있다. 그런 의미에서 가계의 자산 및 부채가 소득불균형에 미치는 영향을 분석하는 것은 소득불균형이 확대되는 시점에서 그 완화 방안을 수립하는 데 중요한 시사점을 제시할 수 있다고 본다.

이 장은 자산과 부채 중에서도 특히 금융자산과 금융부채를 중심으로 소득계층별 현황을 분석하고, 그것이 소득불균형에 미치는 함의를 찾는 데 목적이 있었다. 기존에도 계층별로 금융자산과 금융부채의 현황을 분석하는 연구가 존재했다. 그러나 가계의 금융자산에 대한 연구는 가계의 합리적인 자산 포트폴리오 구성이라는 차원에서 연구되는 경우가 대부분이어서, 금융자산과 소득불균형과의 관계에 대한 연구는 그리 많지 않았다.[1] 반면 제2절에서 보듯이 가계의 금융부채에 대한 연구 중 다수가 소득계층별 분석을 통해 각 계층별로 부채 보유의 특성과 채무 상환 위험을 판단함으로써 소득격차에 따른 가계부채의 특성을 분석했다(김우영·김현정, 2009; 유경원, 2009; 함준호 외, 2010; 홍기석, 2013 참조). 그러나 이러한 부채 연구도 소득계층별 부채의 특성 및 변동이 소득불균형에 미치는 영향에 대해서는 별다른 분석을 하지 않았다. 이와 달리 이 장의 연구는 가계의 금융자산 및 부채의 현황을 분석하고, 이를 기초로 그것이 소득불균형에 미치는 영향을 분석함으로써 가계자산 및 부채의 소득불균형에 대한 함의를 추출하고자 했다는 데 기존 연구와 차별성이 존재한다. 특히 가계의 금융부채가 소득불균형에 미치는 영향에 더욱 주목했다. 그 이유는 최근 소득불균형 완화를 위한 저소득 지원 정책의 일환으로, 신용공급을 확대하는 서민금융 정책이 확대되는 상황에서 이러한 정책 효과에 대해 상반된 논의가 존재하기 때문이다. 한편에서는 신용에 대한 접근이 차단되어 있는 저소득층에게 신용공급을 해줌으로써 소득을 증진시키는 데 기여할 수 있다는 주장이 있는 반면, 다른 한편에서는 이것이 저소득층의 과도한 차입을 유발해 결국 미래의 소득불균형을 확산시키고 가계의 후생을 감소시킬 것이라는 주장도 있다. 따라서 가계부채가 소득불균형에 어떠한 역할을 하는지를 판단하는 것은 소득재분배 정책을 수립하는 차원에서도 중요하다.

이 장에서는 통계청이 조사·발간하는 '가계금융복지조사' 자료 중에서 금융 부문 자료를 이용해 분석을 실시했다. 이 자료는 2012년부터 확대 개편된 패널 자료로서 그 이전 조사와 단층이 발생해 시계열적인 분석에는 아직

---

1) 가령 여윤경·주소현(2009)은 부채를 감안한 순자산을 기초로 가계의 적정한 자산 배분에 대해 연구했고, 박대근(2010)은 가계의 자산 보유 특성이 위험 자산인 주식 투자 비중에 미치는 영향을 분석했다.

한계가 존재하지만, 다른 조사에 비해 금융자산 및 금융부채와 관련한 상세한 항목이 추가됨으로써 가계의 현황에 대해 훨씬 많은 정보를 제공할 수 있으리라고 판단했다. 특히 소득 흐름을 중심으로 한 기존 서베이 자료가 저량 변수인 금융자산 또는 금융부채에 대한 정보가 부족하다는 단점이 있는 반면, 금융기관에서 생성한 자료는 금융자산 및 금융부채에 대한 정보가 존재하지만 소득에 대한 자료가 부족하다는 단점이 있다. 이에 비해 '가계금융복지조사' 자료는 두 가지 측면의 정보가 모두 포함되어 있다는 점에서 향후 활용가치가 높을 것으로 기대한다. 다만 답변자에 의존도가 높은 서베이 자료로서의 특성이 있기 때문에, 답변자의 금융 정보가 정확하게 제공되었는지는 의문이 있었다.

제2절에서는 가계의 금융자산 및 금융부채와 관련한 문헌 연구를 살펴보고, 제3절에서는 분석 자료와 관련한 기초 통계량과 함께 소득계층별 가계의 자산 및 부채 현황을 분석할 것이다. 또한 제4절에서는 가계부채가 소득불균형에 미치는 영향을 분석하고자 한다.

2. 문헌 연구

금융자산 또는 금융부채와 소득불균형의 연관성을 분석한 연구는 대부분이 금융부채를 중심으로 분석되었다. 그리고 금융부채와 관련해서도 연구의 주요한 초점은 가계부채의 소득에 대한 영향보다는 소득의 가계부채에 대한 영향을 파악하는 것이었다. 가령 김우영·김현정(2009)은 한국 노동 패널 자료를 이용해 우리나라 가계부채의 결정 요인을 분석했다. 그들은 50대 중반까지는 소득 대비 부채 비율이 계속 증가했음을 보고했으며, 부동산 가격 상승률이 높은 서울 지역의 거주자가 다른 지역보다 소득 대비 부채 비율이 상대적으로 높았음을 지적했다. 유경원(2009)은 통계청 '가계자산조사' 자료를 이용해 저소득 계층과 고소득 계층에서 소득 대비 부채 비율이 높은 가구가 존재함을 지적했다. 또한 함준호 외(2010)는 금융기관에 부채가 있는 총 2,210만 명의 개인 신용 미시 자료에 기초해 저소득 근로자와 고소득 자영업자의 부채 상환 부담이 상대적으로 높음을 보여주었다. 이 연구들은 금융부채의 증가 원인을 분석하는 과정에서 소득계층별로 부채 규모 또는 부채 비율의 차이가 존재하는지를 확인했는데, 적어도 2008년 금융위기 이전에는 고소득층을 중심으로 부채가 증가했고 저소득 근로자 또는 자영업자 역시 상대적으로 높은 부채 비율을 갖고 있음을 보였다. 김경아(2011)는 저소득층의 경우에는 인구학적 특성이 가구부채 보유에 미치는 영향이 컸던 반면, 고소득층의 경우에는 부동산 자산 및 소득과 같은 요인이 부채 보유에 유의적인 영향을 크게 미쳤음을 지적해 소득계층 간의 부채 수요가 상이했음을 지적하기도 했다. 한편 김학주(2005)는 사회복지적 관점에서 소득계층별 부채의 실태에 초점을 맞췄으나, 그 방법이나 분석 결과는 다른 연구와 다르지 않았다.

이상과 같은 연구 대부분은 소득불균형과 금융부채 관계에 초점을 맞췄던 것은 아니고, 금융부채를 결정하는 요인의 하나로 소득이라는 변수를 분석하는 차원이었다. 그리고 그 연구는 소득 계층을 구분하고 그 부채 규모 또는 부채 비율의 차이를 비교함으로써, 소득 계층이 부채 보유 행태에 미치는 영향을 분석했다. 반대로 부채가 소득에 어떠한 영향을 주는지에 대해서는 상대적으로 관심이 적었다고 할 수 있다.

한편 이러한 연구는 가계의 부채 증가를 우려하면서 그 논의의 초점을 가계부채로 인한 금융시장의 건전성 또는 금융 시스템의 안정성에 맞췄다. 유경원(2009)은 가계의 채무 상환 능력이라는 관점에서 가계의 재무건전성을 평가하는 데 주안점을 두었으며, 함준호 외(2010)는 가계부채 증가 원인을 유형별로 분석하면서 거시건전성 감독 차원에서 가계부채의 위험 관리가 필요함을 주장했다. 또한 전승훈·임병인(2012)은 2008년 금융위기 이후 어느 계층에서 부채 상환 위험이 증가했는지에 대해 연구했다. 이처럼 이 연구들은 미시적인 자료를 이용하기는 하지만, 그 연구의 주된 목적은 가계부채가 거시건전성에 미치는 영향 등과 같은 거시적 관점에서의 함의를 찾는 것이었다. 그러므로 상대적으로 미시적인 영향, 가령 부채가 개별 가계의 미래 소득이나 소비에 어떠한 영향을 줄 것인지에 대한 분석에는 관심이 크지 않았다고 할 수 있겠다. 이처럼 부채가 소득불균형에 미친 영향에 대한 관심이 크지 않았던 것은 2000년대 후반까지 한국의 가계부채 증가가 주로 고소득층을 중심으로 이루어져 왔기 때문인 것으로 보인다. 미국의 경우 가계부채의 증가가 중산층 및 저소득층을 중심으로 이루어져 왔고 고소득층이 자금 공급자였던 데 비해, 한국에서는 부동산 투자를 위한 목적으로 고소득층이 자금 차입을 주도해왔다.[2] 그러므로 저소득층의 차입 증가가 사회 후생을 개선하고 소득불균형을 완화시키는 데 기여하는지에 대한, 이른바 저소득층에 대한 신용공급이 그들의 소득을 개선하고 후생을 증가시키는지에 대한 논의가 주요 관심사가 되지 못했던 것이다.

그러나 최근 소득재분배 정책의 일환으로 저소득층에 대한 신용공급 정책이 추진되는 상황에서 가계부채의 증가가 미래의 소득이나 소비 능력에 어떠한 영향을 줄 것인지가 매우 중요한 문제로 대두되었다. 과거 금융발전이 경제성장을 도모한다는 주장의 근거는 금융발전에 따라 정보의 비대칭성

2) 여러 연구가 금융자산이 아닌 부동산 중심의 실물자산 증가가 금융부채의 증가와 병행하는 경향이 있었음을 지적했다(유경원, 2009; 최원호, 2013; 홍기석, 2013 참조).

이 완화되고 거래 비용이 감소함으로써, 저소득층에 대한 신용 제약이 완화되고 자원배분의 효율성이 제거된다는 것이었다. 그러나 그린우드와 조바노빅(Greenwood and Jovanovic, 1990)은 이러한 금융발전의 영향력이 발전 단계에 따라 다르고, 따라서 소득 분배에 미치는 영향도 상반될 수 있다는 점을 지적했다. 실제로 버트런드와 모스(Bertrand and Morse, 2013)의 지적대로 저소득층의 경우에는 신용공급에 따라 채무불이행이 증가한다면, 오히려 신용공급이 저소득층의 소득수준을 낮추어 소득불균형을 악화시킬 수도 있음을 의미한다. 이러한 맥락에서 이 장의 연구는 기존 연구와 달리 금융부채가 소득불균형에 미치는 영향을 분석하는 데 초점을 두었다.

3. 소득분위별 자산 및 부채 보유 현황

1) 분석 자료

자산과 부채는 과거의 소득이 누적된 결과이거나 아니면 미래의 소득을 전제한 차입을 통해 보유되는 것이지만, 다른 한편에서는 자산과 부채의 보유는 역으로 가계의 소득이나 현금 흐름을 변화시키기도 한다. 즉 자산 보유에 의한 재산소득은 보유 가계의 소득 증가 요인이지만, 부채 보유로 인한 이자 비용 지급은 실제 소비에 가용되는 가처분소득을 감소시키기도 한다. 즉 자산 및 부채 보유가 소득에 영향을 줄 수 있다는 것이다. 그러므로 소득계층별로 자산 및 부채 규모나 구성이 다르다면, 이로 인해 소득계층별로 상이한 소득 흐름이 발생해 소득불균형의 축소 또는 확대에 영향을 줄 수 있다. 이런 맥락에서 자산과 부채로 인한 소득 및 현금 흐름의 파악이 소득불균형 연구에 중요하다고 할 수 있겠다.

가계소득 분석에 가장 적합한 자료는 조세 자료로 알려져 있으나, 현재 한국에서는 이를 이용하지 못하는 상황이다. 따라서 현재 가계의 소득 및 자산·부채 보유 현황 분석에는 통계청 등이 작성하는 서베이 자료와 신용평가회사의 자료가 주로 이용된다. 개인신용평가회사가 금융기관으로부터 집계한 자료는 금융거래와 관련한 정보를 제공한다. 적어도 성인 이상의 대부분이 금융기관과의 거래를 하고 있다는 점에서 이 자료는 전수 자료의 성격을 띤다.[3] 그러나 이 자료는 소득을 중심으로 분석하는 데 한계가 있다. 무엇보다도 개별 소득자에 대한 연간 소득 자료를 확보한 것이 아니라, 거래 시점의 소득 자료를 집계한 경우가 대부분이어서 차입자의 소득 자료 상당 부분이 실제 소득이 아니라 추정 소득이다. 그러므로 소득 추정 방법을 이용해 개인 소득을 추정하기 때문에, 분석모형에 의해 편향되게 추정된 소득이 잘못된 결론을 유도할 수도 있다. 또한 이 자료는 기본적으로 개인의 신용평가가 주된 목적이기 때문에 금융부채를 중심으로 정보가 제공되어 자산과 여타 부채에 대한 정보 제공이 상대적으로 부족한 편이다.

한편 서베이 조사 자료로는 '노동패널조사', '가계동향조사', '가계금융복지조사'(이전의 '가계금융조사') 등이 있다. 노동패널조사는 패널 자료로서 가계의 소득 및 자산·부채의 추이를 분석할 수 있다는 장점이 있다. 그러나 노동패널조사의 주된 목적이 노동시장과 관련한 사안이기 때문에, 이 조사는 가계의 자산과 부채에 대한 정보가 제한적이라는 단점이 있다. 특히 가계부채와 관련해 현금 흐름이 보고되기는 하지만, 원리금 상환 금액 총액만이 제

3) 전국은행연합회는 금융기관으로부터 개별 차주의 정보를 수집하고 집계하고 있으며, 코리아크레딧뷰로(KCB) 또는 나이스(NICE)평가정보 등의 개인신용평가회사가 이러한 자료를 이용해 개인별 신용등급을 책정하고 있다.

공될 뿐 원금과 이자가 분리되지 않은 채 보고되고 있어 금융자산과 금융부채로 인한 현금 흐름을 분석하는 데 한계가 있다. '가계동향조사'는 과거의 도시가계조사가 확대된 것으로, 2008년 조사 명칭이 가계동향조사로 변경되었다. 가계동향조사는 금융부채로 인한 이자 비용을 별도로 보고하고 있어 금융부채에 의해 발생하는 현금 흐름을 분석할 수 있게 해준다. 그러나 가계동향조사는 이 장의 분석 목적과 관련해 다음과 같은 제약이 있다. 첫째, 가계동향조사는 유량 변수를 중심으로 조사가 이루어져, 가계의 자산액과 부채액과 같은 저량 변수가 포함되지 않았다. 둘째, 노동패널조사와 달리 가계동향조사는 패널 자료로 작성되지 않아, 개별 가계의 시계열 변동과 그에 따른 행태 분석에 적절하지 않다.

이에 비해 2012년부터 새로 개편되어 작성되어온 가계금융복지조사는 가계금융과 관련해 자산액 및 부채액과 같은 저량 변수는 물론이고, 이자 비용, 원금상환액 및 재산소득과 같이 자산과 부채 보유에 의해 발생하는 현금 흐름에 대한 정보를 제공하고 있어 이 장의 분석 목적에 적합한 자료라고 할 수 있다. 그러나 가계금융복지조사는 그 전신격인 가계금융조사는 물론이거니와 2011년까지 작성된 가계금융조사와는 구성 및 표본 등이 달라 시계열 분석을 할 수 없다는 단점이 존재한다. 그러므로 노동패널조사와 가계동향조사와는 달리 장기적으로 가계의 소득 및 부채가 어떻게 변화했는지 파악할 수 없다. 이 연구가 '가계금융복지조사'를 이용한 이유는 시계열이 부족하다는 단점이 존재하지만, 이 자료가 소득뿐만 아니라 자산과 부채의 금액뿐만 아니라 그로 인한 현금 흐름 정보를 제공하고 있어 현재 가계의 현황을 파악하는 데 가장 적합하다고 판단했기 때문이다. 따라서 이 장에서는 2013년 '가계금융복지조사'를 주로 이용해 가계의 현황을 파악했으며, 보조적으로 2012년 자료를 추가해 자산과 부채가 소득불균형에 미치는 영향을 분석했다. 구체적으로는 금융에 대한 정보가 추가적으로 포함되어 있는 금융 부문 조사 자료를 이용했다.

그런데 가계금융복지조사를 이용한다고 하더라도 자산과 부채에 대한 서베이 자료가 갖는 공통적인 문제가 이 자료에서도 존재할 것으로 생각되었다. 즉 서베이 자료가 응답자의 답변에 의존하고 있기 때문에, 답변의 정확성에 따라 자료의 신뢰도가 달라진다는 것이다. 상대적으로 금액이나 가격 변화가 심한 금융자산과 금융부채는 부동산 등 실물자산과 달리 답변자의 의도와 상관없이 정확하게 보고되지 못하는 경우가 존재한다. 또한 금융자산 및 금융부채에 대한 보고는 답변자가 여러 가지 우려 때문에 의도적으로 부정확한 정보를 제공할 유인이 높다. 특히 금융자산 및 금융부채와 관련한 저량 변수와 달리 이자 및 재산소득과 같은 유량 변수는 정확성의 문제가 더욱 우려된다. 금리 및 시장가격 변화, 그리고 금융자산 및 부채 잔액의 연간 변동성 때문에 연간 단위로 정확한 재산소득이나 이자 비용을 계산하기는 실제 쉬운 일이 아니다. 같은 유량 변수라 하더라도 소득은 원천징수 영수증과 같이 연간 단위의 소득 정보가 계상되어 있기 때문에 보고 정확성이 훨씬 높으나, 이자 비용은 응답자가 금융기관별로 별도로 계산하고 집계해야 하는 것이다. 그러므로 이러한 부정확성을 사전에 점검할 필요가 있다고 생각했다.

일단 금융부채 금액과 이자 비용의 정보 간에 일관성이 존재하는지를 확인해보았다. 금융 부문 조사의 표본 가구 수는 총 9,080가구였다. 2013년 금융부채가 있다고 보고한 가구 중에서 1,043가구가 이자 비용이 없다고 보고한 것을 확인할 수 있었다. 이 자료가 2012년 동안의 소득 항목을 기입한 것인 반면 금융부채 잔액은 2013년 3월 말을 기준으로 작성되어, 두 항목 간에 시차가 존재해 이러한 괴리가 발생한 것이다. 그래서 이 가구들이 2012

〈그림 5-1〉 부채가구의 소득계층별 금융부채이율

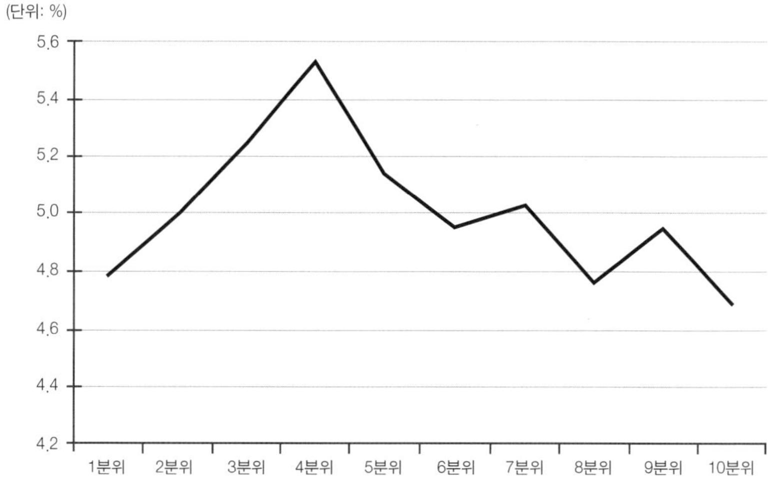

자료: 통계청, 2013년 가계금융복지조사 원자료.

년 3월 말 현재 금융부채 잔액이 있었는지도 동시에 확인했다. 그 결과 이 중 387개의 가구는 2012년 3월 말 현재 금융부채 잔액이 없다고 보고했으므로, 이 가구들이 2013년 1월 이후 금융부채를 보유하게 되었다고 가정한다면 적어도 이 가구들의 답변이 오류라고 단정할 수는 없는 일이었다. 그러나 나머지 656가구는 2012년에도 금융부채가 존재했다고 보고했으며, 이는 적어도 이 가구들이 이자 비용에 대해서 정확하지 않게 보고한 것으로 추정할 수 있다.

〈그림 5-1〉은 소득계층별로 금융부채가 존재하는 차입 가구만을 대상으로 2013년 3월 말 금융부채 잔액 대비 이자 비용을 금융부채이율로 정의하고 계산한 것이다. 물론 평잔 기준이 아니며 소득 측정 기간과 부채 측정 일자의 차이가 존재한다는 점에서 정확성은 떨어질 수 있지만, 소득계층별로

평균적으로 유사한 오차가 존재한다고 가정한다면 소득계층별 금융부채이율은 상호 비교 가능하다고 할 수 있다. 그런데 상대적으로 소득수준이 높은 가구가 높은 신용등급을 평균적으로 갖고 있음을 전제할 때, 등급이 높아질수록 신용가산금리가 낮아져서 금융부채이율이 하락하는 모습을 보일 것으로 미리 짐작해볼 수 있겠다. 그러나 〈그림 5-1〉에서 볼 수 있듯이 부채이율은 1분위에서부터 4분위까지 사이에는 소득수준이 높아질수록 오히려 이율이 하락하는 양상을 보였다. 그리고 4분위 이후부터는 부채 이율이 하락하는 것으로 나타났다. 이것은 상대적으로 저소득층에서 이자 비용을 과소 보고했을 가능성을 제시하고 있다.

이러한 두 가지 점검 사항을 볼 때, 이자 비용이 상대적으로 누락될 가능성이 높으며 특히, 소득수준이 낮은 저소득층에서 이자 비용이 축소 보고될 가능성 역시 크다는 것을 추론해볼 수 있다.[4] 다만 이 연구에서 가계금융복지조사 자료를 근거로 소득계층별 분해와 분석을 실시한 것은 이자 비용이 없다고 보고한 상당수의 자료가 금융부채액이 매우 크지 않았기 때문에, 소득계층별 평균적인 수치를 이용할 경우 상대적으로 그 오류가 희석될 수 있으리라고 판단했기 때문이다. 또한 상대적으로 저소득층에서 이자 비용을 과소 보고한 것으로 판단되기 때문에, 이 자료를 기초로 저소득층의 금융부채로 인한 문제를 지적할 경우 적어도 그 결론이 저소득층 금융부채의 심각성을 과대 보고하는 것은 아니라는 점도 또 하나의 이유였다. 따라서 이 장에서는 수치의 부정확성이 존재하는 표본을 전제한 상태에서 분석을 진행했다. 그러나 향후 가계금융복지조사 자료의 정확성을 높이기 위한 보완될 필

4) 이러한 보고 누락 가능성은 자산의 경우에도 마찬가지이다. 재산소득을 자산 또는 금융자산으로 나누어 자산수익률을 계산할 때 일관된 수치를 얻을 수 없어 자료의 정확성을 확신할 수 없었다.

요가 있다고 판단한다. 응답지에 대한 합리성을 점검하고 이에 기초해 가계에 대해 추가로 조사를 실시하도록 서베이 방법을 보완함으로써 자료의 정확성을 높이는 것이 필요하다고 하겠다.

2) 분석 내용

소득계층별 구분은 경상소득을 기준으로 10분위로 했다. 우선 모든 소득 범주는 균등화 지수를 적용해 소득을 가구원 수의 제곱근으로 나누어 균등화된 소득을 구했다. 그리고 표본의 각 가구의 균등화 소득에 가구가중치를 이용해 전체 소득 분포를 도출하고, 이에 근거해 각 가구가 어느 소득 계층에 속하는지 확정했다. 그러나 분석에 이용한 수치는 균등화 소득이 아니라 자료에서 제공된 가구소득을 이용했다. 또한 자산 및 부채와 관련된 수치 역시 동일하게 표본에서 제공된 수치를 이용했다.

〈표 5-1〉은 2013년 자료를 이용해 소득분위별 경상소득과 자산 및 부채 금액을 요약한 것이다. 경상소득은 평균 4,433만 원이었으며, 자산액과 부채액은 각각 경상소득의 7.5배, 1.3배인 3억 3,190만 원, 5,638만 원이었다. 그리고 순자산은 경상소득의 6.2배인 2억 7,552만 원이었다. 한편 가장 소득이 낮은 계층인 1분위 소득은 488만 원으로, 가장 소득이 높은 10분위 계층 소득의 3.6%에 불과했다.

〈표 5-2〉는 각 소득계층의 표본 수를 감안하지 않고 동일한 가중치를 적용할 때 각 분위별 값이 전체에서 차지하는 비중을 측정해 분위별 분포를 살펴본 것이다. 경상소득의 경우 1분위 소득은 전체의 1.1%인 데 비해 10분위 소득은 29.5%를 차지했다. 자산과 순자산의 불균형 정도는 경상소득보다 커서 10분위 소득의 비중은 공히 전체의 31.8%이었다. 다만 1분위의 경우

〈표 5-1〉 소득분위별 경상소득과 자산 및 부채

(단위: 만 원)

항목	경상소득	자산		부채		순자산	
		금액	배수	금액	배수	금액	배수
1분위	488	7,772	15.9	891	1.8	6,881	14.1
2분위	1,135	12,266	10.8	1,766	1.6	10,500	9.3
3분위	1,915	15,784	8.2	2,749	1.4	13,036	6.8
4분위	2,616	19,843	7.6	3,203	1.2	16,639	6.4
5분위	3,335	23,610	7.1	3,938	1.2	19,672	5.9
6분위	3,995	27,587	6.9	4,581	1.1	23,006	5.8
7분위	4,867	33,294	6.8	5,385	1.1	27,909	5.7
8분위	5,945	39,031	6.6	7,401	1.2	31,630	5.3
9분위	7,642	50,947	6.7	9,214	1.2	41,733	5.5
10분위	13,393	107,236	8.0	18,333	1.4	88,903	6.6
전체	4,433	33,190	7.5	5,638	1.3	27,552	6.2

주: 경상소득 대비 자산, 부채, 또는 순자산 금액의 배수.
자료: 통계청, 2013년 가계금융복지조사 원자료.

〈표 5-2〉 소득분위별 각 항목별 비중

(단위: %)

항목	경상소득	자산 총액	부채 총액	순자산액	금융자산	금융부채	순금융자산
1분위	1.1	2.3	1.6	2.5	1.3	1.6	0.9
2분위	2.5	3.6	3.1	3.8	2.4	3.1	1.2
3분위	4.2	4.7	4.8	4.7	3.6	4.7	1.8
4분위	5.8	5.9	5.6	5.9	5.3	5.9	4.3
5분위	7.4	7.0	6.9	7.0	6.5	7.2	5.2
6분위	8.8	8.2	8.0	8.2	7.2	8.8	4.4
7분위	10.7	9.9	9.4	10.0	9.9	9.8	10.0
8분위	13.1	11.6	12.9	11.3	12.5	12.7	12.2
9분위	16.9	15.1	16.0	14.9	15.6	15.5	15.7
10분위	29.5	31.8	31.9	31.8	35.6	30.8	44.3

자료: 통계청, 2013년 가계금융복지조사 원자료.

자산과 순자산액은 경상소득의 경우보다 전체에서 차지하는 비중이 높았다. 한편 자산(또는 부채)을 금융자산(또는 금융부채)과 비금융자산(또는 부채)으로 구분했다. 그런데 조사 자료에 의하면 금융자산에는 금융기관에 대한 예적금 및 금융상품, 사적인 채권 계약액뿐만 아니라 권리금, 임차 보증금 및 현 거주지 전월세 보증금이 포괄되어 있다. 그런데 이 중에서 권리금, 임차 보증금 및 현 거주지 전월세 보증금은 통상적으로 이해되는 금융자산과는 차이가 있다. 금융자산의 가장 중요한 특성의 하나는 보유 자체로 수익을 기대할 수 있다는 점이다. 일단 권리금은 사업소득을 명목으로 한 재산권의 한 형태로서 그 자체로서 수익을 올린다고 보기 어렵다. 또한 임차 보증금 및 현 거주지 전월세 보증금 역시 수익을 올리는 이른바 '이자 낳는 자산(interest bearing capital)'과는 거리가 멀다고 하겠다. 그러므로 이 장에서는 조사 자료와 달리 이 세 항목을 금융자산 항목에서 제외해 비금융자산으로 분류하고, 금융자산액 계산에서 차감했다.[5] 이렇게 계산한 금융자산액의 소득계층별 비중을 살펴보았다. 1분위의 금융자산액이 전체에서 차지하는 비중은 자산액의 그것보다 상대적으로 낮아 전체의 1.3%에 불과했다. 또한 순금융자산도 순자산액 2.5%보다 낮은 0.9%로서 금융자산 및 순금융자산에서 소득계층별 불균형 정도가 훨씬 컸음을 알 수 있다.

〈표 5-3〉은 경상소득을 세부적으로 구분하고, 그에 따라 각 분위의 비중을 앞에서와 동일한 방식으로 계산한 것이다. 경상소득은 근로소득, 사업소득, 재산소득 및 이전소득으로 구분된다. 1분위는 근로소득 및 사업소득의 비중이 낮았으며, 재산소득의 비중이 경상소득 비중에 비해 낮은 수치였다.

5) 이 조사 자료는 부채를 금융부채와 임대보증금으로 분류해, 임대보증금을 금융부채가 아닌 것으로 정의했다. 그러므로 임차보증금과 임대보증금이 전자는 금융성으로, 후자는 비금융성으로 분류됨으로써 분류의 일관성을 결여하고 있다.

〈표 5-3〉 소득유형별 분위 비중

(단위: %)

항목	경상소득	근로소득	사업소득	재산소득	이전소득
1분위	1.1	0.3	0.3	0.9	12.1
2분위	2.5	1.6	1.7	2.9	14.9
3분위	4.2	3.8	4.0	2.9	10.6
4분위	5.8	6.0	4.9	4.5	8.1
5분위	7.4	7.5	7.0	5.3	9.3
6분위	8.8	9.4	8.3	5.0	8.5
7분위	10.7	11.4	10.2	7.4	9.1
8분위	13.1	13.7	13.2	9.4	9.7
9분위	16.9	19.1	14.2	12.8	9.0
10분위	29.5	27.3	36.3	48.8	8.6

자료: 통계청, 2013년 가계금융복지조사 원자료.

그 대신 이전소득은 2분위 다음으로 높은 비중을 차지했다. 한편 10분위의 경우에는 재산소득이 전체의 48.8%를 차지해 다른 소득 유형에 비해 전체에서 차지하는 비중이 가장 높았다. 따라서 재산소득이라는 측면에서 소득불균형이 가장 컸으며, 이러한 의미에서 자산의 불균형이 소득불균형의 주요한 원인이 될 수 있다고 하겠다.

그러나 전반적으로 재산소득이 전체 소득에서 차지하는 비중은 모든 소득분위에서 10% 이하였다(이하 〈표 5-4〉 참조). 10분위 계층의 재산소득이 전체 소득의 8.5%를 차지했으며, 나머지 계층의 재산소득 비중은 이보다는 낮았다. 한편 1분위 계층은 이전소득이 전체의 70.4%를 차지했고, 2분위는 이보다 낮지만 전체의 37.4%로, 근로소득 비중 39.2%에 버금가는 수치를 기록했다. 반면 10분위는 다른 계층에 비해 사업소득 비중과 재산소득이 높은 비중을 차지했으며, 근로소득 비중은 58.1%로 3분위 내지 9분위까지의 그것보다 낮은 수치를 보였다. 이처럼 1·2분위의 이전소득이 높은 이유

〈표 5-4〉 분위별 소득 유형의 비중(경상소득 대비)

(단위: %)

항목	근로소득	사업소득	재산소득	이전소득	경상소득
1분위	17.4	7.7	4.5	70.4	100.0
2분위	39.2	17.5	5.9	37.4	100.0
3분위	56.6	24.0	3.6	15.8	100.0
4분위	65.5	21.7	4.0	8.8	100.0
5분위	63.9	24.4	3.7	8.0	100.0
6분위	66.8	24.2	2.9	6.1	100.0
7분위	66.7	24.4	3.6	5.3	100.0
8분위	65.8	25.8	3.7	4.6	100.0
9분위	71.1	21.7	3.9	3.4	100.0
10분위	58.1	31.6	8.5	1.8	100.0
전체	62.6	25.7	5.2	6.5	100.0

자료: 통계청, 2013년 가계금융복지조사 원자료.

는 그 연령별 특성에서 찾아볼 수 있다. 〈그림 5-2〉는 각 분위별 평균 연령을 도시한 것이다. 이에 따르면 1·2분위의 평균 연령은 각각 70세와 61세로 3분위 이하 가구가 대부분 40대 후반, 50대 전반인 것과 대조된다. 그러므로 노령화가 소득불균형의 주요한 원인임을 확인할 수 있었다.[6]

〈표 5-5〉와 〈표 5-6〉은 자산과 부채 측면에서 소득분위별 분석 내용을 요약한 것이다. 재산소득은 앞에서 지적한 대로 소득 유형 중 가장 불균형이 심한 항목이었다. 재산소득자 비율을 보더라도 소득분위가 높아질수록 증가하는 것을 알 수 있다. 1분위의 경우에는 재산소득자 비율이 18.5%였으나, 10분위의 경우에는 79.2%로 크게 증가했다. 그러나 보유하고 있는 자산 대비 재산소득 비율, 이를테면 자산수익률을 보면 소득분위별 대소의 차이는

6) 연령에 따른 자산 및 부채의 규모나 구성의 차이가 소득불균형을 분석하는데 중요한 변수로 작용한다고 보인다. 그러나 고령화 등 연령별 자산과 부채의 차이에 대한 연구는 본 연구에서 포함하지 않았다.

〈그림 5-2〉 분위별 평균 연령

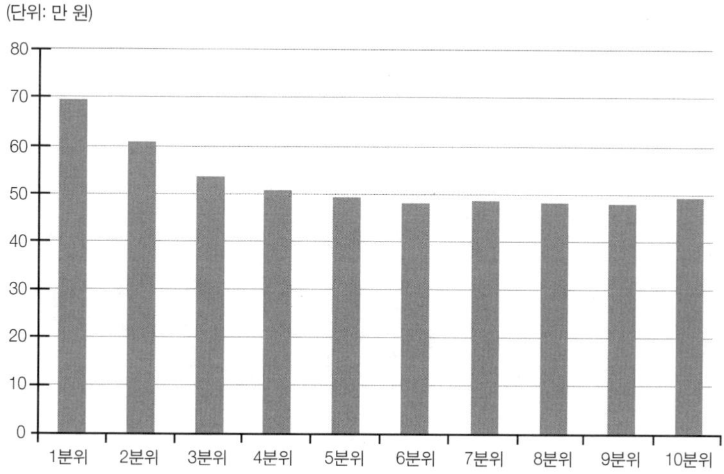

자료: 통계청, 2013년 가계금융복지조사 원자료.

〈표 5-5〉 분위별 재산소득 및 자산 구성

(단위: %)

항목	재산소득	재산소득자 비율	재산소득/ 자산	금융자산 /자산	비금융자산/ 자산
1분위	22	18.5	0.3	10.7	89.3
2분위	67	25.5	0.5	12.2	87.8
3분위	69	23.6	0.4	14.2	85.8
4분위	106	24.3	0.5	16.5	83.5
5분위	123	28.4	0.5	16.9	83.1
6분위	117	31.3	0.4	16.1	83.9
7분위	174	34.6	0.5	18.3	81.7
8분위	221	48.6	0.6	19.8	80.2
9분위	300	49.2	0.6	18.9	81.1
10분위	1,142	79.2	1.1	20.5	79.5
전체	232	34.0	0.7	18.2	81.8

자료: 통계청, 2013년 가계금융복지조사 원자료.

〈표 5-6〉 분위별 부채 구성 및 이자 비용

(단위: %)

항목	금융부채/부채	비금융부채/부채	금융부채/금융자산	순금융자산/순자산
1분위	71.1	28.9	76.5	2.8
2분위	69.2	30.8	81.8	2.6
3분위	67.0	33.0	82.2	3.1
4분위	72.6	27.4	71.1	5.7
5분위	72.1	27.9	71.2	5.8
6분위	75.7	24.3	78.1	4.2
7분위	72.1	27.9	63.8	7.9
8분위	68.1	31.9	65.2	8.5
9분위	66.8	33.2	64.1	8.3
10분위	66.5	33.5	55.6	11.0
전체	68.9	31.1	64.2	7.9

자료: 통계청, 2013년 가계금융복지조사 원자료.

존재하나 가장 높은 10분위의 경우에도 자산수익률이 1.1%에 불과했다. 물론 앞에서 언급했듯이 조세 등의 이유로 재산소득을 과소 보고할 가능성이 충분히 존재하기 때문에, 이러한 과소 보고가 자산수익률이 낮게 나타난 이유일 수 있다. 그러나 이처럼 자산수익률이 낮은 또 다른 이유는 자산 구성에서 찾아볼 수 있을 듯하다. 금융자산의 경우 이자 등 수익이 창출되는 수익성 자산인 반면, 부동산의 경우 전세는 일정한 현금 흐름을 창출하는 것이 아니기 때문에 그로 인해 재산소득이 계상되지 않는 무수익성 자산일 가능성이 높다. 그런데 자산 구성을 보면 금융자산이 상대적으로 비중이 낮으며, 부동산을 중심으로 한 실물자산이 대부분임을 알 수 있다. 금융자산이 전체에서 차지하는 비중은 1분위에서 10분위까지 소득수준이 높을수록 증가하고 있지만, 그 범위는 약 10% 내지 20%인 것으로 계산되었다. 반면 부동산을 중심으로 한 비금융자산 비중이 최소 80% 이상에 달하고 있다. 즉 가계의 높은 실물자산 비중이 재산소득이 낮게 나타나는 또 하나의 이유라고 할 수 있다.7)

반면 부채 구성은 자산 구성과 상반되는 양상을 보여준다. 금융부채가 전체 부채에서 차지하는 비중은 모든 분위에서 전체의 65% 내지 75%의 비중을 차지했다. 반면 비금융부채는 모든 분위에서 전체의 1/3 이하 수준으로, 부채의 경우에는 이자 비용이 지급되는 금융부채가 다수를 차지하고 있는 것이다. 금융자산 대비 금융부채 비율을 측정해 자산 대비 부채 비율과 비교해보았다. 전체 자산 대비 부채 비율은 분위별로 차이는 있지만 10~20% 수준이었으나, 금융자산 대비 금융부채 비율은 크게 증가했다. 금융부채 비율은 10분위가 가장 낮은 55.6%를 기록했으나, 나머지 분위는 소득이 낮을수록 높아지는 경향이 있어 1분위와 2분위는 각각 76.5%와 81.8%를 기록했다. 이러한 자산 및 부채 구성상의 차이 때문에 순자산에서 차지하는 순금융자산 비중도 매우 낮은 수준이었다. 자산에서 부채를 차감한 순자산에서 차지하는 순금융자산(=금융자산-금융부채)의 비중은 1·2분위가 각각 2.8%, 2.6%였으며, 가장 높은 10분위의 경우에도 11.0%에 불과했다.

이처럼 가계의 부채 구성에서 특히 소득분위가 낮을수록 금융부채 비중이 높다는 것은 소득 분배의 관점에서 주시해야 할 사안이다. 금융부채의 증가는 가계의 파산을 증가시킴으로써 금융시장의 안정성을 저해할 것으로 우려되고 있다. 그러므로 가계 파산을 방지하기 위한 DTI 등 규제 장치와 장기 고정금리의 부동산 담보대출 확대 등과 같은 정책적 조치가 취해지고 있다. 그러나 이러한 가계 파산의 방지가 목표대로 진행된다고 하더라도, 그것만으로 저소득층의 문제를 해결해주는 것은 아니라는 점을 인식할 필요가 있다. 즉, 가계가 채무불이행 상태로 전락하지 않더라도 금융부채로 발생하는

---

7) 이처럼 실물자산의 수익률이 낮은 것은 전세금 비중이 높기 때문인 것으로 판단된다. 그러나 최근 월세화가 급격히 진전되고 있어 이러한 소득 원천을 조사 결과에 충분히 반영할 필요성이 더욱 높아진다고 할 수 있다.

이자 비용이 실제 소비에 사용할 수 있는 가처분소득을 감소시킨다면, 가계의 실질적인 후생은 하락할 수 있다는 점이다. 차입을 통해 현재의 소비 및 기타 활동은 제고할 수 있지만, 그 비용이 미래에 전가되어 미래 소득이 악화된다고 한다면 전체적으로 금융부채가 가계의 후생을 감소시킬 수 있다는 것이다. 특히 이러한 가계부채로 인한 이자 비용 부담이 저소득층에 더 큰 영향을 주게 된다면, 결국 가계부채는 소득불균형을 심화시키는 요인으로도 작용하게 된다. 즉 금융부채로 인한 소득불균형 확대가 우려되는 셈이다.

그동안 저소득층에 대한 신용공급 증가는 신용 제약이 있는 저소득층이 장기적 관점에서 소득을 향상시키는 기능을 할 수 있다는 점이 강조되었다. 그러나 저소득층에 대한 신용공급 증가가 오히려 이자 비용 부담으로 인해 가처분소득을 감소시킨다면, 오히려 장기적으로 소득불균형을 악화시키는 요인이 될 수 있다. 특히 우리나라의 경우 2008년 금융위기 이후 저소득층에 대한 신용공급 증가가 정책적으로 이루어져 왔던 만큼, 이러한 신용공급 증가가 소득불균형에 어떠한 영향을 주었는지를 파악하는 것이 중요하다고 할 수 있다.

〈그림 5-3〉의 결과는 이러한 우려가 현실적임을 시사하고 있다. 〈그림 5-3〉은 경상소득 대비 이자 비용 비율을 이자부담률이라고 정의하고, 소득분위별로 그 수치를 도시한 것이다. 이에 따르면 10분위의 경우를 제외하고 9분위부터 1분위에 이르기까지 소득이 낮을수록 이자부담률이 높아지는 것을 확인할 수 있다. 이는 가계부채가 소득분위별로 다른 영향을 줄 수 있다는 점을 의미한다. 그리고 이러한 가계부채의 이자 비용 부담이 재산소득으로 충분히 보전될 수 없는 것으로 나타나고 있다[8](〈그림 5-4〉 참조). 재산소득에서 이자소득을 차감한 값을 순재산소득이라고 정의할 때, 10분위와 2분

8) 앞에서 지적했듯이 재산소득이 과소 보고될 가능성이 충분히 존재한다. 그러므로 이 수치가 과소 계상되었을 가능성이 있다.

〈그림 5-3〉 이자부담률

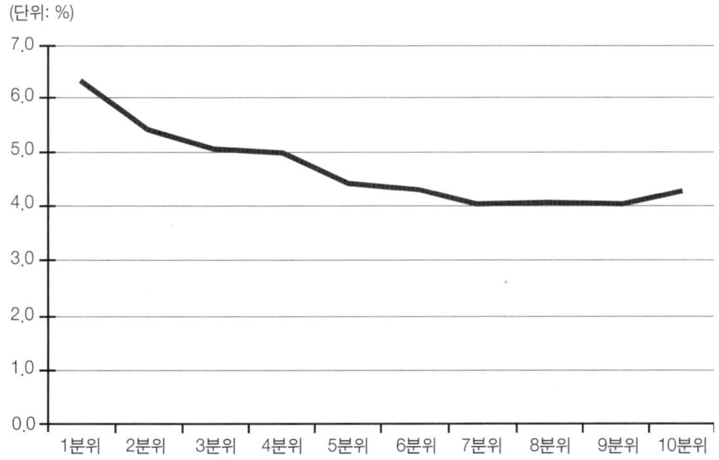

주: 이자부담률=이자 비용/경상소득.
자료: 통계청, 2013년 가계금융복지조사 원자료.

〈그림 5-4〉 소득분위별 순재산소득

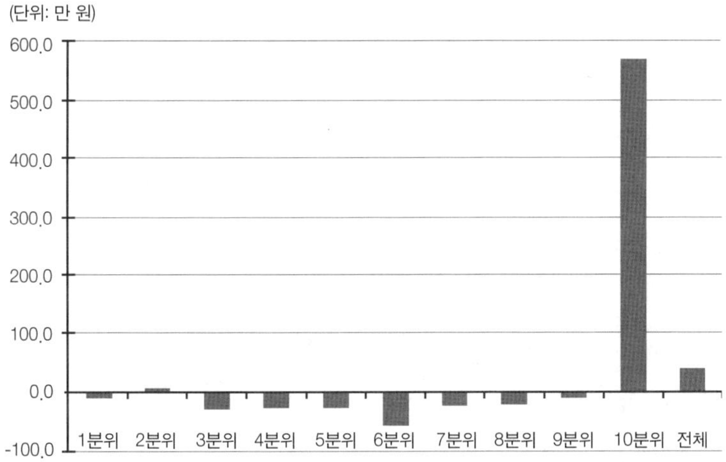

주: 순재산소득=재산소득－이자 비용.
자료: 통계청, 2013년 가계금융복지조사 원자료.

위를 제외하고는 나머지 소득분위에서는 음의 값이었다. 이것은 이자 비용을 감당하기 위해서는 자산을 통한 수익 이외의 근로소득 또는 사업소득이 추가로 필요하다는 것을 의미한다. 결국 자산과 부채의 경우 현재 가장 큰 문제점은 자산과 부채 구성에서 금융자산의 비중이 상대적으로 낮은 반면, 금융부채의 비중이 커서 이자 비용이 가처분소득을 감소시킬 수 있다는 점이다. 그리고 이러한 가처분소득의 감소가 소득분위별로 불균형하게 발생한다는 점에서 가계의 금융부채가 오히려 소득불균형을 확대시킬 가능성이 존재한다는 것이다. 그러므로 현재의 상황에서는 자산과 부채 중에서 소득불균형에 가장 영향을 미치는 것은 금융부채라고 할 수 있겠다. 특히 저소득층의 경우에는 금융부채에 의해 이자부담률이 높아지는 상황이기 때문에, 저소득층의 후생 감소는 더욱 클 것으로 예상되고 있다. 이러한 관점에서 제4절에서는 가계의 금융부채를 중심으로 이것이 소득불균형에 미치는 영향을 구체적으로 살펴보았다.

4. 가계의 금융부채와 소득불균형

1) 차입 가구의 분석

제3절에서 자산과 부채 중에서 소득 흐름에 가장 큰 영향을 줄 수 있는 것이 금융부채임을 확인할 수 있었다. 그런데 가계 중에서 금융부채를 보유하지 않은 가계도 상당수 존재하고 있으며, 소득분위에 따라서도 금융부채를 보유한 가계 비중이 상당한 편차를 보이고 있다(〈그림 5-5〉 참조). 1분위의 경우 차입자는 21.7%에 불과하며, 2분위 역시 39.7%의 가구만이 금융부채

〈그림 5-5〉 소득분위별 금융부채 보유 가구 비중

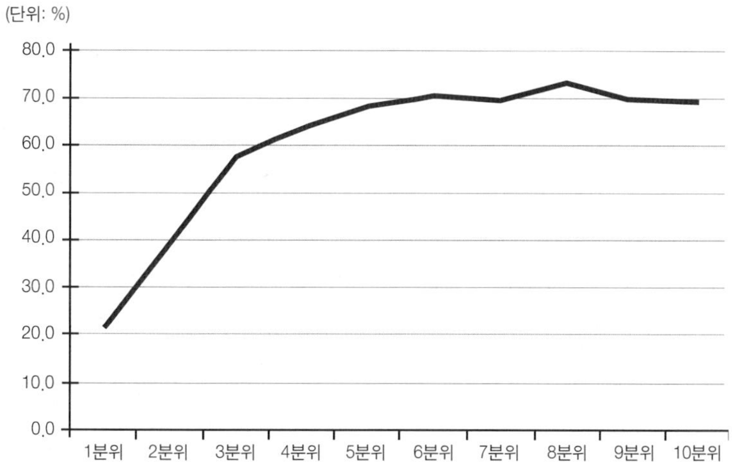

자료: 통계청, 2013년 가계금융복지조사 원자료.

를 보유했다. 차입 가구 비중은 3분위부터 증가하기 시작해 8분위가 가장 높은 73.2%의 가구가 금융부채를 보유하고 있으며, 10분위는 69.6%의 가구가 금융부채를 보유했다. 그러므로 전체 가구를 대상으로 금융부채의 영향을 살펴보면, 금융부채가 없는 가구가 포함됨으로써 금융부채가 소득불균형에 미치는 영향이 희석될 수 있다고 하겠다. 그러므로 이하에서는 금융부채를 보유한 차입 가계를 대상으로 금융부채가 소득불균형에 미치는 영향을 살펴보기로 한다.

〈그림 5-6〉은 전체 가구와 차입 가구의 특성을 비교한 것이다. 경상소득은 1·2분위를 제외하고는 차입 가구가 전체 가구에 비해 100만 원 정도 높은 소득을 기록했다. 이 점에서 본다면 원리금 부담 능력이 있을수록 차입이 커진다고 할 수도 있겠다. 반면 자산 및 순자산의 경우에는 1~2분위를 제외하고 모든 분위에서 전체 가구가 차입 가구보다 금액이 컸다. 또한 금융자산에

〈그림 5-6〉 전체 가구와 차입 가구의 특성 비교

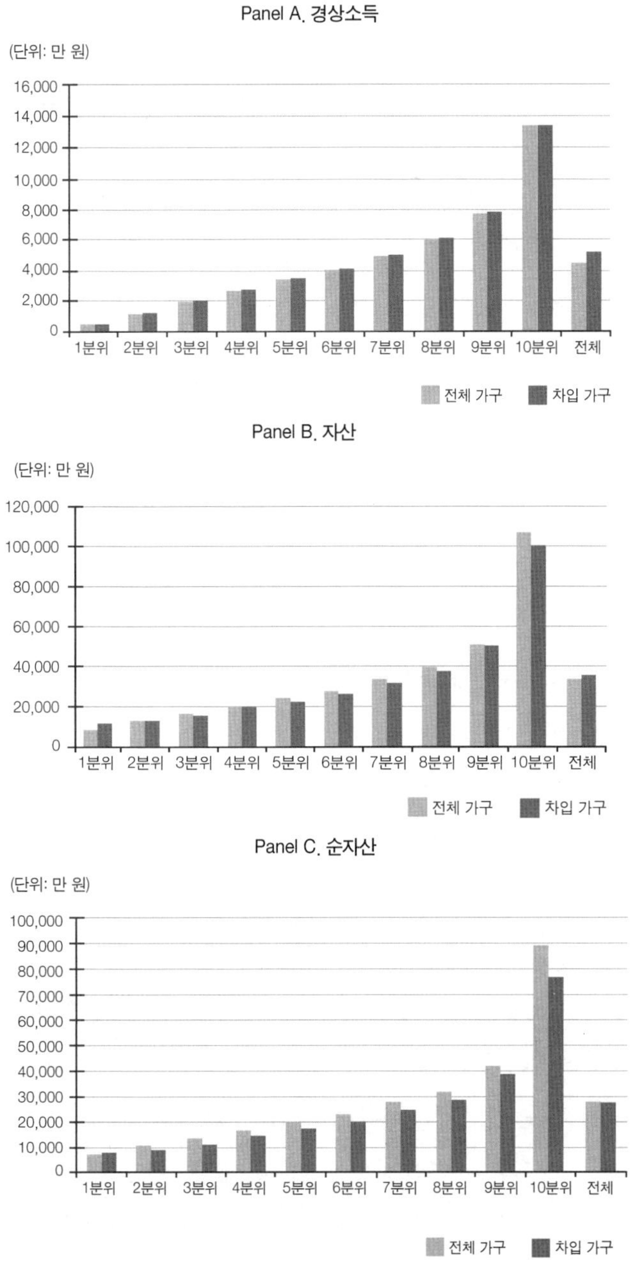

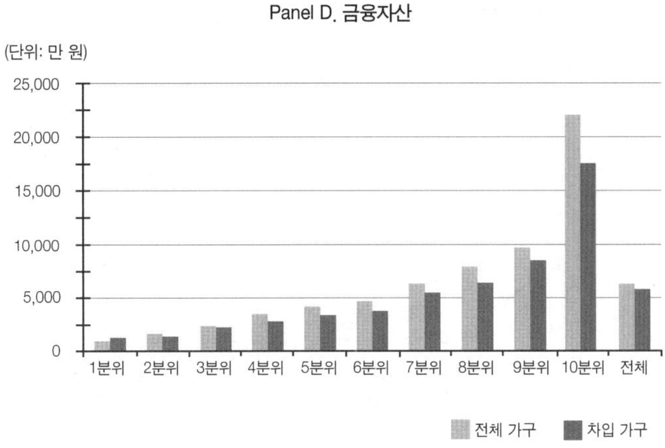

자료: 통계청, 2013년 가계금융복지조사 원자료.

서도 이러한 경향은 동일하게 나타났다. 즉 소득과 달리 자산이라는 측면에서는 차입 가구가 상환 능력이 상대적으로 작았음을 의미한다고 할 수 있겠다. 그러므로 소득 및 자산 금액으로 살펴본 채무 상환 능력이라는 측면에서 어떤 가계가 차입을 하는지에 대해 일률적인 결론을 내리기는 어려웠다.

그러나 경상소득 대비 금융부채 비율을 보면, 소득분위별로 금융부채로 인한 부담이 차별화됨을 확인할 수 있다. 전체 가구를 대상으로 할 때, 1·2분위의 경상소득 대비 금융부채 비율은 다른 분위보다 특별히 크지는 않았다(제3절의 〈그림 5-3〉 참조). 그러나 이처럼 금융부채 비율이 높지 않은 것으로 나타난 것은 1·2분위의 차입 가구 비중이 크지 않아 무차입 가구까지 포함된 전체 가구를 대상으로 한 비율에서는 그 차이가 희석되었기 때문이다. 차입 가구만을 볼 때, 1분위의 금융부채 비율은 약 507%로 나타나 다른 분위에 비해 압도적으로 높았음을 확인할 수 있다(〈그림 5-7〉 참조). 2분위의 경우에도 1분위보다는 낮지만, 차입 가구의 금융부채 비율은 약 241%로 다

〈그림 5-7〉 경상소득 대비 금융부채 비율

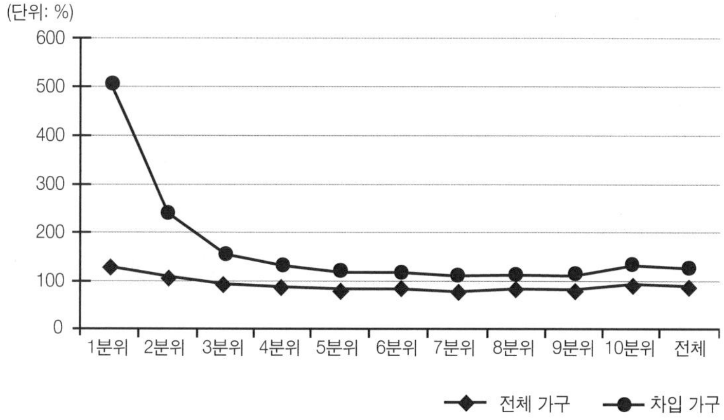

자료: 통계청, 2013년 가계금융복지조사 원자료.

른 분위보다 높은 수치였음을 알 수 있다. 그리고 3분위부터 금융부채 비율은 낮아져 나머지 분위에서 유의미하게 차이가 있다거나 소득분위에 따라 특정한 패턴이 있다고는 볼 수 없었다. 결국 금융부채로 인한 부담은 1·2분위에 좀 더 집중적으로 나타난다고 할 수 있다.

이처럼 높은 금융부채 비율은 차입 가계의 금융 비용 부담률을 높이는 요인으로 작용했다(〈그림 5-8〉 참조). 1분위의 경상소득 대비 이자 비용 비율, 곧 이자부담률은 24.2%로 1분위 차입 가계소득의 거의 1/4이 이자 비용을 위해 지출되어야 하는 것으로 나타났다. 2분위의 이자부담률은 크게 하락했으나, 여전히 다른 분위보다 높은 12.0%를 기록했다. 이후 분위가 올라가면서 이자부담률은 대체적으로 하락했다. 이것은 원리금 지급 비중의 경우도 마찬가지여서, 1분위와 2분위의 경상소득 대비 원리금 지급 비율은 각각 61.4%, 36.2%로 기록되었다. 통상적으로 원금상환액이 다시 연장되는 경우가 대부분이라서 그로 인한 현금 유출은 없다고 할 수도 있다. 그러나 1·2분위의 경우에는 이자 비용 그 자체만으로 실질적인 가처분소득이 크게 줄

〈그림 5-8〉 차입 가구의 금융 비용 비율

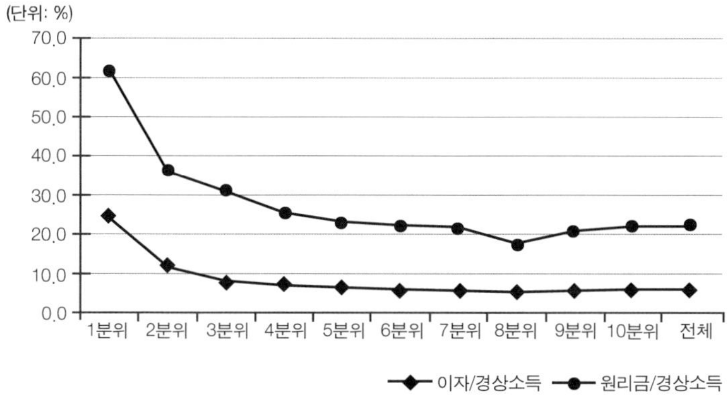

자료: 통계청, 2013년 가계금융복지조사 원자료.

〈그림 5-9〉 소득분위별 차입 가계의 경상소득 및 가처분소득(이자 비용 차감)

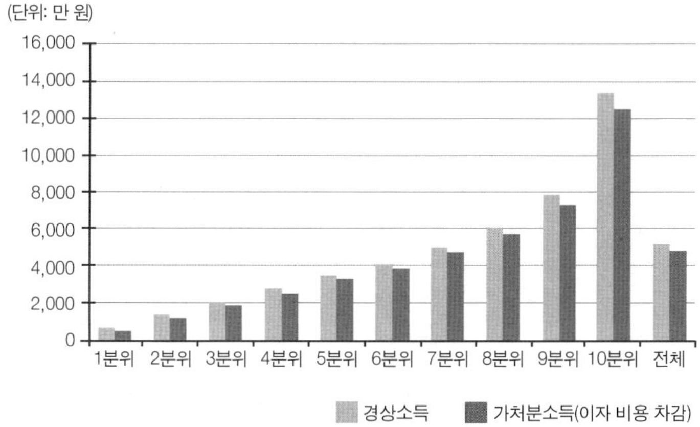

자료: 통계청, 2013년 가계금융복지조사 원자료.

어들고 있음을 확인할 수 있다(〈그림 5-8〉 참조).

이 결과 가처분소득을 기준으로 할 때 소득불균형은 악화되는 것으로 나타났다(〈그림 5-9〉 참조). 모든 분위에서 이자 비용을 차감한 가처분소득이

〈그림 5-10〉 가처분소득(이자 비용 차감)으로 인한 소득 분배 변화

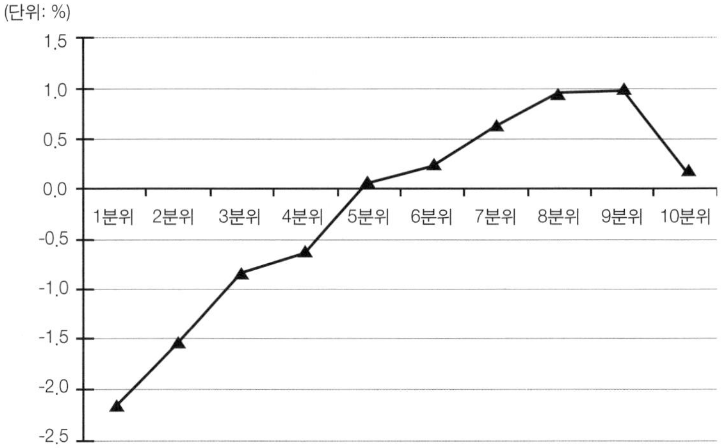

주: 가처분소득의 평균 수준 대비 비율-경상소득의 평균 수준 대비 비율.
자료: 통계청, 2013년 가계금융복지조사 원자료.

감소했지만, 특히 1분위와 2분위의 가처분소득 감소 비율이 가장 컸다는 것을 알 수 있다. 이 점은 〈그림 5-10〉을 통해 좀 더 분명하게 확인할 수 있다. 〈그림 5-10〉은 평균 가처분소득 대비 각 소득분위별 가처분소득 비율에서 동일한 방식으로 계산한 경상소득 비율을 차감한 것이다. 1분위의 경우에는 가처분소득이 경상소득에 비교할 때 평균적인 가계소득 대비 2.1% 낮은 것을 알 수 있다. 그리고 그 수준은 낮지만 4분위까지는 가처분소득이 경상소득의 경우보다 평균소득 대비 낮은 수준을 보인 것으로 나타났다. 그리고 5분위부터는 가처분소득이 경상소득으로 계산할 때보다 평균 소득이 높아지는 것으로 나타났다. 이러한 가처분소득의 불균형성 심화는 결국 이자 비용이 소득불균형을 유발하는 요인이었음을 시사한다.

추가적으로 소득분위별로 소득이 낮을수록 연체율도 확대됨을 알 수 있다. 분석 조사 자료에서는 1개월 이상 연체가 존재했을 경우를 기입하도록

〈그림 5-11〉 소득분위별 연체율

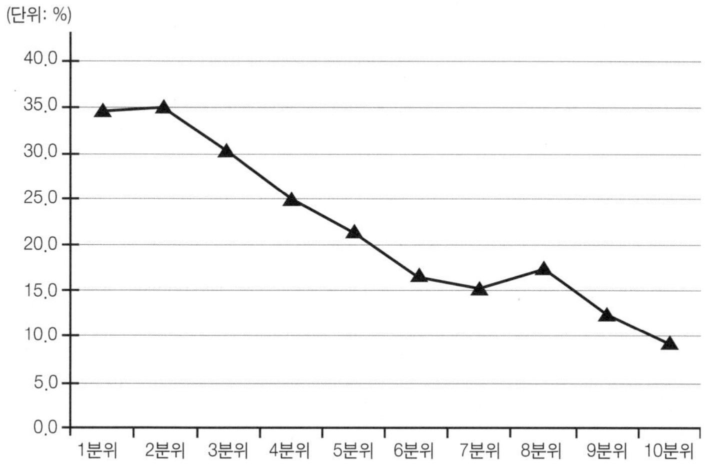

주: 연체율은 1년 중 1개월이라도 연체가 존재할 경우 1, 아니면 0의 값을 부여.
자료: 통계청, 2013년 가계금융복지조사 원자료.

하고 있다. 이것은 금융기관에서 연체 자산으로 정의할 때 최소 3개월 이상 연체가 지속되는 것과는 다른 정의인 것으로, 기술적인 실수에 의한 이자 비용을 지급하지 못하는 경우도 포함할 가능성이 높아 채무불이행 확률을 과대평가할 가능성이 있다. 그럼에도 불구하고 이 수치만을 통해 볼 때 소득수준이 낮을수록 연체율이 높은 것으로 나타나, 소득분위가 낮을수록 이자 비용 부담이 크다는 것을 다시 한 번 확인할 수 있다(〈그림 5-11〉 참조).

2) 패널 분석

차입 가구에 대한 분석을 통해 가계부채가 이자 비용을 차감한 가처분소득을 기준으로 할 때 소득불균형을 확대시키는 요인으로 작용할 수 있음을 확인했다. 그러나 이러한 분석만으로 저소득층에 대한 가계 공급의 타당성을 평가할 수는 없다. 소득불균형은 여타의 많은 요인에 의해 발생할 수 있기 때문이다. 어떻게 본다면 1·2분위의 가처분소득이 감소한 것은 이자 비용 증가 때문이 아니라 소득 자체가 감소했기 때문일 수 있으며, 그나마 가계부채를 통해 소득이 더 하락하는 것을 막을 수 있었을 가능성도 배제할 수 없기 때문이다. 이런 점에서 패널 분석을 통해 개별 가구의 부채 변화가 미래 소득이나 가처분소득에 어떠한 영향을 주었는지를 분석하는 것이 필요하나, 앞에서 지적한 대로 분석 자료는 2012년과 2013년 자료만이 패널로 이용될 수밖에 없는 한계가 존재했다. 이러한 한계로 인해 이 장의 연구는 2012년 자료를 일부 이용해 가계부채와 소득불균형 간의 인과 관계의 개연성 분석에 국한하는 한계가 있었음을 밝힌다.

〈그림 5-12〉는 2012년과 2013년의 이자부담률을 비교한 것이다. 이에 의하면 2012년에 비교할 때 2013년 이자부담률은 1분위와 2분위가 크게 증가했다. 그런 반면 다른 분위의 경우에는 오히려 2013년 이자부담률이 상대적으로 낮거나, 이자부담률이 높다고 하더라도 그리 크게 증가하지 않았음을 확인할 수 있다. 그러므로 저소득층의 가계 비용 부담은 2012년에 비해 2013년 크게 악화되었다고 할 수 있다. 그런데 이처럼 저소득층의 이자부담률이 증가한 것은 경상소득 증가에 비해 금융부채 증가율이 크게 확대되었기 때문이다(〈표 5-7〉 참조). 1분위의 경우 금융부채는 18.2% 증가했으나 경상소득은 단지 0.3% 증가에 그침으로써, 금융부채의 증가가 이자 비용을 증가시켜 결국 이자부담률을 상승시킨 것으로 나타났다. 이는 가계부채의 증가가 소득 증가보다는 미래의 이자 부담을 증가시키는 방향으로 나타날 수 있음을 시사하고 있다.

이제 패널 분석을 위해 금융 부문의 표본 자료를 다음과 같이 정리했다. 첫째, 차입 가구를 대상으로 하기 위해 2013년 금융부채가 존재했던 것으로

〈그림 5-12〉 이자부담률 추이

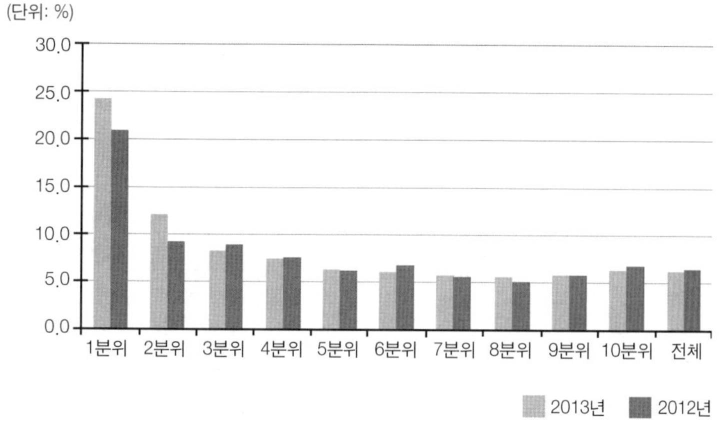

주: 이자부담률=이자 비용/경상소득.
자료: 통계청, 2013년 가계금융복지조사 원자료.

〈표 5-7〉 경상소득 및 금융부채 증가율

분위	경상소득			금융부채		
	2012	2013	증가율(%)	2012	2013	증가율(%)
1분위	574	576	0.3	3,038	3,592	18.2
2분위	1,222	1,277	4.5	2,681	3,743	39.6
3분위	1,904	2,054	7.9	4,265	4,081	-4.3
4분위	2,530	2,733	8.0	4,206	4,474	6.4
5분위	3,149	3,479	10.5	4,747	5,163	8.8
6분위	3,858	4,118	6.8	5,653	5,977	5.7
7분위	4,596	5,004	8.9	5,970	7,045	18.0
8분위	5,698	6,039	6.0	8,093	9,477	17.1
9분위	7,184	7,800	8.6	11,017	12,064	9.5
10분위	12,764	13,363	4.7	21,999	23,321	6.0
전체	4,934	5,159	4.6	7,908	8,519	7.7

자료: 통계청, 2013년 가계금융복지조사 원자료.

〈표 5-8〉 패널 자료의 기초 통계량

분위	연령	2012년 소득분위	경상소득		
			2012	2013	증가율(%)
1분위	60	2.6(-1,6)	1,566	590	-62.3
2분위	55	2.9(-0.9)	1,781	1,317	-26.1
3분위	49	3.8(-0.8)	2,535	2,145	-15.4
4분위	48	4.6(-0.6)	3,001	2,763	-7.9
5분위	47	5.3(-0.3)	3,594	3,554	-1.1
6분위	47	6.0(0.0)	4,067	4,226	3.9
7분위	48	6.8(0.2)	4,811	5,078	5.6
8분위	47	7.6(0.4)	5,627	6,083	8.1
9분위	47	8.6(0.4)	7,152	7,847	9.7
10분위	49	9.4(0.6)	11,821	13,471	14.0

자료: 통계청, 2013년 가계금융복지조사 원자료.

보고된 가구를 대상으로 했다. 둘째, 앞에서 설문 자료의 문제점으로 지적한 대로 2013년 금융부채가 존재하는 가구의 경우에도 이자 비용이 0으로 보고되는 가구가 상당수 존재해 이를 제외했으며, 반대로 이자 비용이 보고되었음에도 금융부채가 없다고 한 가구 역시 제외했다. 셋째, 패널 자료의 연결이 잘못되어 있는 가계 역시 제외했다. 이처럼 자료의 정확성이 부족하다고 판단되는 가구를 제외한 결과 총 3,819가구의 차입 자료만이 패널 분석을 위한 자료로 채택되었다.

〈표 5-8〉은 패널 자료의 기초 통계량이다. 1년 동안에도 차입 가구의 소득분위별 이동은 상당히 있었던 것으로 보인다. 특히 저소득층에서 소득분위의 변화가 심했던 것으로 판단되었다. 1분위의 경우 경상소득은 전년 대비 62.3% 하락했고, 소득분위도 평균 1.6등급 하락했던 것으로 나타났다. 반면에 10분위의 경우에는 2012년 평균 분위는 9.4였으며, 이처럼 6분위 이상에서의 평균 등급 변경은 상대적으로 크지 않았던 것으로 나타났다.

〈그림 5-13〉 2013년 기준 소득계층의 2012년 이자부담률

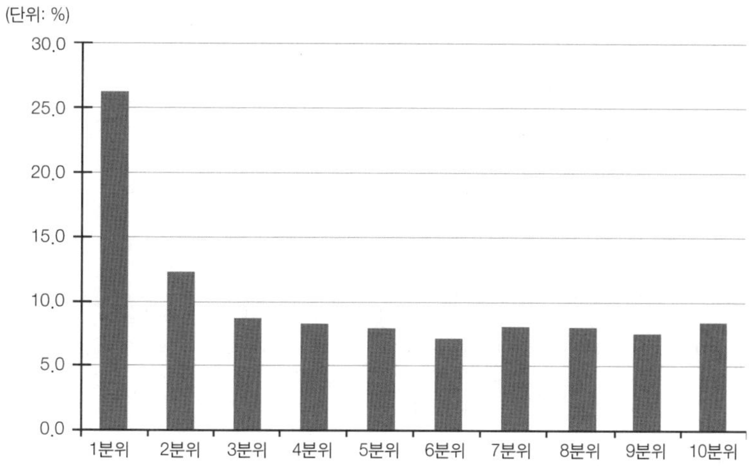

주: 가구 분위는 2013년 기준이며, 패널 자료에 이용된 차입 가구의 수치임.
자료: 통계청, 2013년 가계금융복지조사 원자료.

소득계층별로 보면 1·2분위가 2012년에 비해 소득이 크게 하락한 원인은 여러 가지 측면에서 찾아볼 수 있을 것이다. 그러나 이 장에서는 가계부채로 인한 이자 비용과의 상관성이 존재할 수 있다는 가능성만을 지적하고자 한다. 〈그림 5-13〉은 패널 자료의 가구가 2012년의 이자부담률이 어느 정도 수준이었는지를 도시한 것이다. 2013년 현재 1분위 소득 계층의 2012년 이자부담률은 26.2%였으며, 2분위는 12.3%였다. 이것은 〈그림 5-12〉에서 도시된 2012년 당시 1·2분위의 이자부담률보다도 높은 수치였다. 그리고 현재 1분위 소득 계층이 평균적으로 소득분위가 1.6 정도 높았다는 점을 감안한다면, 2013년 1분위로 분류된 소득 계층은 2012년에는 평균적으로 훨씬 높은 소득분위였을 것이다. 그것은 현재의 1분위 소득 계층이 2012년 동일한 소득 계층에 있었던 가구보다 높은 이자부담률을 평균적으로 부담했었음을 의미한다.

결국 이상의 분석 결과는 이자부담률이 높은 가구가 미래에 소득이 하락할 가능성이 높다는 점을 시사하고 있다. 물론 이러한 시차관계의 존재가 있었다고 하더라도, 그것이 저소득층의 부채 증가가 소득불균형을 야기한다는 증거는 될 수 없다. 그러나 적어도 이러한 결과는 저소득층의 부채 증가가 미래 소득수준에 대한 기대치 이상으로 과도하게 차입한 것 때문일 수도 있음을 시사한다. 즉 정책적으로 과도한 신용공급은 저소득층으로 하여금 불필요한 차입을 하도록 유발할 수 있기 때문에, 이들이 미래 소득의 증가를 기대하지 않더라도 과도하게 차입함으로써 미래의 가처분소득을 훨씬 감소시킬 가능성이 있다는 것이다. 적어도 저소득층에서의 차입이 미래소득을 증가시키는 방향으로 기여하지 않았다는 점은 확인할 수도 있는 것이다.

5. 맺음말: 정책적 시사점

이 장에서는 2013년 '가계금융복지조사'에 의거해 소득분위별 자산과 부채의 현황을 분석하고, 그것이 소득불균형에 미치는 영향을 분석했다. 특히 소득으로의 현금 흐름이라는 관점에서 금융부채가 소득불균형에 미치는 영향에 주목하고, 금융부채와 소득불균형 간의 관계를 분석하는 데 더 초점을 맞췄다. 현재 가계의 가장 큰 문제점은 자산의 대부분이 부동산 등 실물자산인 반면, 부채는 대다수가 금융부채로 구성되어 있기 때문에 발생한다. 실물자산은 그 보유로 인해 발생하는 현금 흐름이 크지 않은 반면 금융부채는 이자 지급 등으로 인해 현금 유출이 이루어지기 때문에, 이러한 비대칭적인 자산 및 부채 보유 구조는 현금 흐름에 악영향을 줄 가능성이 높다. 특히 이러한 자산 및 부채 구성이 소득분위별로 차이가 크다고 한다면, 소득불균형은 자산 및 부채로 인해 더욱 확대될 가능성이 높다고 할 수 있다. 이 장의 연구는 소득 흐름과 관련해 10분위를 제외한 대부분의 분위에서 부채로 인한 현금 유출이 자산 보유로 인한 현금 유입보다 크다는 점을 확인했고, 재산소득이 크지 않은 시점에서 금융부채로 인한 현금 유출이 소득계층별로 차이가 발생해 소득불균형이 확대될 가능성을 보게 되었다.

이러한 관점에서 이 장의 연구는 금융부채가 소득불균형에 미치는 영향에 초점을 두어 분석을 실시했다. 차입 가구를 대상으로 한 분석 결과, 경상소득 대비 이자 비용으로 정의된 이자부담률이 가장 소득이 낮은 1·2분위에 높다는 점을 확인할 수 있었다. 이러한 이자 비용 부담은 실제 소비에 사용될 가처분소득을 감소시키는 효과가 발생하기 때문에, 이자 비용을 감안할 경우 소득불균형은 더욱 심화되는 경향이 있음을 확인할 수 있었다. 또한 패널 자료 분석을 통해 이전에 이자부담이 높은 가구가 소득분위가 하락할 가능성이 높다는 것도 보여주었다. 이러한 분석 결과는 저소득층에 대한 신용공급이 오히려 저소득층의 가처분소득을 악화시키고 결국 후생을 감소시킴으로써, 오히려 실질적으로 소득불균형을 확대시킬 수 있을 가능성을 시사한다.

그러나 이러한 가계부채에 대한 영향력을 분석하는 데 이 장의 연구는 제한적일 수밖에 없었다. 특히 패널 자료의 기간이 2년이기 때문에, 가계부채가 소득불균형에 미치는 영향에 대한 분석은 한계가 있다고 판단된다. 또한 이 자료의 분석에서도 알 수 있듯이 금융거래에 대한 정보의 정확성이 의심되는 상황이기 때문에, 이러한 문제점을 수정할 수 있는 자료 조사의 보완이나 분석방법론의 개선이 추가적으로 요청된다고 하겠다. 또한 분석에 포함하지 못했지만 고령화의 문제라든지 자영업자의 문제 역시 이러한 가계부채와 소득불균형의 관계를 분석할 때 반드시 고려해야 하는 사안이라는 점도 지적하고자 한다.

이상과 같은 분석상의 한계에도 불구하고 이 장의 연구는 기존의 연구가 소득과 자산 또는 부채의 관계를 잔액 등과 같은 저량 변수를 중심으로 분석했던 반면, 부채로 인해 발생하는 유량 변수와 그로 인한 소득 흐름에 대한 영향에 초점을 맞췄다는 점에서 차별성이 존재한다고 할 수 있다. 또한 이 연구는 금융부채로 인한 문제를 가계의 파산이나 아니면 거시건전성에 초점을 두어 분석한 기존 연구에 비해 금융부채로 인한 소득 흐름의 변화와 소득계층 간의 차별적 영향을 중심으로 분석함으로써, 가계부채와 소득불균형 간의 관계를 분석했다는 차별성을 갖고 있다. 특히 소득으로 인한 가계부채의 변화라는 관점에서 탈피해 가계부채의 증가가 소득에 미치는 영향과 소득계층별로 차별화된 영향을 줄 수 있다는 관점을 제시함으로써, 가계부채가 소득불균형에 미치는 영향을 분석하는 시각의 필요성을 제기했다는 데 이 연구의 의의가 있다고 하겠다.

끝으로 이 연구의 분석 결과를 기초로 다음과 같은 정책적 시사점을 제시할 수 있겠다. 무엇보다도 이 연구의 분석 결과는 소득재분배 정책을 위해 신용정책을 이용하는 것은 매우 조심스럽게 해야 한다는 점을 제시한다. 최근 햇살론 및 미소금융 등을 비롯해 다양한 정책을 통해 저소득자에 대한 신용공급이 소득재분배 정책 차원에서 이루어지고 있다. 그러나 신용공급은 기본적으로는 차입자가 상환 능력이 존재한다는 점을 전제하는 것이다. 만약 차입자가 상환 능력이 존재하지 않는다고 한다면, 오히려 신용공급은 미래의 저소득자의 실질소득을 감소시키고 파산을 유발함으로써 소득불균형을 오히려 확대시키는 역할을 할 수도 있다. 한편 상환 능력이 있음에도 불구하고 금융시장으로의 접근이 차단되어 소득을 증가시킬 수 없는 차입자에게 신용공급이 이루어진다면 그것은 소득불균형을 개선시키는 데 도움이 될 수도 있을 것이다. 그러나 저소득자에 대한 자금 공급이 충분한 선별 과정이 없이 이루어진다면, 상환 능력이 부족한 차입자가 과도한 부채 비용을 부담함으로써 오히려 미래의 소득이 하락하는 결과를 가져올 수도 있다.

이렇게 볼 때, 이 연구는 저소득층을 위한 신용공급 정책이 다음과 같은 관점에서 실행될 필요가 있음을 제시한다. 첫째, 상환 능력이 없는 저소득층에 대한 소득 보전은 금융정책이 아닌 재정정책을 통한 보조금이나 복지 혜택을 제공하는 것이 바람직하다. 둘째, 소득재분배를 위한 저소득층에 대한 신용공급은 일반적인 경우와 마찬가지로 대출 심사 기능을 확대해 상환 능력에 따라 신용공급을 하도록 하는 것이 소득불균형 완화에 좀 더 기여할 것이다. 셋째, 저소득층의 과도한 채무 부담을 방지하기 위한 차원에서, 단순한 자금 공급이 아닌 저소득층에 대한 자문 및 교육 등 부수적인 지원이 병행되는 것이 바람직하다.

참고문헌

강신욱 외. 2014.『소득불평등 심화의 원인과 분배구조 개선을 위한 정책방향』. 한국보건사회연구원. 연구보고서2014-04.

김경아. 2011.「국내가계의 부채증가 추세 및 요인에 관한 연구: 미시자료에 대한 분석을 중심으로」. ≪응용경제≫, 제13권 제1호, 209~237쪽.

김낙년. 2012.「한국의 소득불평등, 1963~2010: 근로소득을 중심으로」. ≪경제발전연구≫, 제18권 제2호, 125~158쪽.

김우영·김현정. 2009.4.「가계부채의 결정 요인 분석」. ≪금융경제연구≫. 한국은행.

김학주. 2005.「소득계층별 가계의 부담부채 연구」. ≪사회보장연구≫, 제21권 제1호, 119~147쪽.

박대근. 2010.「우리나라 가계의 자산보유 특성과 결정요인: 주식 직접투자 결정을 중심으로」. ≪한국경제연구≫, 제28권 제2호, 93~122쪽.

성명재. 2011.「소득 분배 개선을 위한 조세·재정정책방향」. ≪응용경제≫, 제13권 제2호, 31~70쪽.

여윤경·주소현. 2009.「가계의 순자산과 자산 배분에 관한 연구」. ≪산업경제연구≫, 제22권 제5호, 2109~2129쪽.

유경원. 2009.「가계부채 문제에 관한 분석: 미시자료를 중심으로」. ≪경제분석≫, 제15권 제4호, 1~32쪽.

전승훈·임병인.「금융위기 전후 가계부채 보유실태 및 부채위험 분석」. ≪재정정책논집≫, 제14권 2호, 67~102쪽.

최원호. 2013.「가계부채와 금융자산보유에 관한 연구」. ≪재무연구≫, 제26권 제4호, 527~559쪽.

홍기석. 2013.「가계부채와 부동산」. ≪한국경제의 분석≫, 제19권 제3호, 99~161쪽.

함준호·김정인·이영숙. 2010.「개인CB 자료를 이용한 우리나라 가계의 부채상환위험 분석」. ≪한국개발연구≫, 제32권 제3호, 1~34쪽.

Bertrand, Marianne and Adair Morse. 2013. "Trickle-Down Consumption." *Working paper*, March.

Greenwood, Jeremy and Boyan Jovanovic. 1990. "Financial Development, Growth, and the Distribution of Income." *The Journal of Political Economy*, Vol.98, No.5, pp. 1076~1107.

Iacoviello, Matteo. 2008. "Household Debt and Income Inequality, 1963~2003." *Journal of Money, Credit and Banking*, 40(5), pp.929~965.

Kumhof, Michael, Romain Rancière and Pable Winant. 2013. "Inequality, Leverage and Crises." *Working Paper*, June.

Piketty, Thomas. 2014. *Capital in the Twenty-First Century*. Belknap Press.

제6장

고객신용도와 금융회사의 가계신용 공급*

이건범 | 한신대학교 경영학과 교수

1. 머리말

2000년대 이후 지속적으로 증가한 가계대출은 2013년 말에 이미 1,000조 원에 이른 것으로 파악되고 있다. 한편 서브프라임 위기와 버블 붕괴가 세계 경제에 암운을 드리웠다는 것은 잘 알려진 사실이다. 이에 따라 우리나라에서도 가계부채의 규모 및 부실 가능성이 많은 우려를 낳고 있다.

한편 가계부채의 규모와 함께 가계부채의 미시적 구조도 매우 중요한 관심사라고 할 수 있다. 경제 이론에서 담보 및 소득이 낮아 신용 제약을 받는 현실을 감안해 금융 기법이 발달하는 등 금융이 심화되어 금융 이용 기회가 확대될 경우 저소득층의 경제적 기회가 확대되어 소득불평등도를 완화시킬 수 있다는 견해가 존재한다. 한편 가계부채의 증가는 어려운 형편으로 인한 예산 제약 완화를 위한 행동에서 결과된 것으로서 소득 불안정 및 분배 악화

* 이 글은 ≪경제발전연구≫ 제20권 제2호(2014.2)에 게재된 논문을 수정·보완한 것이다.

가 부채 증가로 연결된다고 보는 견해도 있다. 이러한 점을 고려할 때 가계신용의 공급기관인 금융회사가 어떻게 전략적으로 대응하는지도 매우 중요한 문제라고 할 수 있다. 우리나라의 경우 IMF 외환위기 이후 경기 악화, 급감한 기업자금 수요, 부동산 가격의 높은 증가세, 금융 안정을 위한 정부의 거시적·미시적 대응 등 급변하는 금융 환경 속에서 금융회사들은 수익성과 위험성을 고려하면서 성장을 모색했다. 그러나 외환위기 이후 최근까지의 과정을 살펴볼 때 우리나라에서는 금융업종에 따라 대응 형태 및 성과에서 차이가 있었다고 할 수 있다. 물론 금융회사 간 구조조정의 차이를 가져온 것은 IMF 외환위기라고 할 수 있다. 그러나 이후 금융회사들은 부동산 담보대출 확대, 신용카드 위기, 금융배제(financial exclusion)에 대한 대응 요구 등 주로 가계대출과 관련된 업무로 인해 큰 변화를 겪게 되었다. 이러한 변화에 대해 모든 업권이 동일하거나 유사한 대응을 했다고는 볼 수 없는데, 그것은 각 업권별 대응 능력, 목표하는 경영 전략, 외환위기 이후 구조조정의 효과 등에 영향을 받았다.

이 장에서는 가계부채가 확대되는 과정에서 고객의 신용에 대해 금융회사들이 보인 태도는 어떻게 차이가 났으며 신용도별 고객군을 어떻게 설정했는지에 대해 살펴봄으로써 신용등급을 둘러싼 금융업권의 구조를 살펴볼 것이다. 우리나라에서 가계신용은 외환위기 이후 크게 증가했는데 이러한 과정에서 가계부채를 공급하는 금융회사들은 수익성과 위험성을 고려해 행동했다고 할 수 있다. 더욱이 기업 평가와는 달리 개인에 대한 정보가 부족한 상태에서 기업의 금융 수요를 대체해 가계금융을 확대하는 것은 매우 큰 위험을 감수해야 하는 행동이었다고 할 수 있다. 2000년대 초반에 일어난 신용카드 사태와 2000년대 중반에 상호저축은행이 보여준 소액 신용대출의 부실화는 이러한 위험을 나타낸다. 더욱이 가계신용이 매우 빠른 속도로 증가했음에도 불구하고 살인적인 고금리를 요구한 불법 대부업자 및 법정 한도의 고금리인 대부업이 여전히 다수 존재하는 것은 가계신용의 규모는 증가했으나 구조적인 측면에서 개선의 필요성이 있음을 보여주는 것이라고 할 수 있다.

가계부채가 확대되면서 우리나라에서는 고객의 신용도에 대한 이용이 금융회사의 역량을 결정하는 주요 요소가 되었다. 정보비대칭이 존재하는 상황에서 금융회사는 고객의 상환 능력에 대한 정확한 평가를 통해, 대출이 부실화되는 것을 방지할 수 있다. 고객의 정보를 파악하는 것이 어려울 경우 역선택이 발생할 수 있으며, 이럴 경우 금융회사의 금융 중개 기능은 위축될 수 있다. 고객에 대한 정확한 평가를 위해 금융회사는 고객에 대한 다양한 정보를 수집하고 평가해 대출을 실행한다. 신용정보회사[1]가 제공하는 신용등급은 이러한 정보 중 가장 중요한 것 중 하나로 외환위기 이후 금융회사들이 본격적으로 활용하기 시작했다. 신용등급은 미국의 경우 소비자 신용이 확대되면서 그 이용도가 함께 증가했으며, 우리나라에서는 외환위기 이후 본격적으로 이용되기 시작했다.

이 장에서는 우리나라 가계부채의 증가 현황과 금융회사의 신용등급별 신용공급 구조를 살펴보고자 한다. 이를 위해 우선 제2절에서는 가계신용 확대의 현황과 구조를 고찰하며, 제3절에서는 개인 신용등급의 개념과 현황을 분석하고, 신용평점(credit scoring) 제도의 연혁과 내용을 살펴볼 것이다. 제4절에서는 신용대출의 금융업권별 신용등급 현황을 살펴 담보대출과 비교·분석하며, 우리나라에서 가계신용 공급이 확대되는 과정에서 금융

1) 우리나라의 '신용정보의 이용 및 보호에 관한 법률'에서는 신용정보업을 신용조회업, 신용조사업, 채권추심업의 일부 또는 전부를 영위하는 것을 의미하는데, 이 장에서는 신용조회 업무에 집중해 서술하겠다.

회사의 가계대출 전략에 대해 살펴볼 것이다.

2. 가계신용 확대의 현황과 구조

우리나라 가계신용(한국은행 정의) 전체의 공급은 외환위기 이후 2002~2003년의 신용카드 위기 시를 제외하고는 지속적으로 상승해왔으며, 글로벌 금융위기 이후 성장률이 하락했으나 여전히 지속 성장해왔다고 할 수 있다. 이러한 성장세는 개인 가처분소득에 대한 가계부채의 비율을 지속적으로 상승시켜 2011년 말 현재 164%에 달하고 있으며, 이는 2002년 말 131%에 비해 33%p 상승한 것이다. 또한 GDP 대비 가계부채의 비율은 같은 기간에 74%에서 89%로 15%p 상승했다.

〈그림 6-1〉 우리나라 가계부채 추이

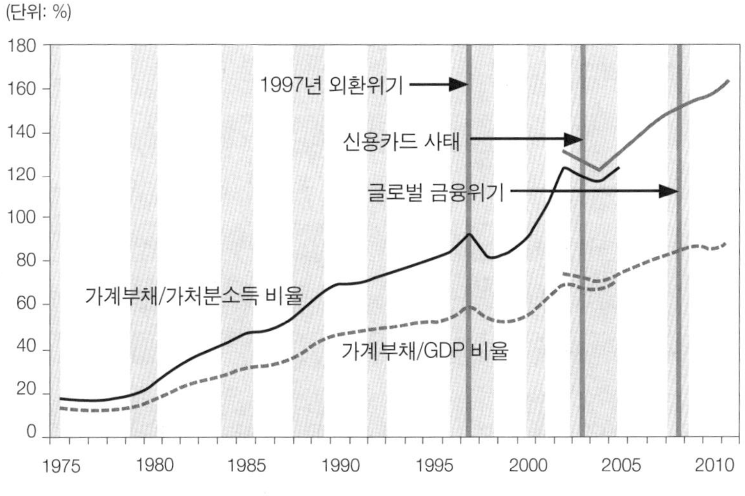

주: 2003년 이후는 93SNA 기준으로 편제되면서 시계열 단절.
자료: 김현정 외(2013: 5)

〈표 6-1〉 OECD 주요국의 가계부채 추이

	명목 GDP 대비 비율(%)				변동(%p)		
	1980	1990	2001	2010	1980~1990	1990~2000	2000~2010
미국	52	64	74	95	12	10	21
일본	60	82	84	82	22	5	-5
독일	59	61	73	64	2	13	-9
프랑스	27	46	47	69	18	2	22
영국	37	73	75	106	36	2	31
이탈리아	6	21	30	53	15	9	23
캐나다	56	63	67	94	7	4	27
호주	42	46	74	113	5	27	39
오스트리아	41	41	47	57	0	6	10
벨기에	35	38	41	56	3	3	15
덴마크	29		95	152			57
핀란드	8	48	35	67	19	-14	33
그리스	43	9	20	65	1	11	45
네덜란드		49	87	130	6	38	43
노르웨이	15		64	94			31
포르투갈	24	23	75	106	7	52	31
스페인	53	41	54	91	17	13	37
스웨덴		61	51	87	8	-10	36
18개국 전체							
중위수	39	47	65	94	8	8	31
가중 평균	46	60	69	90	14	9	18
단순 평균	37	48	61	93	11	11	27
G7	43	59	65	87	16	6	16
기타 선진국	32	39	58	97	7	14	34
표준편차	17	20	21	28			
한국	16	47	55	86	30	11	32

자료: 김현정 외(2013: 6).

이와 같은 가계부채의 증가는 다른 OECD 국가와 비교해볼 때 매우 이례적인 것이라고 보기는 어렵다. 〈표 6-1〉의 표에서 우리나라의 1990년대와 2000년대 가계부채의 명목 GDP 대비 비중의 변화는 각각 8%p와 32%p인

데, 이는 OECD 18개국의 중윗값과 유사한 수치를 보이고 있다. 다만 서브프라임 위기 이후 선진국에서 그 비율이 정체 내지 감소하고 있으나, 한국에서는 지속적으로 증가하고 있다.

그러나 이와 같은 가계부채의 확대가 경제적 기회를 확대해 소득 분배를 개선했는지는 의문이다. 경제 이론에 따르면 담보 및 소득이 낮아 금융기회가 제약되었던 차입자가, 금융발전 또는 금융기회의 확장을 통해 소득을 높이고 결국은 경제의 불평등이 완화되는 것을 예측한다. 실증 연구에서도 금융발전과 소득 분배의 형평성이 동행해 나타나는 것으로 보고하고 있다 (Demirguc-Kunt and Levine, 2008; Beck et al., 2007; World Bank, 2008 참조). 즉 가계부채의 확대는 금융발전과 경제성장 그리고 분배 개선의 효과를 기대할 수 있게 하는 것이지만, 적어도 우리나라의 자료를 살펴볼 때 이러한 효과는 나타나지 않았다고 할 수 있다.

우리나라의 가계신용 공급은 외환위기 이후 2002~2003년 신용카드 위기 시를 제외하고 지속적으로 상승해왔다(이건범, 2012). 과중한 가계부채 문제가 경제에 부정적인 영향을 미치고 있으나, 기회의 측면에서 볼 때 가계부채의 증가는 그만큼 금융 수요에 대응해 공급이 늘어난 것이라고 볼 수 있으므로, 경제적 기회를 확대하는 역할을 했을 것으로 기대할 수 있다.

〈그림 6-2〉에서 볼 수 있듯이 금융기회 확대의 지표로서 가계신용의 증가를 소득 분배의 변화와 비교해 살펴볼 때, 오히려 가계신용의 증가가 소득 분배의 악화와 관련되어 있다. 이는 적어도 우리나라에서는 가계신용의 증가가 소득 분배의 개선에 도움이 되지는 않았다는 것을 의미한다고 할 수 있다.

우리나라에서 가계신용의 공급이 어떤 경로를 통해 이루어졌는지를 살펴볼 때 최근 비은행권이 다소 높은 성장세를 보이고 있기는 하지만, 외환위기 이후 수년간 은행과 비은행의 뚜렷한 격차가 지속되었음을 확인할 수 있다.

〈그림 6-2〉 소득 분배의 변화와 가계신용의 증가

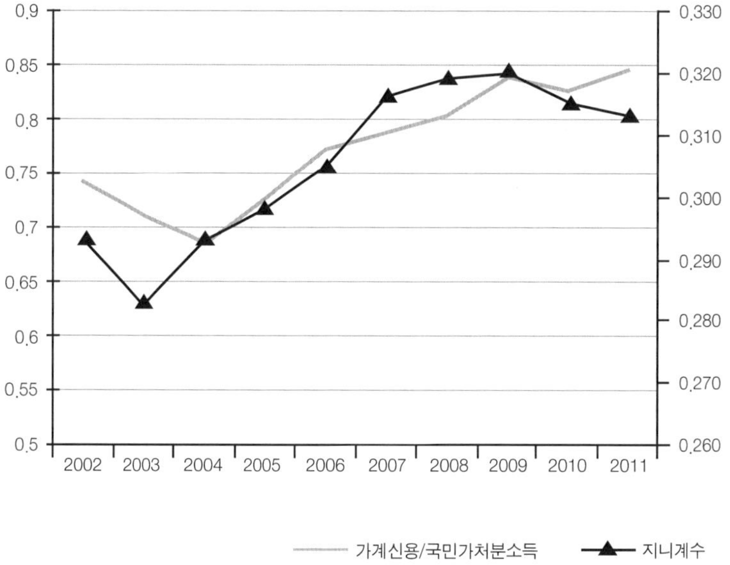

자료: 이건범(2012).

최근 은행권이 전체 가계신용에서 차지하는 비중이 다소 감소하기는 했으나, 외환위기 이전과 비교할 때 은행권이 전체 가계신용 공급에서 차지하는 비중은 약 30%에서 약 50% 수준으로 증가했으며, 최근 비은행수신 증가는 외환위기 이전의 상대적 비율로 복귀하는 과정이라고 할 수 있다.

은행권의 가계 자금 공급의 비약적 증가에는 은행의 여신 전략, 주택 가격의 상승 등 여러 요인이 있으나, 공적 자금의 대규모 투입과 조속한 구조조정이 중요한 역할을 수행했다고 할 수 있다. 반면 상호저축은행, 신협 등은 대규모 구조조정으로 물리적 접근성이 크게 약화된 가운데 구조조정 지연으로 은행에 비해 상대적으로 수신경쟁력이 떨어져 여신 공급 증가율에서 은행과 격차가 확대되었다. 2000년대 후반 이후 정부의 가계대출 억제 정책

〈표 6-2〉 가계신용의 금융기관별 구성

(단위: %)

	2003	2004	2005	2006	2007	2008	2009	2010	2011
가계신용	100.00	100.00	100.00	100.00	100.00	100.00	100.00	100.00	100.00
가계대출	94.36	94.89	94.84	94.81	94.70	94.48	94.63	94.14	93.99
예금 취급 기관	68.22	71.94	72.44	73.02	71.25	71.22	70.85	70.39	70.14
예금은행	53.76	55.91	56.28	57.03	54.66	53.71	52.77	51.17	49.99
비은행 예금 취급 기관	14.46	16.03	16.16	16.00	16.59	17.51	18.07	19.22	20.15
상호저축은행	1.69	1.79	1.53	1.26	1.02	0.95	0.94	0.97	1.12
신용협동조합	1.46	1.58	1.62	1.57	1.71	1.78	1.92	2.08	2.17
상호금융	8.40	9.71	10.23	10.50	11.12	11.83	12.23	12.61	13.00
새마을금고	2.62	2.69	2.50	2.33	2.41	2.59	2.76	3.39	3.68
우체국 등	0.29	0.25	0.29	0.33	0.35	0.35	0.21	0.18	0.18
기타 금융기관 등	26.14	22.95	22.40	21.78	23.45	23.27	23.78	23.75	23.85
보험기관	9.09	9.17	8.92	8.50	8.57	8.74	8.52	8.06	8.19
연금기금	1.10	1.15	1.13	1.09	1.17	1.17	1.10	1.05	1.01
여신 전문 기관	7.91	5.37	4.38	4.16	4.61	4.33	4.07	4.31	4.26
공적 금융기관	3.61	3.97	4.19	4.15	4.20	4.33	4.06	3.64	3.34
기타 금융중개회사	4.33	3.16	3.67	3.76	4.78	4.61	5.80	6.10	6.25
기타	0.12	0.12	0.12	0.12	0.11	0.08	0.23	0.59	0.79
판매신용	5.64	5.11	5.16	5.19	5.30	5.52	5.37	5.86	6.01
여신 전문 기관	5.46	5.00	5.02	5.03	5.16	5.41	5.28	5.74	5.89
판매 회사	0.18	0.11	0.14	0.16	0.14	0.10	0.10	0.12	0.11

자료: 한국은행.

으로 은행 대출이 2007년부터 둔화되어 여타 금융업권 중 상호금융을 중심으로 가계신용 공급이 상승했다. 그러나 외환위기 이전과 비교할 경우 은행 이외 기관의 비중은 여전히 낮은 상태라고 할 수 있다.

가계금융조사 자료를 통해 소득분위별로 어떠한 금융기관을 통해 부채를 조달하는지 살펴볼 때 고소득층일수록 은행을, 저소득층일수록 여타의 금융

〈표 6-3〉 외환위기 이후의 금융 구조조정

(단위: 개, %)

금융권	1997년 말(A)	구조조정(B)	신설	2002년 말	구조조정 비율 (B/A)
은행	33	14	1	20	42.4
저축은행	231	126	12	117	54.5
신협	1,666	423	9	1,252	25.4
종금	30	28	1	3	93.3
증권	36	8	16	44	22.2
투신	30	7	8	31	23.3
보험	50	15	9	44	30.0
리스	25	10	4	19	40.0
계	2,068	631	59	1,510	29.8

자료: 공적자금백서(2002.6).

〈표 6-4〉 소득분위별 은행 및 비은행 금융기관 차입 비중

(단위: %)

	1분위	2분위	3분위	4분위	5분위
예금은행	50.1	56.3	59.3	64.7	74.8
비은행 금융기관	49.9	43.7	40.7	35.3	25.2
비은행 예금 취급 기관	33.9	29.2	26.7	25.0	18.8
보험회사	3.1	3.4	3.6	3.3	2.6
신용카드사	3.5	3.9	1.6	1.0	0.4
대부업체	0.4	0.5	0.2	0.4	0.1
기타	8.9	6.7	8.5	5.6	3.2
합계	100.0	100.0	100.0	100.0	100.0

주: 부채 보유 가구를 대상으로 함. 비은행 예금 취급 기관은 저축은행, 신협, 농수협, 새마을금고 등임. 기타는 직장, 각종 공제회, 개인 등.

자료: 2012 가계금융조사.

기관을 이용하고 있음을 확인할 수 있다. 2010년의 경우 소득 1분위의 금융기관으로부터 차입에서 예금은행의 비중은 50.1%인 반면, 5분위에서의 비중은 74.8%에 달하고 있다. 한편 비은행 예금 취급 기관으로부터의 차입은 1분위의 경우 33.9%인 반면, 5분위는 18.8%에 불과하다.

〈표 6-5〉 소득분위별 신용대출 기관 부채 분포

	신용대출 기관						
	계	은행	저축은행	비은행 금융기관	보험회사	개인	기타
전체	100.0	46.2	0.5	22.2	2.1	13.4	15.6
1분위	100.0	9.7	0.0	9.0	1.4	17.8	62.0
2분위	100.0	34.4	0.4	27.1	1.8	18.7	17.7
3분위	100.0	36.3	0.5	32.5	2.7	22.3	5.7
4분위	100.0	52.9	1.0	21.6	3.6	13.6	7.3
5분위	100.0	63.4	0.4	20.6	1.4	5.8	8.3

주: 비은행 금융기관은 신협, 단위농수협, 우체국, 새마을금고와 농협 및 수협중앙회. 기타에는 대부업체, 직장, 각종 공제회 등.
자료 : 2012 가계금융조사.

〈표 6-6〉 금융기관별 점포 수도권 비중

	수도권 점포 수		수도권 점포의 비중(%)		지방 점포 수	
	1997	2010	1997	2010	1997	2010
은행	3,413	3,411	57.0	61.1	2,575	2,172
상호저축은행	137	224	40.2	60.1	204	149
신협	440	297	26.4	30.9	1,226	665
상호금융	226	228	13.0	16.4	1,507	1,164
새마을금고	877	451	32.0	30.5	1,866	1,029
합계	5,093	4,611	40.8	47.1	7,378	5,179

자료: 류덕위(2011)에서 재작성.

더욱이 담보 능력이 떨어지는 서민의 자금 공급원이라고 할 수 있는 신용대출에서 소득별 금융기관 대출 비중을 보면 고소득층의 경우 상대적으로 은행의 비중이 높으며, 저소득층은 비전형적인 대출이라고 할 수 있는 '기타'의 비중이 높게 나타난다. 이는 소득이 낮은 층일수록 일반적으로 접근성이 용이한 은행의 이용이 제약되고 금리 등에서 불리한 비은행 금융기관이나 대부업, 또는 비전형적 방법에 의해 자금을 조달하고 있음을 시사한다.

한편 점포의 지역별 분포를 볼 때 외환위기 이후 금융 구조조정은 수도권과 비수도권의 불균형적 분포를 초래했다고 할 수 있다. 일반적으로 금융회사의 물리적 접근 가능성은 금융배제의 중요한 원인의 하나로 지적되고 있다. 특히 소득, 신용평점 등과 같은 경성정보(hard information)보다는 거래 관계나 사회적 관계 그리고 정성적인 판단에 기반을 둔 연성정보(soft information)에 의존할 수밖에 없는 저소득층이나 저신용등급의 차주에게는 이와 같은 정보를 전달할 수 있는 금융회사와의 접근 가능성이 차입에서 매우 중요한 결정 요소라고 할 수 있다. 물론 과학적이고 통계학적인 자료에 근거한 신용정보의 활용도가 금융회사의 연체 관리나 수익성 향상에 기여했다고 할 수 있으나, 신용정보의 체계적인 축적이 이루어지기 전 대출시장에서 대출심사자의 능력이 매우 중요한 요소로 평가되었다는 점을 고려할 때 고객접점에서 중요한 점포 수의 변화는 영업력에 큰 영향을 미칠 수 있다.

우선 1997년과 2010년의 점포 수를 비교할 때 은행, 상호저축은행, 신협, 상호금융에서 점포의 수도권 비중이 모두 증가한 것을 확인할 수 있다. 은행의 경우 수도권 점포 수는 같은 기간에 정체였으나 지방의 점포 수는 2,575개에서 2,172개로 감소해 수도권 점포의 비율이 증가했고, 상호저축은행은 지방의 점포가 204개에서 149개로 감소한 반면 수도권의 점포 수는 137개에서 224개로 크게 증가했다. 신협과 새마을금고의 경우 수도권의 점포가 각각 전체의 30.9%, 30.5%로 조금 상승했는데 이는 동기간 수도권 점포에 비해 지방의 점포가 크게 감소했기 때문이다. 농협 등 상호금융은 수도권의 점포가 16.4%에 불과하지만, 지방 점포 수가 크게 감소했기 때문에 그 비율이 상승했다. 이상과 같은 점포 수의 변화는 여신의 분포에도 영향을 미쳐 은행과 저축은행의 경우 수도권에 대한 여신의 비중이 2005~2009년에 상승하는 데 기여했을 것으로 추정된다. 또한 수도권(서울·경기·인천)

〈표 6-7〉 각 금융권별 수도권 여신 비중

	2004	2005	2006	2007	2008	2009	2010	2011
은행	0.665	0.667	0.671	0.683	0.696	0.700	0.701	0.698
상호저축은행	0.616	0.628	0.657	0.685	0.696	0.717	0.731	0.812
신협	0.321	0.334	0.345	0.353	0.362	0.366	0.345	0.323
상호금융	0.349	0.369	0.381	0.400	0.408	0.414	0.416	0.415
새마을금고	0.382	0.383	0.393	0.413	0.428	0.423	0.398	0.372

자료: 한국은행.

지역의 인구는 1995년 대비 2010년에 16.4% 증가한 반면, 동기간 지방의 인구는 0.6%로 소폭 증가했으며, 수도권의 인구 비중이 1995년 45.2%에서 2010년 48.9%로 증가한 것도 영향을 미쳤을 것으로 본다.

다음으로 금융회사의 대출 형태별 구조 변화를 살펴볼 때 금융회사별로 담보대출과 신용대출 비중의 구성이 차이가 나는 것을 확인할 수 있다. 우선 외환위기 시 금융 구조조정 이후 비은행 예금 수취 기관의 신용대출 비중은 지속적으로 하락하고 있다. 상호저축은행이나 조합형 금융기관의 신용대출 비중은 2000년대 초 20% 중반에서 이후 10% 초반대로 계속 하락한 반면, 은행의 신용대출 비중은 40% 이상의 비중을 유지하고 있다.[2] 상호저축은행의 경우 2000년대 초반 소액 신용대출 시장에 진출해 단기에 자금 공급을 늘려 건전성 문제에 직면한 이후 지속적으로 신용대출을 축소했고, 조합형 금융기관의 경우 외환위기 이후 건전성을 강조하는 감독 기조에 부응하는 한편, 수익성 중시 경영의 확대로 담보대출 위주의 여신 전략을 추구한 것도 이러한 비중 변화에 기여했다고 할 수 있다. 더욱이 과학적 신용 분석 능력이 체

2) 신협의 경우 부동산 담보대출자에 대한 신용대출을 제외한 순수 신용대출은 지역조합 기준으로 4.76%에 불과하며, 특히 보증인 없이 실행된 대출은 1.95%에 불과해 지역 조합의 경우 엄격한 의미의 순수 신용대출의 비중은 극히 미미한 실정이다(신협중앙회 조사연구실, 2012).

〈표 6-8〉 신용대출의 비중 추이

(단위: %)

구분	2003	2004	2005	2006	2007	2008	2009	2010	2011
은행	39.3	40.7	40.8	41.5	43.2	45.6	44.8	43.2	42.5
비은행	25.0	21.5	17.3	16.3	13.5	12.0	11.2	10.2	11.3
상호저축은행	45.3	38.7	34.1	27.2	21.6	19.4	19.2	19.3	22.6
농협상호금융				16.0	14.0	12.5	11.5	10.3	
신협				21.8	17.6	14.9	12.1	9.6	8.6
새마을금고	4.6	4.3	0.4	0.2	0.8	1.1	2.1	1.5	2.6

자료: 손상호·이재연(2013).

계적으로 구축되지 않은 상황에서 인원이 제한된 상호금융기관의 경우 기업대출에 비해 건당 대출 금액이 적고 처리 건수가 많은 신용대출을 확대하는 것이 용이하지 않은 점도 신용대출 축소에 기여했을 것으로 보인다.

한편 각 업권별 대출 금리를 살펴볼 때, 제공하는 금리에 차이가 존재하는 것을 확인할 수 있다. 우선 신용대출의 경우 은행이 가장 낮은 금리를 보이고 있고 상호금융이 그보다 다소 높은 금리를 보이고 있다. 이어서 신용카드, 캐피털이 각각 10%대 후반, 20%대 후반의 금리로 공급하고, 저축은행과 대부업이 법률적 제한에 의한 이자율 상한에 근접한 금리를 적용하고 있다.

그리고 금융회사별 신용대출 금리에서도 큰 차이를 보이고 있음을 신용대출 적용금리 분포에서도 확인할 수 있다. 은행은 대부분 8% 이하의 저금리로 신용대출을 운용하는 반면에 캐피털사와 저축은행은 20% 후반의 높은 금리로 신용대출을 운용하고, 대부업은 대부분 법정 한도에 근접한 금리로 신용대출을 유지하고 있다.

농협이나 신협 등 상호금융기관의 신용대출도 은행과 같이 낮은 금리대로 공급되고 있는데, 상호금융에서 매우 낮은 금리의 신용대출이 큰 비중을 차지하는 것은 각종 정책 자금 및 농신보 보증 지원3)을 많이 취급하기 때문

〈표 6-9〉 업권별 대출 종류별 가중 평균 금리

(단위: %)

구분		2009	2010	2011
주택 담보대출	은행	5.54	5.00	4.92
	상호금융(농협 기준)	6.66	6.01	5.95
	보험	5.70	5.30	5.13
	저축은행	11.33	10.61	10.21
	캐피털	7.52	8.53	8.32
신용대출	은행	5.96	6.01	6.58
	상호금융(농협 기준)	7.83	7.31	7.25
	보험	14.30	14.86	14.25
	저축은행	31.05	33.41	33.02
	카드	20.78	19.11	19.30
	캐피털	31.34	29.04	26.51
	대부업	41.70	42.30	39.00

자료: 금융감독원.

이라고 할 수 있다.

한편 주택담보 대출의 금리 적용은 신용대출과는 차이가 난다고 할 수 있는데, 신용대출과는 달리 대부분 금융회사가 10% 미만의 금리로 담보대출을 실행했고 금융회사별 금리격차가 크지 않았다. 이는 주택담보 대출의 경우 신용대출과는 달리 담보물이 존재하기 때문에 위험 조정 가격 산정의 효과가 크지 않기 때문이라고 할 수 있다.

결국 외환위기 이후 금융구조가 변화하는 과정에서 가계신용의 확대는 최근 비은행금융회사의 비중이 소폭 상승하고는 있으나 은행을 중심으로 이루어졌다고 할 수 있으며, 은행의 주고객층이 소득이 높은 계층임을 고려할

3) 주로 농어업인(개인) 대출 위주로 지원되며, 1998년 이후 일곱 차례에 걸친 농어가 부채 대책 특례보증 지원 및 태풍, 기름 유출, AI 등 재해·재난 극복을 위한 재해 대책 특례보증 상시 지원 등이다.

〈표 6-10〉 신용대출의 적용금리 분포(2011년 말 잔액 기준)

(단위: %)

	은행	상호금융	보험	카드	캐피털	저축은행	대부업	계
0~4	2.19	35.79	0.68	0.01	0.00	0.00	0.00	4.40
4~8	84.02	28.37	11.84	3.34	0.01	0.13	0.00	58.21
8~12	9.66	35.34	17.21	7.47	0.78	0.34	0.00	10.75
12~16	4.13	0.49	46.87	12.90	1.98	1.11	0.00	5.79
16~20	0.00	0.00	9.41	21.34	8.33	1.11	0.00	3.56
20~24	0.00	0.00	4.88	19.58	10.65	3.46	0.00	3.34
24~28	0.00	0.00	5.39	23.18	25.63	11.83	0.00	4.54
28~32	0.00	0.00	3.72	12.19	48.26	13.11	0.00	3.56
32~36	0.00	0.00	0.00	0.00	4.35	29.92	0.00	1.07
36~	0.00	0.00	0.00	0.00	0.00	39.00	100.00	4.79
계	100.00	100.00	100.00	100.00	100.00	100.00	100.00	100.00
업권 비중	65.6	8.2	2.3	14.4	2.7	3.2	3.5	100.0

주: 신용대출은 각 업권별 가계대출에서 주택 담보대출을 제외한 대출.
자료: NICE신용평가정보.

때 이들에게 상대적으로 유리한 방향으로 공급되었을 것이라고 추정된다. 또한 수도권과 지방에 대한 금융접근성 역시 그 격차가 확대되는 방향으로 금융 구조조정이 진행되었다는 점을 고려할 때 가계신용의 접근성에서도 수도권과 지방의 불균형 성장이 이루어졌다고 할 수 있다. 또한 전 금융기관이 부동산 관련 대출을 확대했다고 할 수 있으나, 상대적으로 저소득층이 많이 이용하는 비은행기관의 신용대출 비중이 하락했다는 점을 고려할 때 제공할 담보가 부족하고 신용등급이 열악한 계층의 금융접근성이 낮아졌다고 할 수 있다. 또한 금리 운용을 살펴볼 때 주택담보 대출에서는 금리차별화의 정도가 크지 않았던 것에 비해 신용대출의 적용금리는 금융회사 간에 큰 차이가 나고 있다.

3. 개인 신용등급의 개념과 현황

신용평점(credit score)이란 대출 실행을 결정하는 데 활용하는 하나의 지표로서 신규 대출자나 기존 대출자에 대해 각종의 정보를 집적해 지수화하고 대출자 신용의 대리변수로 사용하는 것을 의미한다.

신용평점은 당초 모집단에서 구분되는 그룹들의 정확한 성격을 파악할 수 없을 때 연관된 특징을 활용해 그룹을 식별하는 방식의 하나라고 할 수 있다(Thomas, 2000 참조). 통계학에서 피셔(Fisher, 1936)가 품종을 식별하는 데 사용하면서 개발한 이 방식은 듀랜드(Durand, 1941)가 우량 대출과 불량 대출을 구분하는 데 활용하는 방법으로 도입했다. 다만 듀랜드의 연구는 미국 경제연구소(National bureau of Economic Research, NBER)의 연구용 프로젝트였으며, 그 외의 방법으로는 활용되지 않았다. 한편 미국에서 우편주문회사나 금융사들(finance houses)은 주로 신용분석가(credit analyst)에 의존해 우편 주문에 응하고 대출을 실행했는데, 이들이 징집되어 자리를 비우게 되자 이들에게 경험칙(rule of thumb)을 기록하게 하여 후임자들에게 활용하게 했다.[4] 이러한 두 가지 사건은 곧 대출 의사 결정에서 통계학적 모델을 이용하는 것에 영향을 주었다. 1950년대 샌프란시스코의 빌 페어(Bill Fair)와 얼 아이작(Earl Isaac)은 신용평점을 활용한 첫 번째 기업가로, 그들의 주 고객은 우편주문회사나 금융사들이었다.[5] 이후 1960년대 등장한 신용카드 발행자는 급증하는 카드 신청자들을 판별하는 방법으로 신용평점 방식을 적극 활용하기 시작했다. 신용평점이 확실하게 자리 잡은 것은 1976년 '동등 신용기회법(Equal Credit Opportunity Acts)'의 입법이라고 할 수 있다. 신용

4) 신용평점의 간략한 역사에 대해서는 토머스(Thomas, 2000: 151~152)를 참조.

5) 현재 미국 신용평점의 대표인 FICO 스코어가 두 명의 이름에서 출발했다.

〈표 6-11〉 개인 신용평가 등급의 결정 요소

(단위: %)

	내용	KCB	NICE	미국 FICO
상환 이력 정보	현재 연체 보유 여부 및 과거 채무 상환 이력	25	40.3	35
현재 부채 수준	채무 부담 정보(대출 및 보증 채무 등)	35	23.0	30
신용거래 기간	신용거래 거래 기간(최초/최근 개설로부터 기간)	16	10.9	15
신용 형태 정보	신용거래 종류, 신용거래 형태(상품별, 활용 비중)	24	25.8	10
신용조회 정보	신규 신용거래를 위한 신용활동 정보(조회 건수 등)	0	0.0	10
계		100	100	100

자료: NICE 신용평가정보, KCB, 2011년 말 현재.

평점 활용에 대해 소수 민족, 이민자 그룹을 중심으로 반발이 있자, 통계적으로 정당화될 수 없는 성격(characteristics)을 활용해 신용공여를 차별하는 것을 금지함으로써 오히려 적절한 신용평점의 적용을 합법화하는 계기가 되었다. 이후 신용카드에서의 신용평점(credit scoring) 활용의 성공은 1980년대 은행 대출에도 적용되어 주택담보 대출이나 중소기업 대출에 활용되었다. 이후 컴퓨팅 기술과 통계 기법의 발달로 신용평점의 기법은 다양해지고 있다. 이후 신용평점의 활용은 대출부실화를 방지하는 것뿐만 아니라 고객으로부터 최대한의 수익을 얻는 방법으로까지 활용되고 있다.[6)]

우리나라의 외환위기 이전의 신용평점제도는 한국은행이 제정한 '기업체종합평가표'와 은행별로 자체 개발한 '기업신용평가표' 등에 따라 운용되었으며, 중소기업 대출을 목적으로 '중소기업신용평가표'를 개발해 활용했다. 외환위기 이후 가계신용이 대폭 확대되면서 신용평점제도가 본격적으로 도입되었다. 특히 신용카드 사태를 겪으면서 신용평가의 중요성이 인식되었

6) profit pricing과 risk pricing이 대표적인 예이다. 신용평점제도를 소비자 신용대출에 이용한 구체적 사례는 에이나브·젠킨스·레빈(Einav, Jenkins and Levin, 2013)을 참조. 머론(Marron, 2007)은 신용평점제도의 문제점에 대해 기술하고 있다.

〈그림 6-3〉 우리나라 개인 신용정보 유통 체계

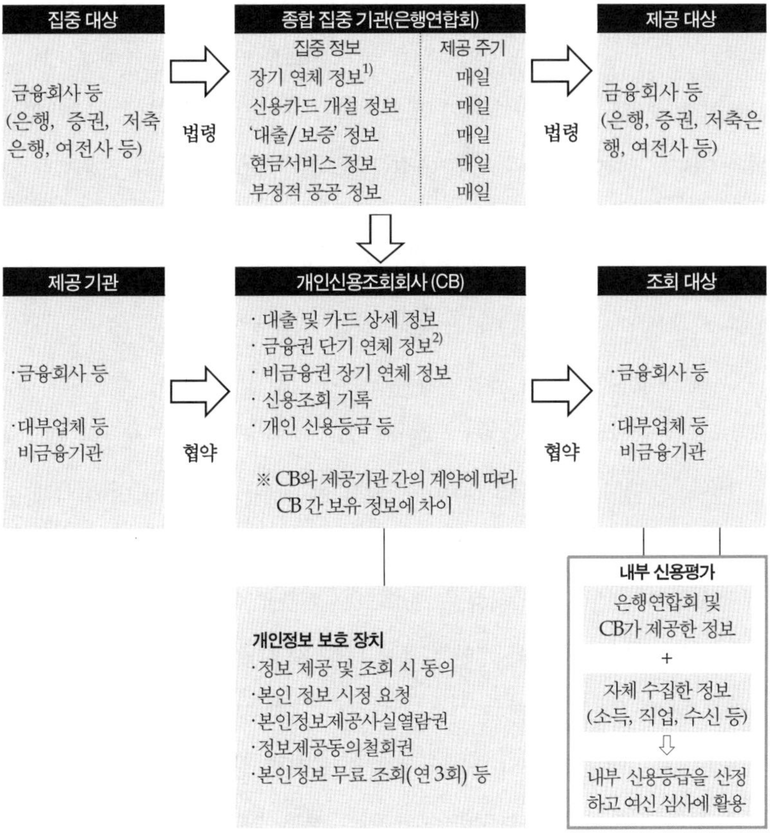

주: 1) 90일 이상, 50만 원 이상의 장기 연체 정보.
2) 5영업일 이상, 10만 원 이상의 대출 또는 카드 연체 정보.
자료: 금융위원회.

으며 우리나라 신용정보 분야가 크게 확대되었다. 각 은행이 독자적인 신용평가 시스템을 구축했으며, 'BIS협약'에서 신용위험, 시장위험, 운영위험을 반영해 자기자본 비율 산정을 요구(반드시 신용평가 또는 평가기관의 신용등급을 활용해야 함)함에 따라 신용정보 부문이 크게 발전하게 되었다.

현재 개인 신용정보는 은행연합회와 개인신용조회회사(CB)를 중심으로 금융회사 간 정보가 공유 및 활용되고 있다. 2005년 4월 신용불량자제도가 폐지되면서 은행연합회 중심의 '정보 공유 시스템'에서 현행과 같은 CB 및 금융회사 중심의 '신용평가 시스템'으로 전환되었고, 금융회사는 은행연합회와 CB가 제공한 정보와 자체 수집한 정보를 기초로 자체의 신용평점 및 등급을 활용해 대출에 활용하고 있다.

한편 개인신용정보회사는 금융회사 및 대부업체가 제공한 정보, 종합집중 기관인 은행연합회의 정보, 신용조회 기록, 개인의 긍정 정보(positive information) 등을 활용해 개인 신용등급을 산정해 금융회사에 제공한다.

일반적으로 개인 신용평점은 개인에 대한 신용정보를 종합해 1년 이내에 심각한 신용위험(90일 이상 연체)이 발생할 가능성을 통계적 방법에 의해 추론해 1~1,000점으로 점수화한 것이다. CB가 제공하는 신용평점에 따라 개별 금융회사가 대출을 실행하는 데 참고 사항으로 활용될 수 있으며, 자체 역량 및 전략 방향에 따라 개인 대출에 대한 활용과 적용 여부가 차이날 것이라고 할 수 있다.[7]

개인 신용평점은 과거와 현재의 신용거래 이력 정보에 기반을 두고 산출되며, 활용 정보의 특성에 따라 상환 이력 정보, 현재 부채 수준, 신용거래 기간, 신용 형태 정보, 신용조회 정보의 다섯 개 항목으로 구분된다. 현재 우리나라에서는 신용조회 정보의 사용이 이루어지지 않고 있으며, 상환 이력(연체 정보)의 비중은 낮고, 현재 부채 수준의 비중은 높다고 할 수 있다.

한편 신용등급은 CB가 금융회사의 활용 편의를 위해 개인 신용평점을

---

7) CB의 신용평점은 전체 신용거래 인구를 대상으로 신용위험을 평가하는 척도인 데 반해 금융회사 내부 신용평점은 금융회사의 특정 고객의 특성이 반영되며, 금융회사 내부의 자체 보유 거래 정보 및 CB사가 제공하는 신용등급 등을 종합적으로 고려해 책정되며 신용거래의 승인 여부, 대출 규모, 대출 금리 등에 영향을 미친다.

〈표 6-12〉 신용등급별 의미 및 특징

등급	구분	의미 및 특징
1~2등급	최우량	오랜 신용거래 경력을 보유하고 있으며, 다양하고 우량한 신용거래 실적을 보유하고 있음. 부실화 가능성은 매우 낮음.
3~4등급	우량	활발한 신용거래 실적은 없으나, 꾸준하게 우량한 거래를 지속한다면 상위 등급으로 진입 가능. 부실화 가능성은 낮은 수준임.
5~6등급	일반	주로 저신용업체와의 거래가 있는 고객으로 단기 연체 경험이 있음. 부실화 가능성은 일반적인 수준으로 신용 관리에 주의가 필요함.
7~8등급	주의	주로 저신용업체와의 거래가 많은 고객으로, 단기 연체의 경험이 비교적 많아 단기적인 신용도의 하락이 예상되며 주의가 요망됨.
9~10등급	위험	현재 연체 중이거나 매우 심각한 연체 경험이 있어 부실화 가능성이 매우 높으며 관리가 필요함.

자료: NICE 신용평가정보, 2012년 4월 현재.

10개 구간으로 분류한 것이다. 1~2등급인 최우량 등급은 부실화의 가능성이 매우 낮은 수준을 의미하며, 9~10등급은 현재 연체 중이거나 매우 심각한 연체의 경험이 있어 부실화 가능성이 매우 높은 집단을 의미한다.

한편 신용등급은 경기에 영향을 받으며 사회 구성원들의 상태에 따라 변화하는 것으로, 고정적인 것이 아니라고 할 수 있다.[8] KCB가 발표한 자료에 따르면 신용등급별 인원 구성 비율이 시간을 두고 변화하고 있으며, 각 등급별 불량률 및 전체 인구의 불량률도 변화하는 것으로 나타난다.[9] 2012년 12월부터 2013년 사이의 등급 변화를 살펴볼 때 같은 기간 중 신용등급 대상 인원은 약 80만 명 정도가 증가했으며, 최우량 등급의 비중이 소폭 증가한 반면 주의 등급의 비중은 소폭 하락했다.

8) 이준서·정호성(2013)은 신용등급과 관련된 정보가 시스템적 리스크를 설명하는 데 유용성이 있다는 것을 보여주고 있다.

9) 신용등급 구조의 변화에 대해서는 거시경제의 변화, 신용에 대한 태도 변화, 신용도 측정 구성 요소의 변화 등 다양한 요인이 영향을 미칠 것으로 추정되나, 이에 대한 추가적 연구가 필요하다.

또한 신용등급의 구성비의 변화와 함께 등급별 불량률도 변화한다. 즉 예를 들어 KCB 신용등급의 경우 2007년에서 2009년 사이 전체 불량률이 4.73%에서 2.82%로 크게 하락했는데, 이는 모든 등급에서 불량률이 하락한 것에 기인한다. 또한 같은 기간 중 상위 신용등급의 구성비가 증가하고 하위 계층의 구성비가 하락한 것도 영향을 주었다.[10]

한편 신용등급의 활용에서는 신용등급 모형의 타당성뿐만 아니라 신용평가 항목 및 그 가중치 선정의 자의성에 대해 의문이 제기되고 있는 실정이다. 또한 전술한 것처럼 신용등급의 변동 가능성이 높기 때문에 안정적인 신용등급 분포 및 불량률을 가정한 정부 정책이나 금융회사의 대응은 희망하는 효과를 얻기 어려울 수도 있다.

4. 금융회사의 신용등급 분포

1) 신용대출의 금융업권별 신용등급

KCB에서 제공한 자료를 중심으로 금융업권의 신용등급별 가계대출을 분석함으로써 현재 우리나라 금융회사들의 가계대출이 어떻게 이루어지고 있는지 분석하도록 하자.

우선 고려하는 금융회사는 은행, 상호금융(신협, 새마을금고, 농협, 수협, 산림조합 등), 보험, 신용카드, 캐피털, 상호저축은행이다. 금융회사의 신용등급을 살펴보기 위해 신용대출과 담보대출을 구분해 분석했으며, 계좌 수, 금

10) 신용등급 구성비의 변화와 신용등급별 불량률의 변화에 대해서는 이건범·김우진(2014)의 표를 참조.

〈표 6-13〉 업권별·등급별 신용대출의 구성

(단위: %, 개)

등급	신용대출						
	은행	상호금융	보험	캐피털	카드론	저축은행	계
1	22.3	6.7	0.6	0.1	0.0	0.0	10.9
2	14.9	10.4	1.8	0.5	0.2	0.1	8.4
3	12.9	13.5	3.4	1.0	1.0	0.2	8.4
4	12.6	14.9	8.7	3.0	6.2	0.8	10.3
5	11.4	14.2	17.1	8.2	18.9	3.2	13.9
6	9.0	13.4	20.9	15.4	27.2	10.6	15.7
7	9.1	14.1	29.2	34.8	37.1	39.3	20.4
8	3.3	6.2	9.2	13.2	5.5	20.9	5.4
9	2.0	3.2	4.5	8.9	1.7	9.9	2.7
10	2.5	3.3	4.6	14.9	2.3	15.0	3.6
계좌 수	7,319,730	2,670,162	989,574	1,201,749	4,414,976	1,533,954	16,596,191

자료: NICE 신용평가정보, 2012년 4월 현재.

액의 구성비를 살펴보고자 한다.

우선 각 업권별로 신용대출의 신용등급 분포를 살펴보았다. 계좌 수를 기준으로 볼 때 은행의 경우 1등급에 22.3%, 2등급 14.9%, 3등급 1.9%, 4등급 12.6%, 5등급 11.4%, 6등급 9.0%, 7등급 9.1%, 8등급 3.3%, 9등급, 2.0%, 10등급 2.5%의 비율을 보이고 있다. 반면 상호금융의 경우에는 그 비율이 각각 6.7%, 10.4%, 13.5%, 14.9% 14.2%, 13.4%, 14.1%, 6.2%, 3.2%, 3.3%를 보이고 있다. 계좌 수가 많은 카드론의 경우에는 1등급에서 4등급 사이의 상위 등급의 비중이 낮고, 5~7등급의 비중이 높다. 반면 상호저축은행과 캐피털의 경우에는 6~10등급의 비중이 높다. 잔액을 기준으로 각 업권별 신용등급의 분포를 살펴볼 때도 유사한 분포를 확인할 수 있다. 은행의 경우 1등급이 24.3%로 가장 높고 2~5등급이 각각 10%대를 보이고 있는 반면, 8~10등급은 1%대에 그치고 있다. 이에 반해 조합의 경우

〈표 6-14〉 계좌당 평균액

(단위: 원)

등급	신용대출						
	은행	상호 금융	보험	캐피털	카드론	저축은행	총계
1	21,260,298	14,497,878	18,450,039	11,022,660	2,583,213	15,685,812	20,571,305
2	23,435,058	13,161,514	14,609,528	10,979,426	3,808,675	20,737,571	21,103,125
3	23,538,735	12,348,006	10,924,192	10,518,595	4,123,952	27,300,871	19,617,439
4	21,584,438	11,291,945	7,965,520	9,419,244	3,817,268	16,841,433	15,410,778
5	18,469,146	10,290,387	6,549,070	8,352,296	3,517,462	10,269,928	10,445,133
6	15,055,342	8,937,432	5,593,461	7,214,790	2,924,705	6,435,217	7,335,331
7	12,660,511	9,078,568	4,879,031	6,280,579	2,303,023	4,711,229	5,807,230
8	10,386,239	9,385,606	4,594,548	5,133,650	2,205,621	5,226,191	6,494,921
9	11,046,004	11,342,091	4,678,356	4,964,348	2,605,380	8,976,187	7,677,271
10	12,979,047	9,986,351	5,439,150	5,629,257	3,171,162	5,707,051	8,116,291
평균	19,485,844	10,913,941	6,035,938	6,394,830	2,836,177	5,918,186	11,927,601

〈표 6-15〉 업권별·등급별 신용대출의 구성: 등급의 구성비

(단위: %)

등급	신용대출						
	은행	상호금융	보험	캐피털	카드론	저축은행	총계
1	12.2	-3.4	-9.5	-10.0	-10.1	-10.1	0.8
2	0.1	-4.4	-13.0	-14.3	-14.6	-14.7	-6.4
3	-4.5	-3.9	-14.0	-16.4	-16.4	-17.2	-9.0
4	-2.6	-0.3	-6.5	-12.2	-9.0	-14.4	-4.9
5	-4.0	-1.2	1.7	-7.2	3.5	-12.2	-1.5
6	-3.6	0.8	8.3	2.8	14.6	-2.0	3.1
7	1.9	6.9	22.0	27.6	29.9	32.1	13.2
8	-1.3	1.6	4.6	8.6	0.9	16.3	0.8
9	0.3	1.5	2.8	7.2	0.0	8.2	1.0
10	1.4	2.2	3.5	13.8	1.2	13.9	2.5

1등급은 10%에 미달하고 있으나, 2~7등급은 각각 10%를 상회하고 있다. 카드론은 5~7등급의 비중이 각각 20%를 상회하고 있고, 저축은행과 캐피털의 경우 6등급 이하의 비중이 높다.

계좌 수를 기준으로 하는 경우와 금액을 기준으로 하는 경우에 차이가 나는 것은, 각 업권별로 신용대출을 할 때 실행하는 금액이 차이가 나기 때문이라고 할 수 있다. 즉 다음에서 확인할 수 있듯이 은행의 계좌당 평균 금액이 약 1,900만 원으로 가장 크고, 상호금융이 1,100만 원 수준인 반면, 신용카드 카드론은 280만 원으로 가장 작은 평균 대출액을 보이고 있다. 그 이외의 캐피털, 상호저축은행, 보험은 600만 원 수준을 보이고 있다. 또한 각 업권에서도 신용등급별로 평균 대출액이 차이를 보인다. 즉 은행의 경우 1~4등급의 평균 대출액은 2,000만 원을 상회하는 반면, 7등급 이하의 평균 대출액은 10만 원을 소폭 상회하고 있다. 이렇게 상위 등급에 비해 하위 등급의 평균 대출액이 하락하는 패턴은 캐피털, 저축은행에서도 나타난다. 반면 상호금융과 신용카드의 경우 업권별 평균 대출액의 편차가 크지 않다.

〈표 6-16〉은 각 업권별 신용등급 비율에서 각 등급이 전체 인원에서 차지하고 있는 비중을 차감한 비중을 나타낸 것이다. 이러한 숫자를 비교하는 것은 앞에서 살펴본 바와 같이 신용등급별 인원의 구성이 균등하지 않기 때문이다. 2013년 9월의 경우 각 등급별 구성비가 1등급에서 10등급까지 각각 10.1%, 14.8%, 17.4%, 15.2%, 15.4%, 12.6%, 7.2%, 4.6%, 1.7%, 1.1%이다. 따라서 금융회사가 신용등급별로 모집단과 동일한 비율로 대출을 한다면 등급별 신용대출의 구성에서 등급의 구성비를 차감한 비율은 0%이어야 하지만, 만약 특정 등급에 대해 대출을 늘였다면 그 비율은 양수일 것이라고 할 수 있다.

즉 은행의 경우 계좌 수를 기준으로 할 때 1등급은 22.3%의 구성비를 보

〈표 6-16〉 업권별·등급별 신용대출의 구성: 등급의 구성비(잔액 기준)

(단위: %)

등급	신용대출						
	은행	상호금융	보험	캐피털	카드론	저축은행	계
1	14.2	-1.2	-8.3	-9.9	-10.1	-10.1	8.8
2	3.1	-2.3	-10.4	-13.9	-14.5	-14.6	0.1
3	-1.8	-2.1	-11.3	-15.7	-16.0	-16.3	-3.6
4	-1.3	0.3	-3.7	-10.8	-6.8	-12.8	-1.8
5	-4.6	-2.0	3.2	-4.8	8.0	-9.8	-3.2
6	-5.6	-1.6	6.8	4.8	15.4	-1.1	-2.9
7	-1.3	4.5	16.4	27.0	22.9	24.1	2.7
8	-2.8	0.7	2.4	6.0	-0.3	13.9	-1.6
9	-0.6	1.7	1.8	5.2	-0.2	13.3	0.1
10	0.6	1.9	3.0	12.0	1.5	13.3	1.4

이는데, 전체 모집단에서 1등급 인원의 비중은 10.1%이므로, 은행은 1등급에 대해 계좌 수를 기준으로 12.2%p를 더 대출하고 있다고 할 수 있다. 이와 같은 방식으로 각 업권별로 타깃팅하고 있는 신용등급을 식별한다면, 은행은 계좌 수와 잔액 기준 모두에서 1등급에 특히 많은 대출을 행하고 있는 것으로 나타났다. 반면 최하위 등급에 대해서도 전체 구성비와 크게 차이나지 않는 대출을 행하고 있다고 할 수 있다. 반면 상호금융은 상위 등급에서는 상대적으로 낮은 대출이, 중위 등급에서는 평균적인 대출이, 하위 등급에서 높은 대출이 이루어지고 있으나 그 차이는 크지 않다. 캐피털과 저축은행은 상위 등급에 대한 대출은 매우 낮고, 하위 등급에 대한 대출은 매우 높다고 할 수 있다. 반면 신용카드는 5~7등급에 대한 대출이 상대적으로 많이 이루어지고 있다고 할 수 있다.

한편 각 신용등급에서 각 금융업권이 차지하는 비중을 살펴보았다. 잔액 기준으로 전체 신용대출의 약 70%를 상회하는 은행이 전체 등급에서 가장 많은 신용을 공급하고 있다. 하위 등급으로 갈수록 은행의 비중은 하락하고,

〈표 6-17〉 등급별 업권이 동일 신용등급에서 차지하는 비중

(단위: %)

등급	신용대출						
	은행	상호금융	보험	캐피털	카드론	저축은행	총계
1	92.7	6.9	0.3	0.0	0.0	0.0	100.0
2	86.4	12.3	0.9	0.2	0.1	0.1	100.0
3	81.3	16.3	1.3	0.5	0.7	0.4	100.0
4	75.1	17.0	2.6	1.3	4.0	0.8	100.0
5	63.7	16.2	4.6	3.4	12.1	2.1	100.0
6	52.0	16.7	6.0	7.0	18.3	5.4	100.0
7	42.9	17.4	7.2	13.4	19.2	14.4	100.0
8	43.3	26.5	7.1	13.9	9.1	28.7	100.0
9	45.3	28.1	6.0	15.2	5.5	39.2	100.0
10	49.4	18.2	5.1	20.7	6.6	26.9	100.0
전체	72.1	14.7	3.0	3.9	6.3	4.6	100.0

중위 등급에서는 신용카드가, 하위 등급에서는 저축은행과 캐피털의 역할이 중요한 것으로 나타난다. 상호금융은 전 등급에 걸쳐 고른 분포로 기여를 하고 있는 것으로 나타난다. 계좌 수를 기준으로 볼 때도 유사한 패턴이 나타나지만 중위 등급의 경우 신용카드의 비중이 높아지고, 하위 등급의 경우 은행의 비중이 더욱 축소되고 캐피털, 저축은행의 비중이 높아지고 있다. 이는 은행의 평균 대출 금액이 상대적으로 크고, 여타 금융권의 평균 대출 규모가 작기 때문이라고 할 수 있다.[11)]

2) 담보대출과의 비교

신용대출과 구분되는 담보대출의 특징은 우선 담보대출의 대부분은 은행과 상호금융기관을 통해 이루어지고 있다는 것과 캐피털과 저축은행의 비중

11) 자세한 수치는 이건범·김우진(2014)을 참조.

은 0.5 이하에 그친다는 것이다. 보험이 약 4.5 수준을 차지하고 있지만 은행이 63.2, 상호금융이 31.5를 차지하고 있어, 가계에 대한 대출의 대부분은 이 두 업권에 의해 이루어지고 있다고 할 수 있다. 또한 신용대출과 달리 담보대출의 평균액은 업권별로 큰 차이를 보이지 않는데, 은행과 상호금융의 경우 각각 7,690만 원, 7,760만 원으로 차이가 크지 않다. 또한 등급별 금액에서도 신용대출과 달리 등급에 따른 대출 금액의 일정한 패턴을 찾기가 어렵다. 다만 9~10등급의 평균 대출액이 대출 실행 시에 비해 전 업권에 걸쳐 일정 시간이 경과한 후 높아진 것으로 나타나는데, 이는 과잉 부채로 대출화되어 신용등급이 하락한 고객에 기인한 것으로 추정된다.

업권별 담보대출의 신용등급 분포를 살펴볼 때 신용대출과 유사한 패턴을 발견할 수 있지만, 신용대출에 비해 특정 등급을 타깃팅하는 정도는 크지 않았다. 은행의 경우 상위 등급에 대한 대출이 많았고, 캐피털과 저축은행은 하위 등급에 대해 대출을 늘인 것으로 나타난다. 상호금융은 상위 등급에 대한 대출 비중이 낮고 5등급과 7등급의 비중이 높으나, 평균 비율과의 격차는 크지 않다.

앞에서 살펴본 바와 같이 담보대출의 제공 금리 격차가 업권별로 신용대출에 비해 크지 않은 것은 담보를 확보할 경우 담보로 인한 대출 손실에 대한 보장이 이루어지기 때문에 위험에 대한 금리 반영이 크지 않았다고 볼 수 있으며, 이는 대출 규모에서 차별화가 이루어지지 않은 것과도 관계가 있다.

3) 금융회사의 신용등급에 따른 고객 전략

앞에서 살펴본 업권별 신용등급의 분포와 금융회사의 금리차별화 전략을 연관시켜 고찰할 때, IMF 외환위기 이후 금융회사의 가계대출 전략에 대한

〈표 6-18〉 업권별·등급별 담보대출의 구성(잔액 기준)

(단위: %)

등급	담보대출					
	은행	상호금융	보험	캐피털	저축은행	계
1	19.8	4.1	9.3	2.4	0.4	14.3
2	17.7	8.3	16.1	5.1	1.4	14.5
3	15.9	12.2	13.1	6.2	4.5	14.5
4	15.8	17.0	16.6	10.1	7.9	16.2
5	13.3	18.7	16.9	15.0	11.9	15.2
6	7.9	13.0	10.8	16.3	12.7	9.7
7	6.5	13.7	11.5	26.1	20.1	9.1
8	1.5	5.2	3.1	7.8	13.1	2.8
9	0.6	2.8	1.1	3.8	11.9	1.4
10	1.0	5.0	1.4	7.2	16.2	2.4
전체 (십억 원)	429,318	214,403	30,402	3,526	2,130	679,779

함의를 살펴볼 수 있다.

우리나라에서 가계대출이 급증한 요인은 다양한 설명이 가능하겠지만, 주택 가격의 상승과 밀접한 관련이 있다.[12] 주택 가격 상승에 대한 기대에 따른 자금 수요와 함께, 담보가치 상승에 따른 담보 여력 확대가 가계신용 공급의 요인으로 작용했다고 볼 수 있다. 한편 외환위기 이후 1990년대에는 지속된 소득 분배의 악화가 심화되었는데, 구조조정의 여파로 불안정 취약 계층이 확대되고 자영업자 규모가 확대되면서 소득평활화(income smoothing)에 대한 수요가 증가했을 것으로 파악된다. 이러한 상황에 금융회사는 축소된 기업대출을 대체할 가계대출에 대한 공급을 확대했다고 할 수 있다. 그리고 외환위기 이후 금융회사에 대한 건전성 감독이 강화되면서

12) 그 밖에 인구구조의 변화, 대출 금리의 하락, 금융기관의 행태, 소득 분배의 악화 등이 원인으로 지적되고 있다(김현정 외, 2013; 김현정, 2010; 서근우, 2011; 이준서·정호성, 2013 참조).

기업에 대한 대출보다는 건전성 평가에서 유리한 측면이 있는 가계에 대한 대출이 확대되었다고 할 수 있다. 또한 IT 기술의 발전으로 금융상품의 정보를 수집하기 쉬운 환경이 조성되었고, 경기 침체의 지속으로 고객과 금융기관의 신뢰 관계가 약화되면서 금융소비자의 금리 및 서비스에 대한 민감도가 증가했다고 할 수 있다(하나금융경영연구소, 2012 참조).

기업 고객과 달리 개인에 대한 대출은 평균 금액이 적고 건수가 많다는 것, 그리고 개인에 대한 신용정보를 파악하는 것이 매우 어렵다는 것이 특징이다. 그런데 금융회사의 고객 신용위험 파악은 금융회사의 수익성 및 자산건전성에 결정적인 영향을 미친다고 할 수 있다. 고객에 대한 정확한 정보가 없을 경우 우선 금융회사는 신용위험에 대한 안정적 담보를 확보하거나 보증을 요구할 수 있다. 이는 신용위험 사건 발생 시 원금 회수 가능성을 높이기 때문에 금융회사의 건전성에 대한 부정적인 영향을 최소화할 수 있다. 즉 부동산 담보대출과 같은 담보대출의 경우 금융회사의 건전성 문제를 해결할 수 있을 뿐만 아니라 건당 금액이 크기 때문에 건당 규모가 작은 신용대출에 비해 건당 취급 비용을 낮출 수 있으므로, 수익성에서도 유리한 측면이 있다. 한편 적용금리에서도 원리금 미회수 시 여타의 고객으로부터 원리금 손실분을 보상받아야 할 필요성이 낮기 때문에 신용 가산금리를 고객에게 부담시킬 필요성이 크지 않다. 따라서 여타의 사정이 동일하다면 고객에 대한 담보대출 금리는 조달 금리 및 자본 비용, 판관비 등에 영향을 받게 될 것이고, 신용등급별로 적용하는 금리의 격차는 크지 않을 것으로 추론할 수 있다.

반면 신용대출의 경우 신용위험 발생 시 보상을 받을 담보가 존재하지 않기 때문에 원리금을 여타의 대출자에게 전가해야 하고, 이는 신용 가산금리의 형태로 부과된다. 만약 금융회사가 고객에 대한 신용정보를 확보하지 못해 평균적인 위험에 해당하는 신용 가산금리를 부과한다면, 자신의 정확한 신용도를 파악한 우량 고객은 높은 금리 부담 때문에 대출 신청을 포기할 것이고, 불량 고객은 상대적으로 낮은 금리 때문에 대출 신청을 확대할 것이다. 이러한 상황이 지속되면 결국 불량률 높은 고객만 증가하는 역선택(adverse selection) 문제에 직면하게 된다. 물론 금융회사가 고객에 대한 신용정보를 완벽히 파악할 수 있다면 고객별로 신용 가산금리를 책정해 부과함으로써 소비자 잉여를 모두 금융회사가 수취할 수 있을 뿐만 아니라 위험을 전가할 수 있다.13)

따라서 고객 신용정보의 수집 및 분석 능력이 금융회사의 신용대출 역량을 결정할 것이고, 수익성 및 건전성에 영향을 미칠 것이다. 따라서 신용 심사 인원 및 축적된 신용 심사 능력이 부족한 금융회사의 경우 담보대출을 확대하는 것이 안정성과 수익성 측면에서 유리하다고 할 수 있다.

한편 앞에서 살펴본 바와 같이 금융 환경의 변화로 고객의 서비스 민감도가 증가하고 고객충성도가 낮아진 경우 금융회사 간 금리 경쟁이 심화될 수 있다. 이 경우 고객은 낮은 금리를 제공하는 금융회사에 우선 대출 신청을 하고, 거절될 경우 높은 금리를 제공하는 금융회사에 대출을 신청할 것이다. 물론 낮은 신용도 때문에 대출이 거절될 것을 우려한 고객은 낮은 금리를 제공하는 금융회사에 대출 신청을 포기하고 바로 높은 금리의 금융회사를 찾을 수 있다.

그렇다면 신용대출의 금리 결정이 이루어지는 과정을 살펴봄으로써 금융회사의 금리 분포와 신용등급 분포에 담긴 함의를 살펴보도록 하자.

금융회사가 개인별로 완벽하게 신용정보를 파악할 수 있으면, 개인별 신

---

13) 그러나 고객에 대한 정보가 금융회사 간에 공유되거나 그 밖의 이유로 고객이 일정한 협상력을 갖는 경우에는 금융회사의 행동도 제한될 수밖에 없다. 이 점을 지적해준 익명의 심사자에 감사한다.

용 가산금리를 산정해 부과할 수 있을 것이다. 그러나 금융회사가 완벽한 신용정보를 파악하기 어렵기 때문에 신용정보에 대한 여러 변수를 일정한 가중치로 통합해 신용평점(credit score)을 부여하며, 신용평점이 일정한 범위에 있는 인원을 크기에 따라 그루핑해 신용등급을 부여한다. 따라서 신용등급은 유사한 불량률이 기대되는 동질적 집단이 되며, 동일 신용등급의 신용 가산금리는 동일하다고 할 수 있다.

일반적으로 고객에게 적용되는 대출 금리는 조달 금리, 신용 가산금리 그리고 이자 마진에 의해 결정된다. 이자 마진은 판관비 등 공통으로 적용되는 비용이고, 신용 가산금리는 등급별로 성실 상환자가 신용등급이 같은 불량 대출자의 원리금을 보상할 수 있는 금리를 계산해 결정된다. 이와 같은 방식으로 신용 가산금리를 계산할 때, 다음의 예에서 볼 수 있듯이 불량률이 증가하면 신용 가산금리가 상승하게 된다. 신용 가산금리의 산정에서 가장 중요한 것은 신용등급별 불량률이라고 할 수 있다. 상위 등급과 하위 등급의 불량률 차이가 클수록 신용 가산금리의 차이는 더욱 확대될 것이다.[14)]

〈표 6-19〉는 2013년 9월의 불량률을 기초로 신용등급별로 원리금 손상을 보상하는 신용 가산금리를 적용한 신용등급별 적용금리를 계산해본 것이다. 계산을 간편하게 하기 위해 조달 금리와 이자 마진의 합을 3%로 가정하고 각 등급별 신용 가산금리는 각 등급별 불량률을 고려해 계산한 것이다. 1등급에서 4등급까지의 불량률의 차이는 0.93%p인데, 신용 가산금리는 0.97%p이다. 반면 불량률이 급증하는 6등급의 경우 신용 가산금리는 5.91%, 7등급은 13.11%, 8등급은 26.17%, 9등급은 38.07%, 10등급은 92.52%에 이른다. 따

14) 손상호·이재연(2013: 9~11)을 참조. 만약 금융회사가 타깃으로 하는 신용 그룹에 따라 적용금리를 단일하게 제시하고, 고객이 선택하도록 하는 것도 가능하다. 본문의 예는 한 금융회사가 여러 신용등급의 고객을 상대하면서 부실이 발생할 경우 동일 등급에서 보전하도록 하는 것을 가정하고 있다.

〈표 6-19〉 신용등급별 적용금리(예시)

(단위: %)

등급	1	2	3	4	5	6	7	8	9	10
불량률	0.11	0.24	0.46	1.04	2.16	5.43	11.29	20.26	25.4	46.5
우량률	99.89	99.76	99.54	98.96	97.84	94.57	88.71	79.74	74.60	53.50
조달 금리+이자 마진	3.00	3.00	3.00	3.00	3.00	3.00	3.00	3.00	3.00	3.00
신용 가산금리	0.11	0.25	0.48	1.08	2.27	5.91	13.11	26.17	35.07	89.52
적용금리	3.11	3.25	3.48	4.08	5.27	8.91	16.11	29.17	38.07	92.52

〈표 6-20〉 신협의 신용등급별 신용대출 평균 금리 현황

(단위: %)

신용등급	1등급	2등급	3등급	7등급	8등급	9등급	10등급	Max-Min
평균 금리	9.05	9.46	9.69	13.77	14.30	12.77	11.14	5.25

주: 신협 지역조합의 2012년 1월~6월 중 신규 취급건 기준.
자료: 신협중앙회 조사연구실(2012).

라서 10등급의 경우 대부업의 법정 최고 금리인 39%[15])를 상회한다.

물론 금융회사에 따라 자체 등급별 불량률에서 차이가 나며 조달 원가에서 다르기 때문에 신용등급별 적용금리는 다른 값을 갖게 될 것이다. 또한 손실률에서도 차이가 나고 적용하는 모델에서도 상이하기 때문에 구체적인 적용금리는 차이가 나게 된다.[16)] 그러나 이러한 모의 가산금리 산정은 금융회사의 가계대출 전략에 대한 일정한 시사점을 제공한다. 우선 대출에 대한 금융회사의 경쟁이 존재하고, 금융회사와 고객 사이에 일정한 정보 비대칭이 존재하는 경우 낮은 금리를 제시하는 금융회사와 높은 금리를 제시하는

15) 대부업의 법정 최고 금리는 2014년 4월부터 34.9%로 인하되었으며, '이자제한법'에 의한 금리 최고 한도는 같은 해 7월 15일부터 25%로 인하되었다.

16) 개별 금융회사의 신용등급별 적용금리는 이건범·김우진(2014)을 참조.

〈표 6-21〉 예대율 추이

구분	1997	1999	2001	2003	2005	2007	2009	2010	2011
은행	77.4	66.8	66.5	76.0	79.1	87.1	87.3	87.7	89.5
비은행	84.6	65.1	61.8	70.1	70.6	74.8	71.3	68.7	70.7
상호저축은행	103.6	83.4	80.9	90.8	95.4	93.5	88.1	84.3	79.7
신협	85.7	73.0	61.9	67.7	66.1	75.4	65.9	65.8	71.1
상호금융	79.5	63.0	62.4	67.8	69.7	74.3	71.3	68.2	69.4
새마을금고	73.8	51.6	49.0	63.2	54.8	57.5	56.2	56.4	66.8

자료: 손상호·이재연(2013).

금융회사는 목표로 하는 고객군이 구별되는 전략을 취하고 있다고 할 수 있다. 즉 낮은 금리를 제시하는 은행은 상위 신용등급 고객을 주 타깃으로 하는 대출 전략을 취하고 있는 것이라고 할 수 있으며, 일반적으로 적용금리가 10%를 크게 상회하지 않도록 금리를 책정하기 때문에 저신용등급의 고객은 대상에서 제외하는 행동을 취한다고 볼 수 있다. 반면 상호저축은행이나 대부업과 같이 높은 금리를 제시하는 금융회사는 저신용등급의 고객을 주로 타깃으로 하는 전략을 취하는 것이라고 볼 수 있다. 그러나 불량률이 25%를 상회하는 경우 법정 이자율 상한을 넘어서는 금리가 적용되기 때문에 저신용등급자 중에서 상환 가능자를 선별하는 것이 금융회사의 영업 성과를 결정하는 요인이 될 것이다.

한편 은행권이나 상호금융의 경우 금리가 10% 중후반대의 신용대출을 취급하지 않고 있고,[17] 신용카드사는 20% 후반 이상의 금리를 취급하지 않으며, 저축은행과 대부업이 법정 금리에 근접한 금리를 제공하는 현실을 고려하면 각 금융업권이 타깃으로 하는 신용등급군을 파악할 수 있다고 할 수 있

17) 은행의 경우 고금리 부과에 따른 평판효과를 우려해 고금리 부과가 어렵다는 견해도 존재한다.

〈표 6-22〉 A 신용조합 수신거래자의 여수신 거래 현황

(단위: 백만 원)

구분	출자금	요구불	저축성	조합 대출금	조합 외 대출		
						은행권	비은행
1~3등급	1,567	933	32,086	1	34,173	21,427	12,746
4~6등급	1,356	720	26,290	2	20,207	8,671	11,536
7~8등급	154	103	1,292	-	6,856	3,661	3,195
기타	245	86	3,934	-	3,092	1,421	1,671
합계	3,322	1,842	63,602	3	64,328	35,180	29,148

자료: 신협중앙회 조사연구실(2012).

으며, 이는 앞에서 살펴본 업권별 신용등급의 분포와 유사하다고 할 수 있다. 다만 상호금융의 경우 실질적으로 은행보다 다소 높은 금리를 제시하고 있으며 등급 간 금리격차가 크지 않은 상황인데, 상위 신용등급에서 은행과의 경쟁력 격차가 발생하기 때문에 상위 등급에 대한 신용공급이 크지 않다고 할 수 있다.

그리고 상호금융기관이 은행과의 신용대출에서 경쟁력의 열위에 있는 또 다른 이유로 상호금융기관의 신용평가 능력 및 손실흡수력을 들 수 있다. 우선 신협, 새마을금고, 농협 등 단위조합은 조합당 근무 직원이 많지 않은 상황에 손실이 우선 단위조합 차원에서 흡수되어야 하기 때문에 신용대출을 확대하는 것은 용이하지 않다.[18] 더욱이 은행과 같이 대수의 법칙이 작용할 수 있는 고객 기반이 존재하지 않기 때문에 몇 건의 신용대출 부실화가 단위조합의 경영 실적에 절대적인 영향을 미칠 수 있다. 이러한 사정은 앞서 살펴본 상호금융기관의 신용대출 비중이 낮은 이유를 설명한다고 할 수 있다.

18) 신용협동조합의 경우 점포당 인원이 11.6명 정도, 대출 담당자는 2~3명에 불과한 실정이다. 또한 2011년 말 기준으로 669개 지역 조합 중 1억 원 미만의 이익 또는 손실을 본 조합이 122개인데, 단 몇 건만의 신용대출 손실로도 수익성에 심각한 영향을 받을 수 있다.

상호금융기관의 낮은 신용대출 비중은 이 기관들의 낮은 예대율과도 연관이 있다고 할 수 있다. 은행의 예대율의 경우 외환위기 이후 일시적으로 하락했다가 지속적으로 높은 수준을 유지한 데 반해 상호금융과 상호저축은행의 예대율은 외환위기 이후 하락세를 보였으며, 이후 회복되지 못하고 있는 형편이다.

상호금융 등 비은행권의 경우 은행에 비해 상대적으로 높은 세후 수익률을 제시하는 수신에 비해 여신 운용은 금리격차가 크지 않고 상대적으로 높은 금리를 제시하고 있기 때문에, 상위 신용등급에 대한 여수신의 격차가 발생하는 것도 예대율이 낮은 원인 중 하나라고 할 수 있다. 다음의 사례에서 볼 수 있듯이 신협의 경우 수신거래자가 여타의 기관에서는 대출을 받지만, 자기의 수신 거래 기관과는 미미한 여신 거래를 하는 이원화된 행태를 보일 수 있다. 이것은 고객의 행태에 기인할 수도 있으나, 금융기관의 소극적인 행태와도 관련이 있을 수 있다. 특히 상위의 신용등급에 대한 은행의 '단물 빨아먹기(cream skimming)' 현상 즉 은행의 상위 등급자에 대한 자금의 독점적 공급 현상은 여타 금융회사가 저신용등급에 집중하도록 유도하고, 이는 다시 여신에서 고금리를 유도해 고신용등급 고객을 이탈하도록 구조화하는 효과를 가져왔다고 할 수 있다.

5. 맺음말

이 장에서는 가계대출에서의 신용등급별 금융회사의 계층구조를 살펴보았다. 우선 우리나라 가계부채의 규모가 매우 빠르게 증가하는 가운데 비은행금융회사에 비해 상위 소득자들의 이용도가 높은 은행의 중요성이 증가했으며, 수도권이 지방에 비해 불균등한 성장을 했다고 할 수 있다. 이러한 가운데 금융회사들은 가계부채를 확대하는 과정에서 고객에 대한 신용평가의 중요성을 인식하고 자체 신용평가 시스템을 도입하는 등 고객의 정보를 파악하기 위해 노력을 경주했다. 담보를 통해 신용위험 발생 시 원금을 보존할 수 있는 담보대출의 경우 주로 은행과 상호금융회사가 대출을 공급하고 있는데 대출 평균 액수 등에서 큰 차이가 없었으며, 상위 등급은 은행이, 하위 등급에서는 상호금융회사의 비중이 높았다. 캐피털과 저축은행의 담보대출 비중은 높지 않았으며, 주로 하위 신용등급 고객에 대한 대출의 비중이 높았다. 반면 신용대출을 살펴보면 평균 대출액에서 은행이 가장 컸으며, 신용카드 회사가 작았다. 신용등급별 구성을 살펴보면 은행은 상위 신용등급에서, 신용카드사는 중위의 신용등급에서, 저축은행과 캐피털은 하위 신용등급에서 비중이 높았다.

금융회사별 신용대출의 비중을 살펴볼 때 은행의 경우 신용대출의 비중이 지속적으로 40% 수준을 유지한 반면에 상호금융기관과 저축은행은 그 비율이 매우 낮아졌는데, 이는 금융회사별로 고객 정보의 파악 및 분석 능력에 차이가 있는 것과 관련이 있다고 할 수 있다. 또한 신용 가산금리 산정과 관련해 금융회사의 금리 정책이 타깃으로 하는 고객의 신용등급에 대한 시그널로 작용하고 있다고 할 수 있으며, 이는 금융회사의 신용등급 분포를 결정하는 데 중요한 역할을 하고 있다.[19]

---

19) 한편 금융회사들이 서민이나 저신용등급의 고객에 대해 과도한 금리를 부과하거나 대출을 거절하는 경우 이 계층들의 급전 수요나 생산적 대출활동을 제약해 경제적 어려움을 가중시킬 수 있다. 이와 같은 금융배제(financial exclusion) 현상을 축소할 수 있는 정책적 노력과 금융회사의 대응이 필요할 것으로 판단된다. 서민금융 지원 및 금융배제 현상 대응 방안에 대해서는 이건범(2012), 손상호·이재연(2013), European Commission(2008)을 참조.

참고문헌

김정인. 2013.「개인신용평가체계 현황과 발전방향」.『한국FP학회 동계학술대회 발표자료』.

김현정 외. 2013.「우리나라 가계부채의 증가 원인 및 지속가능성 분석」. ≪BOK 경제리뷰≫, No.2013-5.

김현정. 2010.「가계부채의 현황 및 민감도 분석」.『한국금융연구센터 심포지움 발표자료』.

류덕위. 2011.「금융양극화와 신용협동조합의 역할제고」. ≪신협연구≫, 제57호, 3~39쪽.

서근우. 2011.「은행의 가계대출 급증: 행태론적 원인 분석」. ≪금융연구≫, Vol.25, No.1, 99~128쪽.

신협중앙회 조사연구실. 2012.『신협의 신용대출 현황 및 확대 방안』. 이슈분석보고서 2012-12호.

손상호·이재연. 2013.『서민금융의 발전방향』. KIF 정책보고서. 한국금융연구원.

이건범. 2008.「금융발전과 소득분배」. 한국금융연구원. ≪주간금융브리프≫, 제17권 제8호.

______. 2009.「한국의 소득이동: 현황과 특징」. ≪경제발전연구≫, 제15권 제2호, 55~77쪽.

______. 2012.「금융포용과 서민금융정책 개선 방안」. ≪경제와 사회≫, 제96호, 141~177쪽.

이건범·김우진. 2014.『고객 신용도와 금융회사의 가계신용 공급 연구』. 한국금융연구원. 금융연구 Working Paper 14-06.

이준서·정호성. 2013.「가계대출과 시스템적 리스크: 신용정보의 유용성」. ≪BOK 경제연구≫, 2013-28.

정순섭·양기진. 2012.「개인신용정보의 보호법제에 관한 법적 연구」. ≪금융정보연구≫, 제1권 제1호.

정영석·이기영. 2011.「불완전한 정보하에서 역선택 모형을 이용한 "서민금융" 시장의 이해」. ≪금융연구≫, 제25권 제3호, 63~92쪽.

통계청·금융감독원·한국은행. 2011·2012. 가계금융조사 결과. 보도자료

하나금융경영연구소. 2012.『Financial Nomad의 시대: 국내 금융소비자의 금융이용행태』.

Avery, Robert, Kenneth Brevoort and Glenn Canner. 2009. "Credit Scoring and its Effects on the Availability and Affordability of Credit." *Journal of Consumer Affairs*, Vol.43, No.3.

Ayadi, Rym et. al. 2009. "Investigating Diversity in the Banking Sector in Europe: the Performance and Role of Savings Banks." CEPS.

Beck, Thorsten and Asli Demirguc-Kunt. 2008. "Access to Finance: An Unfinished Agenda." *The World Bank Economic Review*, Vol.22, No.3, pp.383~396.

Beck, Thorsten Asli Demirguc-Kunt and L. Ross. 2007. "Finance, Inequality and the Poor." *Journal of Economic Growth*, Vol.12(March), pp.27~49.

Bertola, Ciuseppe et al. 2006. "The Economics of Consumer Credit." MIT Press.

Claessens, Stijn and Enrico Perotti. 2007. "Finance and Inequality: Channels and evidence." *Journal of Comparative Economics*, 35(4).

Demirguc-Kunt, Asli and Ross Levine. 2008. "Finance and Economic Opportunity." *World Bank Policy Research Working Paper*, 4468.

Durand, D. 1941. *Risk element in consumer installment financing, National Bureau of Economic Research*. New York.

Einav, Liran, Mark Jenkins and Johathan Levin. 2013. "The Impact of Credit Scoring on Consumer Lending." *Rand Journal of Economics*, Vol. 44, No.2, Summer, pp.249~274.

European Commission. 2008. "Financial Services Provision and Prevention of Financial Exclusion."

Fisher, R. A. 1936. "The Use of multiple measurements in taxonomic problems." *Annals of Eugenics*, 7, pp.179~188.

Iacoviello, Matteo. 2008. "Household Debt and Income Inequality, 1963~2003." *Journal of Money, Credit and Banking*, Vol.40, No.5, pp.929~965.

Kendall, Jake, Nataliya Mylenko and Alejandro Ponce. 2010. "Measuring Financial Access around the World." *World Bank Policy Research Working Paper*, 5253.

Kodres, Laura and Aditya Narain. 2010. "Redesigning the Contours of the Future Financial System." *IMF Staff Position Note*.

Marron, Donncha. 2006. "Lending by Numbers: Credit Scoring and the Constitutions of Risk within American Consumer Credit." *Economy and Society*, 36: 1, pp.103~133.

Schneiberg, Marc. 2011. "Toward an Organizationally Diverse American Capitalism: Cooperative, Mutual, and Local State-Owned Enterprise." *Seattle University Law*

Review, Vol.34(4).

Thomas, Lyn C. 2000. "A Survey of Credit and Behavioural Scoring: Forecasting Financial Risk of Lending to Consumers." *International Journal of Forecasting*, 16, pp.149~172.

World Bank. 2008. "Finance for All: Policies and Pitfalls in Expanding Access." *World Bank Policy Research Report*.

지은이(수록순)

이강복

조선대학교 경제학과 졸업, 조선대학교 경제학 박사

현재 조선대학교 경제학과 강사

주요 논저: 『경제학의 이해』(공저, 2015), 「광주광역시 생활임금 도입과 실행」(2015), 「남북 경제협력의 현황과 저해요인 분석」(2014), 『위기 이후 한국경제의 이해』(공저, 2006)

홍장표

서울대학교 경제학과 졸업, 서울대학교 경제학 박사

현재 부경대학교 경제학부 교수

주요 논저: 『경제학자, 교육혁신을 말하다』(공저, 2011), 「지역산업집적의 지식파급효과」(2011), 「산업의 기술체제 특성이 지식전파와 기술혁신에 미치는 영향」(2010), 「하도급거래에서 고객업체와 공급업체의 위험분담에 관한 연구」(2010)

장지상

서울대학교 경제학과 졸업, 서울대학교 경제학 박사

현재 경북대학교 경제통상학부 교수

주요 논저: 「기업지배구조, 기술환경 그리고 기술혁신의 상호관계」(2014), 학술연구지원사업의 경제성에 관한 연구」(2013), 「경제력집중억제를 위한 대규모기업집단시책의 현황과 개선과제」(2012), 『한국의 경쟁정책』(공저, 2011)

강신욱

서울대학교 경제학과 졸업, 서울대학교 경제학 박사

현재 한국보건사회연구원 연구위원

주요 논저: 『소득불평등 심화의 원인과 분배구조 개선을 위한 정책방향』(공저, 2014), 『소득분배 악화의 산업구조적 원인과 대응방안』(공저, 2013), 「도시근로자 가구의 소득이동성 변화실태 및 요인」(2011)

김현경

고려대학교 경제학과 졸업, 매사추세츠 주립대학교 경제학 박사

현재 한국보건사회연구원 부연구위원

주요 저서: 『시간제 일자리 확산이 소득불평등과 빈곤에 미치는 영향』(공저, 2015), 『소득불평등 심화의 원인과 분배구조 개선을 위한 정책방향』(공저, 2014)

배영목

서울대학교 경제학과 졸업, 서울대학교 경제학 박사

현재 충북대학교 경제학과 교수

주요 논저: 「가구주 고용유형별 가계부채의 특성과 결정요인」(2015), 「가계부채 상환부담의 분포와 추이」(2011), 「우리나라 통화개혁 비교 연구」(2010), 『한국의 은행 100년사』(공저, 2004), 『한국금융사』(2002)

원승연

서울대학교 경제학과 졸업, 서울대학교 경제학 박사

현재 명지대학교 경영학과 교수

주요 논저: 「국민연금 기금의 국내 주식시장 영향력에 대한 연구」(공저, 2015), 「금융감독체계 개편: 어떻게 할 것인가?」(공저, 2013), 『실사구시 한국경제: 통념을 허무는 10가지 진단과 해법』(공저, 2013)

이건범

서울대학교 경제학과 졸업, 서울대학교 경제학 박사

현재 한신대학교 경영학과 교수

주요 논저: 『한국형 시장경제체제』(공저, 2015), 「금융포용과 서민금융정책 개선 방안」(2012), 「한국의 소득이동」(2009)

한울아카데미 1872
서울사회경제연구소 연구총서 XXXIII

경제불평등과 금융부채

엮은이 | 서울사회경제연구소
지은이 | 이강복·홍장표·장지상·강신욱·김현경·배영목·원승연·이건범
펴낸이 | 김종수
펴낸곳 | 한울엠플러스(주)
편 집 | 최진희

초판 1쇄 인쇄 | 2016년 2월 22일
초판 1쇄 발행 | 2016년 2월 29일

주소 | 10881 경기도 파주시 광인사길 153 한울시소빌딩 3층
전화 | 031-955-0655
팩스 | 031-955-0656
홈페이지 | www.hanulmplus.kr
등록번호 | 제406-2015-000143호

Printed in Korea.
ISBN 978-89-460-5872-9 93320

* 책값은 겉표지에 표시되어 있습니다.